思想的・睿智的・獨見的

經典名著文庫

學術評議

策劃　楊榮川

五南圖書出版公司 印行

經典名著文庫

學術評議者簡介（依姓氏筆畫排序）

- 丘為君　美國俄亥俄州立大學歷史研究所博士
- 吳惠林　美國芝加哥大學經濟系訪問研究、臺灣大學經濟系博士
- 宋鎮照　美國佛羅里達大學社會學博士
- 林玉体　美國愛荷華大學哲學博士
- 邱燮友　國立臺灣師範大學國文研究所文學碩士
- 洪漢鼎　德國杜塞爾多夫大學榮譽博士
- 孫效智　德國慕尼黑哲學院哲學博士
- 秦夢群　美國麥迪遜威斯康辛大學博士
- 高明士　日本東京大學歷史學博士
- 高宣揚　巴黎第一大學哲學系博士
- 張光宇　美國加州大學柏克萊校區語言學博士
- 張炳陽　國立臺灣大學哲學研究所博士
- 陳秀蓉　國立臺灣大學理學院心理學研究所臨床心理學組博士
- 陳思賢　美國約翰霍普金斯大學政治學博士
- 陳清秀　美國喬治城大學訪問研究、臺灣大學法學博士
- 陳鼓應　國立臺灣大學哲學研究所
- 曾永義　國家文學博士、中央研究院院士
- 黃光國　美國夏威夷大學社會心理學博士
- 黃光雄　國家教育學博士
- 黃昆輝　美國北科羅拉多州立大學博士
- 黃政傑　美國麥迪遜威斯康辛大學博士
- 楊維哲　美國普林斯頓大學數學博士
- 葉海煙　私立輔仁大學哲學研究所博士
- 葉國良　國立臺灣大學中文所博士
- 廖達琪　美國密西根大學政治學博士
- 劉滄龍　德國柏林洪堡大學哲學博士
- 黎建球　私立輔仁大學哲學研究所博士
- 盧美貴　國立臺灣師範大學教育學博士
- 薛化元　國立臺灣大學歷史學系博士
- 謝宗林　美國聖路易華盛頓大學經濟研究所博士候選人
- 簡成熙　國立高雄師範大學教育研究所博士
- 顏厥安　德國慕尼黑大學法學博士

經典名著文庫125

創造的進化論

Creative Evolution

亨利・柏格森 著
(H. Bergson)
陳聖生 譯

經典永恆・名著常在

五十週年的獻禮・「經典名著文庫」出版緣起

總策劃 楊榮川

五南，五十年了。半個世紀，人生旅程的一大半，我們走過來了。不敢說有多大成就，至少沒有凋零。

五南忝爲學術出版的一員，在大專教材、學術專著、知識讀本出版已逾壹萬參仟種之後，面對著當今圖書界媚俗的追逐、淺碟化的內容以及碎片化的資訊圖景當中，我們思索著：邁向百年的未來歷程裡，我們能爲知識界、文化學術界做些什麼？在速食文化的生態下，有什麼值得讓人雋永品味的？

歷代經典・當今名著，經過時間的洗禮，千錘百鍊，流傳至今，光芒耀人；不僅使我們能領悟前人的智慧，同時也增深加廣我們思考的深度與視野。十九世紀唯意志論開創者叔本華，在其〈論閱讀和書籍〉文中指出：「對任何時代所謂的暢銷書要持謹慎的態度。」他覺得讀書應該精挑細選，把時間用來閱讀那些「古今中外的偉大人物的著作」，閱讀那些「站在人類之巔的著作及享受不朽聲譽的人們的作品」。閱讀就要「讀原著」，是他的體悟。他甚至認爲，閱讀經典原著，勝過於親炙教誨。他說：

「一個人的著作是這個人的思想菁華。所以，儘管一個人具有偉大的思想能力，但閱讀這個人的著作總會比與這個人的交往獲得更多的內容。就最重要的方面而言，閱讀這些著作的確可以取代，甚至遠遠超過與這個人的近身交往。」

爲什麼？原因正在於這些著作正是他思想的完整呈現，是他所有的思考、研究和學習的結果；而與這個人的交往卻是片斷的、支離的、隨機的。何況，想與之交談，如今時空，只能徒呼負負，空留神往而已。

三十歲就當芝加哥大學校長、四十六歲榮任名譽校長的赫欽斯（Robert M. Hutchins, 1899-1977），是力倡人文教育的大師。「教育要教眞理」，是其名言，強調「經典就是人文教育最佳的方式」。他認爲：

「西方學術思想傳遞下來的永恆學識，即那些不因時代變遷而有所減損其價值的古代經典及現代名著，乃是眞正的文化菁華所在。」

這些經典在一定程度上代表西方文明發展的軌跡，故而他爲大學擬訂了從柏拉圖的《理想國》，以至愛因斯坦的《相對論》，構成著名的「大學百本經典名著課程」。成爲大學通識教育課程的典範。

歷代經典．當今名著，超越了時空，價値永恆。五南跟業界一樣，過去已偶有引進，但都未系統化的完整舖陳。我們決心投入巨資，有計畫的系統梳選，成立「經典名著文庫」，希望收入古今中外思想性的、充滿睿智與獨見的經典、名著，包括：

- 歷經千百年的時間洗禮，依然耀明的著作。遠溯二千三百年前，亞里斯多德的《尼各馬科倫理學》、柏拉圖的《理想國》，還有奧古斯丁的《懺悔錄》。
- 聲震寰宇、澤流遐裔的著作。西方哲學不用說，東方哲學中，我國的孔孟、老莊哲學，古印度毗耶娑（Vyāsa）的《薄伽梵歌》、日本鈴木大拙的《禪與心理分析》，都不缺漏。
- 成就一家之言，獨領風騷之名著。諸如伽森狄（Pierre Gassendi）與笛卡兒論戰的《對笛卡兒沉思錄的詰難》、達爾文（Darwin）的《物種起源》、米塞斯（Mises）的《人的行爲》，以至當今印度獲得諾貝爾經濟學獎阿馬蒂亞．

森（Amartya Sen）的《貧困與饑荒》，及法國當代的哲學家及漢學家余蓮（François Jullien）的《功效論》。

梳選的書目已超過七百種，初期計劃首爲三百種。先從思想性的經典開始，漸次及於專業性的論著。「江山代有才人出，各領風騷數百年」，這是一項理想性的、永續性的巨大出版工程。不在意讀者的眾寡，只考慮它的學術價值，力求完整展現先哲思想的軌跡。雖然不符合商業經營模式的考量，但只要能爲知識界開啓一片智慧之窗，營造一座百花綻放的世界文明公園，任君遨遊、取菁吸蜜、嘉惠學子，於願足矣！

最後，要感謝學界的支持與熱心參與。擔任「學術評議」的專家，義務的提供建言；各書「導讀」的撰寫者，不計代價地導引讀者進入堂奧；而著譯者日以繼夜，伏案疾書，更是辛苦，感謝你們。也期待熱心文化傳承的智者參與耕耘，共同經營這座「世界文明公園」。如能得到廣大讀者的共鳴與滋潤，那麼經典永恆，名著常在。就不是夢想了！

二〇一七年八月一日　於

五南圖書出版公司

譯者導言：柏格森與他的創造性思維

陳聖生

亨利·柏格森（Henri Bergson, 1859-1941）在法國乃至在世界文化思想界都算得上是傳奇式的人物。在十九世紀與二十世紀之交的歐洲乃至美洲，活躍著一批反理性主義的「傳統思想的叛逆者」，擇其影響卓著者，有如美國實用主義心理學家威廉·詹姆斯（William James, 1842-1910）、德國唯意志論者尼采（Friedrich Wilhelm Nietzsche, 1844-1900）、德國精神生活至上主義者倭鏗（Rudolf Christoph Eucken, 1846-1926）、奧地利深層心理學家佛洛伊德（Sigmund Freud, 1856-1939）等；柏格森在其中是比較後起的，但他的影響範圍、強度以及時間跨度都不亞於他的前輩或同輩。這批「思想者」的共同特徵是否定唯物主義的機械論，把精神置於物質之上，以不同的方式強調人的意識或者「潛意識」的決定性作用。他們的出現既與他們所處的社會環境開始，從傳統的宗法制度全面的向壟斷資本制度過渡，有十分密切的關係，同時也與醞釀之中的現代科學技術的高度發展所可能產生的社會文化思想領域動盪不安的問題息息相關。說白了就是，他們都面臨著尼采即將或已經宣告的「上帝死了」的歷史時期。為此，他們都在探討著應該做何種「拓荒」和「撫慰」的工作。

柏格森以他一九〇七年發表的核心代表作《創造的進化論》有理有據的證明他既是自古希臘哲人赫拉克利特（約西元前五四〇—前四七〇年）以來的西方傳統哲學的繼承人，又是它的全面而有力的批判者。在一般人的眼中，他是充滿著「奇異的矛盾」的多面手，甚至是帶有神祕主義色彩的、通常號稱「生命哲學」的宣導者。在《創造的進化論》中，他既反對唯心主義，也反對實在主義以及與現代科學緊密聯繫的實證主義：他要破除亞里斯多德、笛卡兒、斯賓諾莎、萊布尼茲、康德等人所認可甚至吹捧的「理念」性的「上帝」，但仍要推出自己新的「實在」來塡補缺席的「上帝」；他的「實在」就是眞實的「綿延」，亦即「生命衝動」。他認爲建立在實證主義基礎上的現代科學（以伽利略的物理學爲核心標誌）是人爲剪裁的自然事實（典型的表現爲「電影放映法」的應用），只能認識事物相對的靜止狀態，不能深入認識運動不息的萬物的「絕對」。他的抱負是要使哲學成爲實證科學的「延伸」，即科學與形而上學相結合，從而把握生生不息、不可分割的「全部的實在」，或者萬物造化的「絕對」。

顯然，作爲當行的哲學家，柏格森著述的旨趣主要在於上述的形而上學一面。但是，在《創造的進化論》的結尾，他也簡要的點出他的哲學方法與眾不同的特點：他認爲哲學「不單是從精神到精神的反思工具，也不單是人類的意識與生命本原的契合之所；當然，哲學始發自那裡，並在那裡與創造力親密接觸。哲學畢竟還要深入研究、普遍的變成過程，即可以稱爲眞正的進化論的研究對象的『變成』，這樣才稱得上是科學的眞正的延伸，假如我們所理解的科學乃是一系列經過確認或驗證的眞理的總和，而不是勃發於十九世紀後半葉的新的經院哲學；這種新的經院哲學是以伽利略的物理學爲核心，正像舊的經院哲學是以亞里斯多德哲學爲核心一樣。」細加推考上面一段提綱挈領的結語，我們不僅可以把握《創造的進化論》一書的題旨：屬詞「創造的」，概括了柏格森所精心結撰的「形而上學」的基本精神和主要功能，那就是「生命衝動」或「生命意識」這樣的絕對的創造力，它是自然界實質上的主體，也是這裡主要的研究對象；主詞「進化論」亦作「進化主義」（L'évolutionnisme，柏格森將此詞多用於其他進化論或演變論的論者上，帶有某種貶義），也就是不同的個人對自然界萬物變化和發展所作的不同的科學概括；而且，它可以標示柏格森的確出手不凡的將科學表現或表象爲他的哲學的主體部分的創意。

他全部的形而上學觀念都已滲透進此書所展現的世界進化的歷史和前景之中，「創造的」一詞不過是那一類觀念的最突出的表徵而已。其實，西方自亞里斯多德以降，許許多多哲學家的宇宙觀的形成，同樣都與當時的科學成果分不開，也就是說，他們都將現成的或推測的科學事實作爲自己哲學認識的對象。柏格森認爲，他與他的前輩以及多數同輩哲人不同之處在於：他們是從不同的角度並以各自的或共同的表達符號（概念等）來觀照那些對象，這樣只能取得對對象「相對」的認識；而他不從任何「觀點」出發，卻是鑽進對象內部，「將某些精神狀態歸於這個運動的客體；而且這還意味著我與這些狀態有同感，並透過想像力的發揮置身於這些狀態之中……這樣，我將獲得的知識便是某種絕對的知識」。①柏格森自己和他的研究者們一致的將這種哲學方法歸入他所獨特宣導的「直覺主義」。他對「直

① 見於《形而上學引論》，譯自 *The CreativeMind*, tr. By Mabelle L. Andison, Philosophical Library, New York, 1946.

覺」的作用機制以及它與通常的「分析」法的區別作了這樣的界說：「一種絕對的東西只能在直覺中出現，而任何其他的事物都落在分析的領域裡。這裡所謂的直覺，就是感應，透過這種感應，我們便置身於對象之內，從而與其中的獨一無二的、因此是難以言說的東西相契合。相反的，分析只是將對象歸結爲一些已經爲人所知的因素，也就是說，這些因素同時也見於其他的對象。因此，分析就是用不是某一事物的東西來表達該事物。」[②]柏格森的形而上學就是試圖對「實在」（或稱「現實」、「眞實」）取得「直覺」，「直接抓住事物的本質，而不是進行什麼表達、轉述或象徵性的反映」，他認爲，「概念性的東西只向我們提供了實在的影子」。[③]或許，柏格森的這種理念帶有一定的「哲學烏托邦」的味道，但也並非橫空出世、一無可取。東西方自古以來對於這種「直覺認識」的方法都有種種的推測。中國老莊的「無爲」哲學、魏晉時期開始流行的「玄學」、宋明時期的「心學」，尤其是佛教中的「禪宗」派的「不落言筌」、「以物觀物」、「直指本心」等「口號」，都與柏格森的「直覺主義」一脈相通，只不過不像他那樣言之鑿鑿，並且那樣緊密的與現代科學的事實結合而已。

不僅對於「運動的客體」的「實在」以及它們的哲學關鍵詞，如「綿延」、「生命衝動」

---

② 出處同上注。

③ 出處同上注。

等，只有透過「直覺」才能產生「絕對的」認識，柏格森還以直覺的方法批判「創造的進化論」之外的一切進化論或演變論，指陳它們不是「機械論」便是「目的論」。他在《創造的進化論》的第一章第十六節以「開挖管道」一事十分專業的比喻了動物眼睛的進化結果：「創造視覺器官不能用各解剖部分的組裝工作來解釋，正像開挖管道不能用可能成爲其岸壁的堆土工作來解釋一樣。機械論者可能堅持說是一車又一車的泥土構成了管道；目的論者可能做些補充：泥土並非隨意堆上去的，而是推車人依照計畫疊上去的。但是，管道是用其他的方法建造成功的，所以上述的兩種理論都不對」。他以此說明像眼睛那樣複雜的有機組織不是在環境作用下漸變的結果，也不是各部分適應性的變異的積累與組合的結果，因爲這些結果都是按照人類的「製作」的概念來推想的，而有機組織是大自然中有「生命衝動」意識的物質，像藝術家作畫一樣一氣呵成「創造」出來的；這種「創造」的材料是物質，而「創造」的動力與過程就是「生命衝動」的意識與「綿延」，宛如一切都由一股洪流沖積而成。物質材料可以由人類的智慧所把握，而「生命衝動」或「綿延」的意識則只能透過直覺領悟，不能進行化工式或機械式的分析與分割，就像藝術眞品中的所有線條和色彩都不允許以拼湊的方式來複製一樣。

從《創造的進化論》一書中，我們可以看到作者並沒有將精神與物質截然分開，「生命衝動」或「綿延」便既是心理的，又是物質的。但是，他也明確表示兩者並非等值的，精神因素具有「向上」的趨勢，物質因素則是「向下」的，有如節日裡燃放的禮花或煙火，火花沖天的同時也噴下相應的物質碳渣。這意味著生命的副產物也是創造的結果，但幾近於廢物，新的創造需要有生命的新物質來進行；廣義來說，生命就是運動，、就是能量的轉換。這與德國唯心主義哲學家杜里舒（Hans Driesch, 1867-1941）等人的「活力論」有些距離，又有些接近。他們的理論對於人類的精神生活和文化藝術現象的解釋有一定的意義，但自封爲「絕對眞理」，顯然不過是西方哲學思想史上形而上學傳統的新發展，與探索未知的科學本職有所睽違。不過，一切唯心主義者似乎都有這種弊病，即使他反對所有他人的唯心主義，卻意識不到自己也存在主觀臆測的偏頗，甚至還能爲自己的形而上學觀點找到很有說服力的科學證據，甚至是很貼切的比喻；意識不到其中同樣帶有以他物進行「象徵性的表達」的意味。柏格森就是這樣一位很有魅惑力、很精緻的唯心主義者，他的直覺論雖然難以實證，但還是有比較普遍的心理體驗的基礎，所以，《創造的進化論》發表之後，便奠定了他作爲西方現代「哲學革命」的少數幾位宣導者之一的地位，他的著作也從此由學術界而普及到一般的讀者群，最終爲他以哲學家的身分首開先例的獲得一九二七年度的諾貝爾文學獎鋪平道路。然而，柏格森輝煌的哲學歷程隨著第二次世界大戰的爆發，開始步入了冷卻期。也許這跟柏格森所宣揚的人類普遍的「向上的創造精神」與人類之中法西斯主義的「種族優越論」、「超人意識」等愚昧狂妄之想大相徑庭有關。既然在精神世界中惡紫奪朱、甚至魚目混珠的現象在所難免，由此形成的「精神荒原」便使人類變得更加務實、更重實證了。然而，正面精神力量的匱乏從來都是重要的社會問題，因此柏格森及其一些代表作仍未被人所遺忘。

而今，我們謹愼的推出的這一《創造的進化論》新譯本，基本上依據法文原著，但也參考了一些英文和中文的譯本的處理方法，這樣做或許對於我們重新鑑別西方這份哲學文化遺產的現代意義和局限性有所貢獻。例如，柏格森的這部理論著作採取了他心目中的藝術作品的構思方式，全書只分爲「緒論」和正文的四大章，共五個部分，每個部分均不分節，一氣呵成，僅在卷末列出各章的題錄和綱要。譯者參考了從英譯本轉譯的一些中譯本的分節方法，在這個譯本的各章中插入各節的題錄，以便於閱讀。不僅理論著作，就是文學藝術作品，如果要求完全達到天衣無縫的「創造」的境界，也許都是不切實際的空想，因爲它們都不可避免的帶有不同程度的人工「製造」的痕跡。正是基於這種辯證的思維邏輯，譯者沒有按普遍的譯法將 intelligence, intellect, intellectualité, entendement（understanding，英）一類法語同義詞都譯爲「理智」，而是分別譯爲「智慧」、「智力」、「知性」、「理解力」等。這樣不僅切合這類名詞的原義，而且還可以避免與在柏格森哲學思想中有所縮減的、作爲人類完整的象徵的「理性」一詞相混淆。因爲，柏格森將上述的分析與綜合的思維能力（它們均屬「邏輯理性」的範疇）當作人類理性的全部，而我們所理解的「理性」的含義則要更爲深邃、豐富一些。

柏格森認爲有機界的生命朝著不同層次的三大方向進化：無知、智能和本能；植物停留於「無知」的階段，動物和人具有不同程度的智能和本能，智慧泛指分辨、分割乃至分析的能力，結合了智能的本能的高度發展便是人類的直覺。柏格森正確的看清人類的「智能」或「知性」以及「分析方法」的不足一面，在《創造的進化論》中以大量的篇幅論證這點，但並沒有否定其「相對的」認識作用。應該說這是此書最有價值的主導思想，我們不能僅僅以其不足，便將之作爲柏格森的反理性主義的證據。黑格爾在他的《小邏輯》第八十一節裡也說：「所謂辯證法是一種內在的超越，透過這種超越，知性概念的局限性和片面性便昭然若揭，並表明是對知性自身的否定。」柏格森頗爲全面的揭示了知性概念的局限性和片面性，按理應該向辯證思維路線發展，然而他卻奔向另一思維路線：直覺主義。在《形而上學引論》中，柏格森認爲辯證法只能編排現成的事實，不能創造和發明。他過分偏向於直覺，並因此輕視甚至反對辯證法，才開啓了反理性主義的先機，儘管反理性主義在二十世紀文學藝術領域的氾濫所導致的創造性的泯滅（如現代主義的「徹底反傳統」和後現代主義的「仿眞」、「拼貼」式的「反藝術創造」），恰與直覺「綿延」的創造精神背道而馳，是柏格森始料未及的。

理性認識（含「辯證理性」）與直覺認識都是自古至今常見的深奧費解的認識論與思維科學的大難題，可以說至今還沒有人從整體上把握過它們，僅憑譯者在翻譯過程中的草率思考是無濟於事的；但是，要揭開柏格森的「生命哲學」之謎，卻不能不深入到這兩條曲徑去探幽。這裡所寫下的粗糙的感言，適足稱爲「抛磚引玉」，敬祈有識的讀者多予指教。

二〇一二年三月十二日於太陽宮

目錄

第四章　思維的電影機制和機械論的錯覺：各個思想體系的歷史

附錄

緒論

生命的進化史雖未臻於完備，卻已經昭示我們，隨著人類從脊椎動物不斷向上發展，智能便在其中形成，並不斷的進步。進化史還告訴我們，理解力從屬於行動能力，由於理解力的增進，生物的意識可以愈來愈精確、複雜和靈活的適應於它們賴以生存的環境。由此必定會引出這樣的結論：智能，狹義上來說，旨在確保我們的身體完好無損的適應於周圍的環境；而且，旨在反映外界事物之間的關係，簡而言之，即思考事物。這就是本著作將予以歸納的論點之一。我們將會發現，人類的智能只要面對無生命的物體，便如魚得水；尤其對固體的事物，情況更是如此，因為在那裡我們的行動有了支點，我們的產業也可以找到必要的勞動工具。我們還會發現，我們的概念都是依據固體的事物的影像而構成的，我們的邏輯更離不開透過固體的事物的推理。我們的智能在幾何學範疇內的成果，無不揭示了邏輯思維與無生命的物質之間的親緣關係，同時證實了：智能只要遵循其自然的活動途徑，一旦與經驗稍有接觸，就會有無窮無盡的發現；而且，人們將確認：經驗尾隨於智能之後，並會始終不變的給予智能以充足的存在理由。

然而，從這裡還必須引出另外一條道理：我們的思維以純粹的邏輯形式絕無可能體現生命的眞正本質以及生命進化活動的深邃含義。思維創生於生命本身，是由個體生命在特定的環境中，爲了對某些特定事物做出反應而創造出來的，它只是生命的一種表現或者一個方面，豈能囊括生命的全部？思維積澱於生命進化活動的過程之中，豈能倒果爲因、將部分化爲全體的施用於這一進化活動的始終？如果作此設想，不啻強稱沙灘上的卵石已描繪出了將它沖帶到那裡的波浪的形狀。事實上，我們不難意識到，任何一種思維範疇，無論是一元的還是多元的、實證的（機械的因果論）抑或是主智的（理智決定論），都不能切中生命現象的肯綮。誰能說得清楚：個體從哪裡來又到哪裡去，生物體本質上是單一的還是雜多的，是細胞聚合爲有機體還是有機體分裂爲細胞？我們徒勞無益的硬將生物納入某些的框架之中，沒想到所有的框架因此都發生斷裂的現象；對於我們打算放進去的東西來說，這些框架顯得格外狹小和死板。我們的推理能力在無生命的事物中游刃有餘、充滿自信，但是換到有生命的場合，便有左右支絀與不勝負荷之感。人們若想舉出一個全憑推理而來的生物學發現，一定會感到十分爲難。情況往往如此：每當實驗的結果向我們顯示生命如何致力於取得某種結果時，我們便會發現，它的活動方式恰是我們從來也沒有想到過的那種。

但是，進化論哲學卻把只是成功的解釋過無機物的方法，毫不猶疑的引申到有生命的領域。這種哲學一開始就告訴我們：智能是進化的局部成果，猶如一道亮光，也許是偶發的，它卻照亮了生物往來其間的狹窄通道，由此開始生命的活動。問題在於，進化論哲學忘乎所以的把自己說的那樣「一道亮光」無限誇大爲普照四方的「太陽」，其實那只是地下通道裡的一盞手提燈；那一派哲學家就是這樣放膽的單獨任用這類思辨的武器，力圖從觀念上重建萬物，以至於生命。於是，他們中途碰到了種種疑難的問題，發現自己的邏輯已經陷入重重矛盾的「怪圈」之中，只好迅速的掉頭，辯解道：「我們要重建的不再是實在的本身，而僅僅是實在的摹本，或者說得更徹底一些，只是實在的象徵性形象；事物的本質從來就不是我們所能企及的；我們只能與相對的關係打交道，絕對性並非我們有幸涉獵的領域，我們應該在『不可知』的面前止步」。然而，對於人類的智能曾經感到那樣的驕傲和自豪，如今卻作這樣的設想，未免過分謙卑了。既然生物的智力形式逐漸造就於某些個體與它們的物質環境的相互作用與反作用之中，爲什麼它就不能向我們提示一些構成這些個體的本質因素呢？行動不可能在非現實的存在中產生。我認爲，那些爲冥思和夢想而生的智者，本身還停留在「實在」的門檻之外；他們歪曲實在、轉化實在，甚且也有可能像我們憑藉想像從空中流雲中截取人和動物的形狀一樣創造實在。但是，還有一種智能，它專注於事物所產生的作用與繼之而起的反作用，並且摩挲把玩，以感受其對象每一瞬間流動的印象，那就是觸及了某些「絕對」的智力。如果不是哲學說明我們的思辨會碰到什麼兩難的矛盾和走進怎樣的死胡同，我們大概絕不會懷疑認識方面的這種絕對價值。不過，這些難題和矛盾都產生於我們將習慣性的思維方式運用於那些與我們的活動了無關係的對象上，因爲，對於這一類對象，我們還沒有找到什麼規範的辦法。與此相反，知性認識如果與無生命的物質發生某種聯繫，就會忠實的描摹出這一物質的面目，因爲對它來說該物質早已印入心底。僅僅在要表現生命之時，知性認識才變得相對，因爲生命是製版者而不是可以複製的印版。

那麼，我們是否應該放棄對生命的本質深入探究呢？是否應該保守著理解力不斷灌輸給我們的那種機械論的生命觀呢？這種生命觀必定是不自然的和象徵性的，因爲它將生命的整體活動凝縮爲某種形式的人類活動，而那種形式的人類活動只是生命的部分和局部的表現，是生命過程的一種結果或者一種副產品。

如果爲了創立純粹的知性，亦即培養出一群幾何學者，生命已經動用了它所蓄積的全部精神潛力，那麼機械論的生命觀也許確實是我們所必須堅持的看法了。但是，終結於人類的進化路線並非只有一條，還有其他形式的意識沿著與此不同的路線發展起來，儘管它們沒能像人類的智能那樣，使自己從外界條件的限制中解脫出來，也沒能回頭來駕馭自己，它們還是同樣的表現了進化運動的某些內在的、本質的東西。假如將這些不同型態的意識彙聚在一起，並且將它們融合於智能之中，這樣人們是否就可能獲得與生命一樣廣闊的意識呢？這種意識在猛然回顧它背後所受的生命推力之時，難道就不能展示生命的全景，哪怕是稍縱即逝的？

人們說，即使如此，我們仍不能超越我們的智能，因爲我們一直是伴隨著這種智能，而且憑藉著這種智能，來觀察其他形態的意識的。如果我們純屬於智能範疇，如果我們概念化的邏輯思維並不圍繞著模糊的烏雲，那這種說法也許就有道理。可是，四周的烏雲不僅存在，而且它與我們稱爲智能的那一熠熠生輝的核心都是由同樣的材料造成的。就在這裡駐留著知性的一些補充力量。當我們處於自我封閉的狀態時，我們對於這些補充力量只有一種模糊不清的感覺；一旦投入工作，也就是說處於大自然的進化洪爐中，這些知性的補充力量就可以被人清楚的分辨出來。於是，這些力量將會知道透過怎樣的努力來加強和擴展自己，從而與生命進化的方向一致。

由此看來，**認識論**和**生命論**對我們來說是難以切割的。生命論如果不伴隨著對認識的批判，就不得不如數接受知性所設置的概念：不論願意與否，這樣只能把各類事實通通納入這種生命論所獨斷和預設的框架之中。以此方式獲得的簡便的符號體系，對於實證的科學也許是必要的，但不能直觀自己的對象（生命）。此外，認識論如果不把智能送回生命的整體進化之中，也無法告訴我們認識框架是如何形成和如何擴充以至於突破的。因此，認識論和生命論這兩方面研究必須互相結合，並且要透過某種迴圈過程不斷的互相促進。

依靠這兩者的結合，它們一定能夠採取更可靠的、與經驗更接近的方法來解決哲學所提出的各類重大問題。因爲，兩者如果順利地實現了它們共同的探索任務，便能使我們洞悉智能的形成途徑，從而還能了解物質的產生過程；我們的智能一般只描繪出物質的輪廓。這兩種研究都要對自然和精神來個刨根問底，同時以眞正的進化論取代史賓賽的僞進化論——前一種進化論根據實在的生成和增長的情況探究實在，後一種演變論將現行已經進化了的實在分割成同樣是已經進化的小塊，然後把這些碎塊重新組合起來，因此預先設定了所有須加解釋的東西。

但是，眞正的進化論哲學不是可以畢其功於一朝一夕的。通常所謂的哲學體系每每是天才個人的產物，當它們分別以某某的整體形象崛起時，人們對它們往往已經有所取捨；與此不同，眞正的進化論哲學只能透過許多思想家連同許多觀察者日積月累的集體努力，互相補充、互相矯正、互相切磋，才可望有成。因此，本論著並不期望一下子解決所有極爲重大的問題。它只想確定解決的方法，並瀏覽在哪些關鍵環節上有可能應用這一方法。

本論著的整體構思是透過主題展開的。在第一章中，我們試著讓進化過程穿上我們的知性所擁有的兩套舊裝：機械論和目的論；[①]我們要說明這兩者都不行，但其中之一經過重新

① 認爲生命超越目的論以及機械論的想法並不新穎。值得一提的是，杜南（Ch. Dunan）在《哲學雜誌》

剪裁和縫合之後，要比另一套合身一些。爲了超脫出知性的觀點，我們在第二章中盡力重現與人類智能發展並行的生命進化所經歷的一些基本路線。於是，我們便要追溯智能的起源和產生原因，掌握其本身的要領，並跟蹤其後的運動過程。第三章就體現了我們的這種努力，儘管做得還很不周全。最後的第四章旨在說明：我們的知性如經某種訓練（包括接受某種規則的約束），便可以爲超越知性的哲學的出現鋪平道路。爲此有必要瀏覽一下各類體系的歷史，同時還要分析人類的知性從開始思考一般意義上的「實在」以來所遭遇的兩大迷津或產生的兩大錯覺。

一八九二年發表過三篇關於「生命問題」的文章，很精闢的表達了這種想法。我在這方面不只一處與杜南先生的意見相合。不過我在這個問題以及有關的其他問題上所表達的看法，在我很久以前發表的《論意識的直接材料》（巴黎，一八八九年）中就有了。其實那部論著的主要目的之一就是說明：心理學上的生命既非一元，亦非多元，既超越機械的，亦超越心智的。機械論和目的論只有存在「清晰的多元性」、「空間性」以及由此而來的「固有部分的集合」時才有意義：「實在的綿延」既指不可分的連續性，也指創造性。在本著作中，我將這些觀念泛用於生命論上，而且從心理學的觀點來看待生命。

第一章　生命的進化：機械論和目的論

一、一般意義上的綿延

我們最有把握、最了然於心的存在就是我們自己的存在。這是不爭的事實，因爲，我們對其他任何東西的見解都可能被認爲是外在的或者膚淺的，而對我們自身的看法卻是內在的、深刻的。那麼，我們對自己有什麼看法呢？在這種受到優待的情況下，「存在」一詞的精確含義又是什麼呢？先讓我們簡單回顧一下筆者以前一部著作的結論：

我首先認爲自己會從一種狀態轉移到另一種狀態。我有時覺得熱、有時覺得冷；有時高興、有時悲傷；時而工作、時而無所事事；時而觀看四周、時而若有所思。感覺、情感、欲望、表現，所有這些變動不居的情態都分享我的存在，並使我的存在有聲有色。說自己變化無常，還是太輕描淡寫了一些；應該說這變化之激烈，開頭連自己都難以相信。

我實際上在說我的每一狀態似乎都自成一體。我的確認爲自己處於變化之中，不過這變化在我看來寄存於從一個狀態到隨後的另一個狀態的轉移之中：如果將每一狀態分別看待，我傾向於認爲它自始至終就是那樣，一無所變。然而，稍加注意，我就發現，沒有一種情感、一種表現、一種欲望，不是瞬息萬變的；如果有某種心態可以停止變化，那麼它的綿延就要淤塞不流了。就以最穩定的內心狀態，即對一個不動的外界物像的視覺來說吧！這物像處於恆常不易的狀態，我亦停留於同一角落，從同一角度、在同一光線下，定定地看著它：我此刻所見到的它還是不同於剛才的那一視像，儘管這僅僅因爲它在一刹那間老化了一些。我的記憶卻慣於將已消逝的東西塞進現在。我的心態隨著時間之旅還在不斷的膨脹，因爲它把綿延都收集起來，那就像在雪地裡滾雪球一樣愈滾愈大。像感覺、情感、欲望之類更深奧的內在狀態，我們有充分的理由認定它們的情況也是如此；它們不像簡單的視覺那樣會對應於外界不變的物像。但是，爲了方便起見，我們不必去留意這種無休無止的變化；只有當這種變化顯著到足以聳動我們的視聽，喚起我們軀體的反應，我們才會去注意它。此時此刻，我們不難發現世態人生的無常。其實，人們從不停止演變，狀態原本是演變的過程。

可以這麼說，從某一狀態到另一狀態的轉變與同一狀態的持續，彼此沒有什麼本質上的不同。所保持的「同一狀態」若是有出人意表的變化，那麼，從某一狀態到另一狀態的轉變，則更加令人難以想像的與同一狀態的持續相似。轉變的過程是連續不斷的，然而，正因爲我們對每一心理狀態的不斷變化熟視無睹，所以，當變化之大讓人非注意不可時，我們除了揣度在前一狀態結束之處已經拼接上新的狀態之外，就沒有什麼其他可說的了。我們會設想這一新狀態又是不變的停留在那裡，情況就是這樣無限迴圈下去。因此，我們心理上的生命表面，看來是不連續的，原因在於我們對它的注意是經過一系列不連續的作用產生的：本來那裡只有平緩的坡道，由於沿著間斷性的注意力作用的路線前行，我們卻以爲自己在階梯上拾級而下。的確，在我們的心理生命中籠罩著莫測的風雲，儘管無數的事件是接踵而來的，卻似乎每一事件都是空前絕後的。可是，那些事件的非連續性仍是在連續性的背景上繪畫出來的，分開各樁事件的間隔就來自背景，它們如同交響樂中點綴的大鼓敲擊聲。我們之所以注意這些鼓聲，是因爲它們更爲引人關注；但每一鼓聲都是由我們整個心理存在的流動體帶出的。每一鼓聲都不過是一條移動帶上最明亮的閃光點，這條移動帶包含著我們所有的感覺、思慮、願望，還有我們在特定時刻的全部存在。整條的移動帶事實上構成了我們的狀態。人們會說這樣定義的「狀態」不是什麼清晰可辨的質素。事實就是如此，狀態互相連貫於不盡的長流之中。

但是，我們的注意力卻將這些狀態加以人爲的區分，因此接下來又不得不以人爲的聯繫方法將它們串接起來。於是，我們設想了一個無形的、不動心的、無變化的「自我」，並把被視爲獨立個體的種種心理狀態貫穿於「自我」上。原本是色調斑爛、相互疊加的流動性，我們的注意力卻把它們當作界限分明的，也就是說實實在在的各種色彩，它們互相串聯著，就像項鍊上五顏六色的珠子。於是，還不得不假設有一條實實在在的線將這些珠子聯結在一起。這無色的基質只是不斷的被罩蓋上去的東西所著色，由於其本身的不確定性，它對於我們來說似乎並不存在。相對而言，我們僅僅看到那些著色的東西，即各種心理狀態。實際上，那「基質」不是實有的；它在我們的意識中只是一種符號，可以不斷提醒我們：我們的注意力人爲的將原本連續不斷的展開的事物分割爲一個又一個的狀態，然後又將它們串接在一起。假如我們的存在是由彼此分離的狀態組成的，而無動於衷的「自我」要在其中扮演撮合的角色，那麼，對我們來說，當然就不存在什麼綿延。因爲，不發生變化的自我無所謂延續的問題，不爲下一個狀態所取代的始終如一的心理狀態，更是延續不下去。由此看來，把這些狀態一個接一個排列在支撐著它們的「自我」上面，眞是徒費心機，串接在某一固定物上面的這些固定物絕不會構成流動的綿延。事實上，用這樣辦法取得的結果只是內在生命的人工模仿物，是一種靜態的取代品；正因爲人們以此抹掉了實在的時間，這種取代品可以更好的迎合邏輯和語言的要求。至於那些隱藏在它們的符號之下展開的心理生命，人們卻是不難看出時間才是它們的基質。

況且，沒有其他的質料比它更耐久、更實在。因爲，我們的綿延並不是一個瞬間取代另一個瞬間；若是這樣，除了現在就絕不會再有其他什麼了：沒有延伸到當前的過去，沒有進化，也就沒有具體的綿延。綿延是過去的連續進程，它咬住將來而前進、而膨脹擴大。既然過去不斷的在增長，它也就無限期的保存下去。正如我們試圖證明過的那樣，①記憶不是將某些回憶編排後放進抽屜或登記在簿冊上的能力。記憶裡沒有簿冊、沒有抽屜；確切的說，這裡甚至沒有能力，因爲能力總是在必要或可能時產生間斷作用的，而層層疊疊的過去的累積是將一切時刻含括於內的。事實上，過去是在自動的自我保存。從整體上來說，過去可能每時每刻都追隨著我們，從我們最早的孩提時候開始，我們所感、所思、所願，仍都存在著；它們緊緊地依傍著即將加入其中的現在，又叩響裝模作樣要拒之在外的意識之門。大腦的機制正是在於將幾乎整個的過去壓抑到無意識，而允許進入意識門檻的只有那些足以闡明現實的情勢或有助於醞釀中的行動的資訊。總之，意識所著眼的是**有用之功**；充其量只讓一些多餘的回憶透過半開的意識之門潛入。這些無意識的信使的潛入，告訴我們在我們的後面拖帶著多少我們所不知的事物。不過，我們即使對此沒有清晰的概念，還是會模糊的感

①見《物質與記憶》第二章和第三章，巴黎，一八九六年。

覺到過去依然留在目前。如果我們不是出生以來的歷史的凝聚體，我們究竟又是什麼呢？我們的**性格**又作何解釋呢？我們的歷史甚至要從出生以前算起，因爲我們帶有出生以前的氣質。也許我們只利用了我們的過去的一小部分來思考；但是，在我們渴求、發願和行動之時，卻是動用了我們過去的全部，包括我們先天的性向。這就是說，我們的過去會以它的驅動力量和造成趨勢的形式，整體的出現在我們的面前，儘管呈現於我們的意識中的只是其中很小的一部分。

過去的留存致使意識不可能第二次經歷同一狀態。任憑環境多麼相同也不行，生活在這種環境中的人已不再是原來的那個，因爲環境與人的際會都發生在這個人的歷史的全新時刻。我們的人格無時不在變遷、無時不隨著經驗的積累而重新塑造。所謂人格的變遷就是，每一狀態儘管表面上還是原來那樣，但其深處與時俱變，無法重複。所以，我們的綿延是不可逆轉的。我們不可能回頭再過哪怕一星半點以前的綿延，因爲，如果能夠這樣的話，我們首先要廢棄它所留下的一切回憶。可是，即使我們能夠將那回憶從我們的知性中抹去，也無法從我們的意志中消除。

我們的人格就是這樣不停的萌生、成長和走向圓熟。人格每個時刻都在更新，即在原有的基礎上不斷加入新事物。說得更透澈點，豈止是新事物，而且是不可預料的事物。我目前的狀態大概可以用我原有的氣質和剛剛影響過我的東西來解釋。我找不到還有什麼其他的因素有助於分析我的人格了。不過，就是有超人的智能也不可能預見像人格這樣的單一而不可分割的形式，它賦予那些完全抽象的因素具體的組織。因爲，所謂預見就是將自己過去所察覺的東西投射於將來，或者將已經察覺的種種因素換個順序重新組合，以此設想後來的情景。但是，從未感知過的，又是單一的東西，必定是不可預料的。作爲我們歷史長河的某一瞬間而出現的某種狀態就是如此，它是單一的，以前不可能感知過，因爲在它的不可分割的整體中集聚了所有感知過的東西，還有現在添加上去的東西。這是一絲不差的原創的歷史中的原創的瞬間。

已經完成的肖像可以用模特兒的容顏、藝術家的氣質以及調色盤上的顏料來解釋；但是，即使知道所有這些因素，仍是沒有人，包括藝術家自己，能夠準確預見未來的肖像會是怎樣的，因爲若能這樣預見，無異於未下筆作畫之前肖像就已經畫成了，這當然是不攻自破的謬論。我們生活中的每一瞬間也都是這樣，我們自己就是生活的藝人；每一瞬間，每個人，都是一種創造。我們的每一狀態，既然依照上面所說的都是一種新形式，它從我們這裡出現的那一刹那，便在改變我們的個人，情況如同畫家的才能是在他的創作的影響下形成或扭曲（總之是變易）的。因此，有理由說：我們是什麼，我們就做什麼；但必須加上一句：在某種程度上，我們是自己手中的產物，我們不斷的創造自己。而且，這種自我創造會隨著人們更加合理思考自己的所作所爲而日趨完善。因爲，合理性在這裡的作用不同於在幾何學上的運作；在幾何學那一方面，前提都是一次性設定的非人格之物，不隨著時間變化，因此只能推演出非人格的結論。而在這裡，相同的道理會導致不同的人，或者不同瞬間的相同的人，做出內涵殊異的舉動，儘管這些舉動都是有合理性的。實際上，那不完全是相同的道理，因爲它們不出於同一個人，也不出於同一瞬間。所以，人們不能像在幾何學中那樣從外面抽象的運用這些道理，也不能替別人解決人生向自己提出的那些問題；每人都必須爲自己的利益著想，從內部加以解決。不過，對此我們不必深入探究，我們所要研討的只是我們的意識賦予「存在」一詞什麼精確的含義。而我們發現，對於自覺者而言，存在就是變化，變化就是成熟，成熟就是不斷的自我創造。整體意義上的存在是否也應作如是觀呢？

二、無機體和抽象時間

隨機拈來的任何一種物質性東西都表現出與以上所述相反的特性。它或者保持原樣，或者在外力影響下發生變化，但我們仍將這種變化看作各個不變部分的相互移位。如果這些部分也發生變化，我們就將它們同樣的加以細分。我們可以將它們一直細分到分子爲止，對於分子的組成物則可細分到原子爲止，對於原子的生成物則可追溯到微粒子，以至於細分到在粒子內呈渦流狀的「不可測量之物」；微粒子也可以說就是這樣的單一的漩渦體物質。我們最終可以把這種細分或分析進行到必須這樣做的最細微的程度。但是，只要面臨了看來是不可變易之物，我們就停止下來。

我們可以這樣說，合成物的變化是由於其組成部分的移位。但是，當某一部分離開它原有的位置時，沒有任何東西可以阻止它的回歸。因此，一組元素經過某種狀態之後，總是可以回歸原位。如果這樣做不是靠自己的力量，至少是靠外因的作用而使一切重新就位。也就是說，這組元素的任何狀態都能根據我們的需要經常予以重複，因此它不會老化，也沒有自己的歷史。

這樣一來，其中從素材到形式就沒有任何的創造。假如人們從它如今是什麼上看到了與之有關的宇宙所有的質點，那麼這組元素的將來，其實已體現於現在之中。只有超人的智能才能計算出無論任何時刻的空間某一系統上的某點的位置。由於整體的形式沒有什麼不同於各個部分的配置，系統的未來形式從理論上來說可以從它現在的形態中推測出來。

我們對事物的全部信念以及對科學所分離出來的種種系統的全部處置，實際上都基於這樣的觀念：時間並沒有侵入這些事物和系統之中。我們在以前的一部著作中曾經接觸過這個問題，目前這一研究也還要回到這個問題。我們暫且限於指出：科學賦予某一物質性東西或某個孤立系統的抽象時間「t」，僅包含一定數量的**同時性**，或者，一般來說只包含一定數量的**對應關係**；不管對應關係中間隔的性質如何，對應關係的數量都保持不變。對於無機物來說，這些間隔絕不會引起我們的注意；倘若我們考慮這些間隔，那也只是為了計算新的對應關係，但我們依然不去理會這類對應關係之間會出現什麼問題。常識只關心個別的事物，科學也只考察孤立的系統，它們都只注意間隔的兩頭情況，而非間隔本身。因此，時間流可以認定具有無限大的速度，而個別的事物或孤立的系統的全部過去、現在和將來，都可以立即散布於空間；這樣做時，既毋須改變科學家的公式，也不必改變常識的語言。「t」這一數值總是指同一事物；透過它還可以算出在事物或系統的狀態與「時間流」線圖上各點之間形成的同一數值的對應關係。

然而，就是在物質世界無疑也存在著連續的過程。雖然從孤立的系統的推導中，我們可能會認爲它們的過去、現在和將來的歷史可以像一把扇子一樣即刻打開；其實不然，這種歷史也要逐漸的展示出來，似乎也存在著我們人類所擁有的綿延。若想調和一杯糖水，無論怎樣也要等待糖的溶解。這一事實雖不起眼，意義卻很重大。因爲，這裡我們必須等待的時間，不再是同樣適用於物質世界的整個歷史的數學時間，即便那一歷史可以即刻在空間展開。我們等待的時間與我們自己的一部分綿延，即不耐煩的心理，有相符之處；對於自己的綿延，我們不可能隨意達到伸縮自如的地步。因此，它已經不是被思考的東西，而是生活著的東西；也不再是一種關係，而是一種絕對事物。最能說明問題的莫過於上面提到的那杯水、糖和糖融於水的過程所包含的抽象意義；那些抽象意義可能是在某種整體性的意識形式中從我的感覺和理解的過程中截取下來的。捨此別無可言。

當然，由科學來孤立和關閉某一系統的做法，不全是人爲的。如果沒有客觀的依據，我們便無法解釋爲什麼在某些情況下這種運作可以清楚的標示出來，在其他情況下就不可能這樣做。不難得知，物質均有形成孤立的系統的趨向，也就是說這種系統可以用幾何學的方法來處置。其實，我們完全可以用這種趨向來界說物質，不過，它僅僅是一種趨向。物質發展沒有窮盡的時候，因此孤立化的過程也永遠不會完成。如果說科學本身也有終了，或者說孤立化的過程已經完成，那只是爲了研究的方便而假設的罷了；人所共知，所謂的孤立系統仍要受到某些外部事物的影響。科學只是將這些影響擱置一旁，或者因爲它們微不足道，或者打算以後再加考慮。然而，這些影響實際上已形成許許多多的「繩索」，將該系統與另一個更大的系統結合起來，結合體又與包含前面兩個系統的第三者結合，如此循環往復，便形成了客觀上隔離最徹底和最獨立自主的系統，即完整的太陽系。即便如此，孤立化的過程仍不是絕對的。我們的太陽把熱和光放射到最遙遠的行星之外去。此外，它還朝著某種固定的方向移動，並將行星及其衛星吸引在自己的周圍。將太陽系與宇宙中其他星系聯結的「繩索」，無疑是很細弱的。然而，正是依靠這一「繩索」，內在於宇宙整體的綿延得以傳送到我們賴以生存的世界的最小部分去。

宇宙的綿延了無盡頭。越發考究時間的本質，我們便越發明瞭綿延意味著發明、形式的創造和對嶄新的東西的不斷研製。由科學標記的系統之所以綿延下去，只是因爲它們與宇宙中其他系統不可分離的結合在一起。宇宙中誠然存在著應加區別的兩種對立的運動，即後面還要加以考察的「下降」和「上升」的運動。「下降」僅僅是將已經上緊的東西，比如發條，鬆開，原則上來說，幾乎在一瞬間就可以完成。但是，與成熟或創造之類從內部做功的事物相應的「上升」運動，本質上是綿延不絕的，並將它的節奏強加於「下降」運動之上；「下降」離不開上升。因此，科學所孤立出來的系統如果與宇宙整體可以重新結合在一起，我們就沒有理由不把綿延，以及包括像我們自己這樣的個體存在形式，歸屬於這些系統。不過，這些系統必須重新結合於宇宙整體內。對於我們的知覺所截取的其他事物來說，情況更明顯的與上面相同。我們在某一物像上所看到的、可以代表它的特性的清晰輪廓，僅僅是某種我們可能施加於空間某點的**影響力**所繪製的圖形：當我們看著那些物象的表面和邊角時，就像從一面鏡子中將我們最後的行動概貌送回到我們的眼睛來。倘若去掉這種行動，並隨之去掉由知覺在錯綜複雜的現實世界中爲這種行動所繪出的主要路線，那麼，物體的特性便要消失於千眞萬確的代表宇宙中實在性東西的普遍相互作用之中。

三、有機體和實在的綿延

這樣，我們已經探討了隨機拈來的一般物質對象。難道除此之外就沒有某些得天獨厚之物嗎？我們說過，一般無機體都是由**知覺**之剪以某種方式從自然的基質中截取下來的，剪裁的虛線記號大體上與可能採取的行動的路線契合。但是，有一種物體只是將要採取這種行動；或者，它在完成實際行動之前已將其可能的行動的設計投影於物質上；或者，它不得不將它的感覺器官指向實在的流動，②並使其凝結爲一定的形式，藉此創造所有其他的物體。總而言之，這種**有生命的物體**是否就像其他物體一樣呢？

不用說，它也包含一部分廣延的空間，這部分空間與空間中的其他部分有聯繫，構成與整體密不可分的部分，並且受制於控制任何一種物質作用的物理化學法則。然而，這種有生命的物體已被大自然分離出來，自成一個封閉的系統；一般物質則依賴我們的感覺而細分爲各個獨立體；這些「物質點」的封閉系統的建立取決於我們科學的進展情況。生物體是由各個異質部分的互補而組成的，具有互相包容和互相配合的各種不同功能。它是一個個的**個**

② 「實在的流動」：原文爲 le flux du réel，亦可譯爲「實在流」。——譯注。

體，可以說與其他任何物體都不一樣，因爲，即使是結晶體，各部分也不是異質的，而且不具有不同的功能。當然，即使是在有機世界中也很難確定哪些是個體，哪些不是。這方面的困難在動物界已經不小；涉及植物方面，則幾乎已成爲難以解決的問題。而且，這一困難具有深刻的原因，這點在後面將予以探討。人們可以看到，個體性有許多不等的程度，沒有哪一部分生物，甚至於人類，可以充分實現其個體性。但我們不能因此否定個體性是生命固有的特徵。這裡，採取幾何學方式的生物學家，看到我們不能給予個體性以精確而概括的定義，會輕易的以爲自己得勝了。不過，完美的定義只適用於已經完成的實體，而生命的特徵只是在實現的過程中，從來都沒有全部實現過；這些特徵與其說是**狀態**，不如說是**趨向**。一種趨向只有在不受任何其他趨向干擾的情況下才能達到它的全部目的。在生命的領域中，這種情況又怎麼可能出現呢？如同以下所示，在那裡總是發生著對立的趨向的交互作用。尤其是在個體性方面，有機界中到處都有個體化的趨勢，但又到處受到繁殖趨勢的抗阻。要使個體性達到完美無缺的程度，就必須保證該有機體沒有任何分離的部分可以單獨生存；但這樣做就不可能繁殖起來。所謂的繁殖，就是從老的有機體分離出來的部分，形成了新的有機體。因此，個體性往往就是把自己的敵人安置在自身之中。個體性在時間方面所迫切要求的不斷延續，使它在空間方面的要求永遠不能完成。生物學家應當考慮到每一實例所帶有的兩種趨勢；因此，要求他們一勞永逸的作出適合於各種情況的、自動生效的個體性定義，是沒有任何意義的。

　　但是，人們常常像探究無生物的狀況那樣探究生物。在討論個體性時，顯然存在著這種混淆不清的情形。我們知道，將蚯蚓切成兩半，它們會各長出一個頭，又成爲獨立的個體生活下去；將水螅切成碎塊，會變成許多新生的水螅；將海膽的卵切成數片，仍可以分別發育成完好的胚胎。人們於是要問：海膽的卵、水螅，還有蚯蚓的個體性都到哪裡去了？別著急！我們不能因爲現在出現了好幾個個體，便否定剛才實是單一的個體。我在看到從某一櫃子上抽掉好幾個抽屜之後，顯然便無權再說這個櫃子還是一個完整的個體。但是，現在這個櫃子，事實上與以前那個櫃子沒有什麼兩樣；如果說現在它是由幾個不同的構件組成的，那也是在它的製造之日便已確定的事實。就一般情況而言，無機體遵循著如下一條簡單的法則：現在所包含的內容不多於過去，從結果中找到的東西已存在於原因之中。這種無機體，正是我們行動所需要的支援物，我們的思維方式也是由它塑造成功的。然而，有機體的突出特徵若是如同最爲表面的觀察所證實的那樣，是時刻不停的生長和變化，那麼，最初只是一**個**，後來變成**好幾個**，諸如此類的現象便不值得驚訝。單細胞的有機體的繁殖情況正是如此——該生物體一分爲二，各自成爲完整的個體。當然，在較複雜的動物，造化將產生新個體的繁殖力局限於幾乎獨立的性細胞中。但是，從各種生物體的再生能力方面可以看到，類似的繁殖力還散發至有機體的其他部分去；不難設想，在某些條件優越的例子中，這種繁殖力潛藏於有機體的各個部分，一有機會就會顯露出來。事實上，我們可以大膽提出個體性這一說法，而不必附加「該有機體應該不具有自我分裂的繁殖能力」這樣的前提。只要在分裂之前，該有機體的各個部分系統化的聯結在一起，分裂之後各自內部成分依舊系統化的聯結在一起，我們就應該承認這類有機體的「個體性」。而這些正是有機界中常見的現象。由此我們可得出這樣的結論：個體性絕非十全十美的，要辨明何者為個體，何者不是個體，難度很大，有時乾脆不可能做到；然而，生命似乎在努力建構自成一體、自我封閉的系統，因此，總是呈現出一種追求個體性的趨勢。

四、老化過程與個體性

一種生物就是以上述特點區別於我們的知覺或科學所人為分離或分割的一切事物。因此，將其與一個**物體**進行比較，可能是錯誤的。假如我們要在無機物中尋求可比的對象，那就不要去找某一種物質對象，而是應該將物質世界的整體性拿來與活生生的有機體相比較。這種比較沒有多大用處是真的，因為一個生物體是可加觀察的，而宇宙的整體則是經由人類思維建構或重建的。不過，藉此比較至少可以使我們注意到有機體的本質特徵。就像作為整體存在的宇宙和個別存在的有意識之物一樣，活著的有機體均是一種持續存在的東西。它的過去完完全全地延伸到現在，並且實際的活動著。若不是這樣，我們又怎會理解有機體所經歷的十分規則的各階段、它的老化過程以及它完整的歷史呢？

就以我的身體來說，我發現，就像我的意識一樣，它從童年開始便漸漸長大、成熟，直至老年的來臨；我們的老化過程皆類似於此。確切的說，成熟和衰老只是我的身體的屬性，拿它們來說明我個人的意識的相應變化過程不過是一種比喻的用法罷了。如果由上往下沿著生物的階梯遞降，我們就能發現，從分化程度最大者到最不分化者，從人類的多細胞有機組織到纖毛蟲類單細胞的有機組織，都存在著相同的老化過程。纖毛蟲類經過一定次數的分裂之後即告衰竭；如果我們改變它的生存環境，③可以推遲它必須透過細胞結合來恢復活力的那個時刻的到來，但是，我們不可能將那個時刻無限期的推遲。這是有機組織在完全個體化的過程中所出現的兩種極端現象。我們確實可以發現，兩者之間還存在許許多多個體性不是那麼明顯的其他事例，在這些事例中，儘管某些方面可能老化，但我們說不準究竟是什麼東西老化了。讓我們再說一遍，不存在某種普遍的生物法則可以如此精確和自動的應用於每一種生物。實際上只存在生物傳宗接代的一**般方向**。個別的物種，在自我建構過程中，都要確保自己的獨立性，要求任性隨意的活動，多多少少偏離直線的發展過程，有時甚至還要翻越坡道，似乎與原有的方向背道而馳。我們在不經意中會輕易斷定某一棵樹的青春永在，因爲它的枝梢總是那麼翠綠，它的苞芽依然蘊含著繁衍新樹的生機。但是，在這樣的有機體——它畢竟更像一個社會，而不是個體——中，仍有一些東西在老化，至少它的樹葉和樹幹的內部是這樣的。而且，如果分別的考察每個細胞，可以發現它們各有各的進化方式。**凡有生物的地方，就有頗爲公開的**一**種時間註冊的記錄**。

有人會說，這只是一種隱喻。實際上，機械論的主要本質就是把一切關於時間具有有效

③ 卡爾金斯（Calkins），〈原生動物生命史的研究〉，《發育機制文獻集》，卷十五，一九〇三年，第一三九—一八六頁。

的作用和自身的實在性的說法，都只當作隱喻而已。直接的經驗告訴我們：記憶是我們意識存在的基礎，也就是過去朝著現在的延伸，或者說是行動中的不可逆轉的綿延。而且，我們根據推理可知，我們愈是遠離常識和科學所設置的對象或者所孤立劃分的系統，並且深入探究潛伏在它們之下的實質性東西，我們與以下實在的關係便愈是密切：這種實在從內在最深處發生全面的變化，似乎過去累積的記憶使它不可能再走回頭路。然而，這類的經驗和推理對於機械論者毫無用處；他們僵化的心理本能，比推理和直接經驗都更爲強大。我們每一個人在無意識中都帶有這種形而上學的觀念。如在後面的文字中所描述的，這種觀念的產生原因可以用人類在生物中所占居的地位來說明。形而上學的觀念有其固定的要求、現成的解釋以及不可簡化的前提：所有這些歸總起來就是要否定具體的綿延。變化**應該**可以簡化爲各部分的序列安排或重新的序列安排；時間的不可復返性**應該**是一種與我們的無知相關聯的表面現象；不可能走回頭路一事應該僅僅說明人類無能爲力來重整事物的舊貌。因此，老化只是逐漸增加或逐漸喪失某些物質，可能兩種情況同時存在。人們一般認定，時間對於生物，與對於計時的沙漏一樣，具有相同的實在性；就沙漏而言，上部漏空了，下部就充實了，當沙漏倒轉過來時，上述情況便重新出現。

當然，生物學家並非都同意這樣的看法：生物在由生至死的期間內，有所得，也有所失。有些人主張，在細胞的生命全過程中，原生質的數量均在持續增加。④然而，可能性更

---

④ 塞吉維克·米諾（Sedgwick Minot），〈關於老化的一些現象〉，《美國科學發展協會第三十九屆會議論文

大的、意義更深刻的理論則認爲，有機體在更新過程中，其「內部環境」所包含的營養物質的數量不斷減少，而沒能排泄出去的殘留物的數量卻在增加，並積累於體內，終於導致死亡。⑤我們似乎應該響應一位著名的細菌學家的說法：「對老化問題所作的任何解釋，如果不考慮營養的作用，都是不足爲訓的」。⑥但我們沒有資格解決這個問題。事實上，兩種學說一致肯定某種物質在有機體內部的不斷積累或喪失，儘管它們在所得或所失的內容上少有共同的看法；這裡已經再好不過的預先準備了解釋這個問題的框架。本書所涉及的研究工作，愈往後將愈清楚的顯示：人們在考慮時間問題時，很難避開對沙漏的意象的引入。

老化的原因必定更爲深奧。我們認爲，在胚胎的發育與有機體完整的進化之間，存在著不可分隔的連續性。促使生物成長、發育和變老的動力，與促使胚胎生命完成發育成形的全過程的動力，是一樣的。胚胎的發育特徵是外形的不斷變化。無論是誰想要記錄下它的緊相連接的生長狀態，都會像處理一個連續不可分的整體一樣，陷入「無限」的淵藪之中。生命只不過是這種出生前的進化的延續而已。這樣說憑據的是：我們常常分說不清，我們面

集》，薩勒姆（Salem），一八九一年，第二七一—二八八頁。

⑤ 勒丹特克（Le Dantec），《個體性和個體的錯誤》，巴黎，一九〇五年，從第八十四頁開始。

⑥ 梅奇尼科夫（Metchnikoff），〈老年性退化〉，《生物學年鑑》，卷三，一八九七年，第二四九頁及其後；並參閱該作者《人類本性》，巴黎，一九〇三年，第三一二頁及其後。

對的是正在變老的有機體，還是繼續進化的胚胎；例如，昆蟲類和甲殼類的幼蟲，情況便是如此。此外，在諸如我們本身的有機體中，青春期或更年期之類的危機將帶來個體全面的演變，此情此景與幼蟲或胚胎生命的演變過程差可比擬；但是，這類危機只是我們老化過程的一小部分。它們雖然僅發生於一定的年齡段，並且時間可能不長，但沒有人因此認爲它們會無端的從外部突然出現，僅僅因爲跨入某一年紀，就像我們滿了二十歲就有了法定的權利和義務一樣。顯然，諸如青春期之類的變化，從出生那一刻開始，甚至在出生之前，便在進行著這種準備；到達衰老這類危機出現的年紀，至少部分包含這種漸進性的準備。簡而言之，老化最重要的徵象是，在形態上發生不可察覺的、不斷漸進的連續性變化。而且，這種變化無疑伴隨著機體損壞的現象：對於老化的機械論解釋，幾乎就完全局限於這些內容。此類解釋會注意到硬化症、殘留物的逐漸累積以及細胞原生質的增生等事實。然而，在這些可見的效果之下隱藏著內在的緣由。如同胚胎的發育一樣，生物的進化意味著對綿延的連續記錄，也可以說是過去持久的存在於現在之中；至少，有機體的記憶現象就是如此出現的。

無機體的現在狀態，端賴於前一刻所發生的事情；與此相同，經科學所限定和分離的某系統的質點的位置，也是取決於這些質點在前一時刻的位置。換句話說，支配無機物的法則，原則上可用時間（按數學家所指的時間而言）爲獨立變數的微分方程式來表示。生命的法則是否亦爲如此呢？生物體的狀態能否完全採用前一狀態來解釋呢？是的，如果我們事先同意這種看法：生物體與其他物體相似，並且爲了使自己的理由更加充分，還將生物體等同於化學家、物理學家和天文學家所操作的人造系統，那麼就可以作如上的解釋。然而，在天文學、物理學和化學領域中，上述的命題具有非常嚴格的特定意義：它意味著，對於科學來說具有重要意義的現在的某些狀態，可以作爲前一刻的過去狀態的函數來計算。而在生命的領域就不存在此類情況。這裡的計算方法充其量只能關涉到有機體的某些**解體**的現象。反之，對於有機體的**創造**，即很好的建構生命的進化現象，我們無論如何仍也不能採取數學的處理辦法。人們會說，在這方面的無能，僅僅出於我們的無知。但是，我們也可以表明這樣的事實：其一，生物體的現時狀態不能在前一時刻的狀態中找到解說；其二，有機體的所有的過去，包括它的遺傳性——事實上這是很漫長的歷史總體，都必須加入到那個時刻中。上面的第二個假設（而不是第一個），眞正的表現了生物學的現狀及其發展方向。有人認爲生物體與太陽系一樣也可以用某種超人的計算器來進行數學方面的考察。這種想法逐漸產生於伽利略的物理學發現之後形成並壯大的形而上學的思潮中。然而，我們將從下文看到，這種形而上學，在人類的心理上總是顯得十分自然。其表面上的清晰，人們迫不及待的要將它視爲眞理，如此之多的優秀思想家毋須證明就熱烈的接受了它，簡而言之，它所施加予我們思想上的一切誘惑力，應使我們對它有所警惕。形而上學對於我們來說確實具有它的吸引力，這點便足以證明它可以滿足人們的某種先天的傾向。但是，如下文所述，生命在它的進化過程中所創造的先天的智能傾向，在當今並不意味著要向我們提供生命的解釋；這類傾向一定是爲了其他目的而被創造出來的。

想要弄清人爲的系統與自然的系統、死與生之間差別的任何努力，都立即會與這種傾向相抵觸。因此，我們會面臨一種兩難的境地：既難以設想有機體存在著生生不息的綿延，也難以設想無機體不存在這種綿延。當我們聲稱人爲的系統的狀態完全依賴於其前一刻的狀態之時，難道這裡竟會不把時間算入嗎？或者竟會將該系統與眞正的綿延掛鉤嗎？再者，即使整個的過去已融匯進生物現在這個時刻，有機體的記憶功能難道就不會將整個的過去壓縮在此時的前一刻，從而使之成爲現在情況的唯一原因嗎？如果這樣認爲，那就是無視具體的時間與抽象的時間的重大差別：在具體的時間中，實在的系統可以得到發展；而抽象的時間則用於我們對人爲的系統的思索。所謂人爲系統的狀態，依其前一刻的狀態而定，這是什麼意思呢？任何時刻都沒有與它緊接在一起的前一刻，正如數學上沒有互相接觸的兩點一樣。「前一刻」在與現在時刻相接時，實際上存在著 dt 這樣的間隔時間。因此，我們想要說的就是，上述系統的現時狀態是由帶有諸如 de/dt 或 dv/dt 這樣的微分係數的方程式來規定的；歸根結底就是要將**現時的**速度和**現時的**加速度計算在內。因此，人們所眞正關心的只是現時——是的，與其**趨向**一起被我們考慮的現時。事實上，科學所探究的系統均是處於總在更新的現在這一刹那；那些系統從不存在眞正的、具體的綿延，好讓過去的殘留物與現在結合在一起。當數學家計算某一系統經過 t 時間後，立即出現的未來狀態時，他可以設想在這段時間裡宇宙消失了，直到這段時間（t）結束後，宇宙才重現。只是等到 t 時間結束那一刹那，才算數，那才是僅有的刹那。在此間隔中流過的東西——即實在的時間——都不算數，它們派不上計算的用場。如果那位數學家執意要利用那一間隔的時間，他的目標也無非是某一點，即另一特定的刹那，因此，不過是在 t' 時間的終了；從開始到 T' 時間的結束之間的間隔，都與他無關。如果他考慮用微分系數 dt 將那個間隔劃分成無限小的許多部分，以此也只能表現他有推求加速度和速度的意向，即：這些數值可以顯示某一系統的趨向，並能使他計算出該系統在特定的刹那的狀態。總而言之，他只是涉及特定的刹那，亦即靜止的刹那，而不是流動的時間。**數學家所面對的世界，是萬事萬物生死於每一瞬間的世界；笛卡兒論及連續的創造時，所考慮的也是這樣的世界**。但是，我們要問：以這樣的方式來考慮時間的問題，那麼，作爲生命最本質的特徵的進化活動，將如何發生呢？所謂的進化，就是指過去在現在中眞正的持續，也稱綿延，是連接符或聯絡環節。換句話說，認知一個生物或一個**自然的系統**的法門是把握住綿延的整個間隔，而關於**人爲的系統**或數學的系統的知識，只是建立在它的終端上。

因此，生物似乎都與意識一起擁有以下幾種屬性：變化的連續性，在現在中保存著過去，眞實的綿延等。我們就此可否進一步斷言：生命如同意識活動那樣，既是發明，也是不停的創造呢？

五、生物演變論與對其不同的解釋方法

我們不打算在這裡詳列生物演變論的例證。在本著作中，我們只想簡單解釋爲什麼我們會把生物演變論看作對已知的事實的十分精確的概括。生物演變論的思想在對有機體的自然分類中就已萌生。博物學家實際上已將彼此相似的有機物體集合在一起構成種群，然後又將該種群的有機體分成許多亞群，亞群內部的相似性更爲明顯。他們就這樣繼續分類下

去。透過這一分類活動，種群的特點便以一般的主題形式出現，每一亞群則在這些主題的基礎上分別表現出各自的特異性。而這正是我們從動、植物界所看到的產生者與被產生者之間的關係：後裔在祖先傳下的、彼此共有的底布上繡上各自獨有的畫面。在這裡，後裔與祖先之間的差異確實顯得很輕微。人們也難免產生這樣的猜想：是否存在著具有很大可塑性的同一生命物質，透過它產生了魚類、爬蟲類和鳥類這樣一些不同形式的生命？但是，在這個問題上，觀察結果以專斷的方式作出了回答。它告訴我們：鳥類的胚胎發育直至某一階段尚且與爬蟲類的胚胎難以區分；個體透過胚胎生命一般可以顯現出可與進化論者所謂的從一個物種到另一個物種過渡相比擬的一系列轉化跡象。由雌雄兩性細胞結合而成的單細胞，是透過自我分裂的方法來發育、成長的。就在我們的眼皮底下，每天都有一些最高級的生命形態產生於非常原始的基本形態。於是，經驗便告訴我們：最複雜的東西可以透過進化從最簡單的東西產生出來。那麼，事實上是否這樣呢？儘管古生物學資料不足，它仍讓我們相信這是眞的，因爲它以一定的精確性揭示出物種的承續順序，而這順序與胚胎學和比較解剖學所要假定的東西正好一致；而且，古生物學的每一新發現都給生物演變論帶來新的確認。因此，從單純的觀察中得來的證據總是不斷的充實。此外，實驗又一一排除種種反對意見。例如：德·福利斯（H. de Vries）的一個奇特的實驗就顯示：重大的變異可能突然發生並有規則的遺傳下去。這就推翻了對演變論提出的一些最重大的難題。這類實驗可使我們大大縮短一般認爲的生物進化所需的時間，也使我們減少了對古生物學的苛求。總之，這些都使生物演變論的假設愈來愈顯得至少是接近於眞理。這一假設無法加以嚴密的論證；但是，在理論和實驗拿不出確證的情況下，卻會有無限增加的或然性來填補證據的不足，並且似乎要以此產生最大的效果，生物演變論所提供的或然性就屬於這種性質。

不過，我們應該看到，指陳生物演變論可能是錯誤的說法並不少見。我們還應該作如下的設想：從推論和實驗中，人們已經證實，物種是經過今天已經湮沒無聞的不連續的發展過程而產生的。這種學說會不會由於它對於我們來說具有特別的意味和重要性而受到影響呢？生物分類大綱可能還會繼續存在。胚胎學的實用資料也會留存下來。在比較胚胎學與比較解剖學之間仍然存在著對應的關係。因此，生物學必將在各種生命形態之中繼續確立與今天生物演變論所設定的一樣的親緣關係。當然，這種關係將是觀念上的，而不再是物質上的。然而，由於現有古生物學所提供的資料依然登錄在冊，我們仍應承認，在各種生命形態中間所發現的觀念上的親緣關係是逐漸形成的，而不是同時出現的。不過，從哲學的角度來說，現在的演變論不再有任何的規範要求。它主要只包含以下兩方面的內容：一是設立觀念上的親緣關係；二是在各種生命形態之間存在著所謂的**邏輯性**的親緣關係時，認定由這些生命形態所物化的種屬中也存在著一種**代代相傳**的聯繫。這兩種意見都無條件的成立。因此，在某些場合下，我們仍要假設進化的存在，例如：在某種創造性的思維中，不同的種屬觀念是從它們彼此之間產生出來的，情況就像生物演變論所認定的那樣，物種自己在地球上繁衍開來；又如，在逐漸形成的自然界內在生命的組織化的藍圖中，單純的生命形態之間邏輯性的和代代相傳的親緣關係，與生物演變論所認定的生命個體之間實在的親緣關係毫無二致；再如，在某種未知的生命原因中，它可能產生種種結果，就像這些結果彼此相生一樣。進化在這裡或許只是變換個位置而已，也就是說從可見的地方移到不可見的地方。幾乎今天生物演變論所有的說法都將被保留下來，並將得到新的解釋。因此，像幾乎所有的科學家所宣稱的那樣，不折不扣的照生物演變論中的一字一句去體會物種起源的奧祕，或許更爲便利、順當一些。這種生物變異與進化的理論究竟在何種程度上是描述事實、在何種程度上只是對事實作象徵性的說明，這一問題還說不清楚，除此之外，它與它所要取代的學說，甚至與它通常所反對的特殊的創造學說，沒有任何不可調和的矛盾。爲此，我們認爲，正如生物演變論的教條現已侵入各門科學之中一樣，它的一套用語也在所有的哲學中橫衝直撞。

但是，這樣一來，我們就不應該再把一**般的生命**說成是抽象物，或者僅僅當作所有生物都登錄其中的標題。在一定的時刻，太空的某些地方會出現清晰可見的生命之流，它穿越過一個個由它所組織的生物體，代代相傳下去，產生不同種屬的分野和不同個體的差異，爲此不獨毫不喪失生命之力，尚且在前進過程中倍增其力。我們知道，在魏斯曼（Weismann）所提出的「生殖原生質的連續性」理論中，⑦上一代有機體的性要素可以將其特性直接遺傳到下一代有機體的性要素中。人們對於這一理論的極端形式似乎頗有爭議，因爲只是在例外的情況下，受精卵分裂過程中才會出現性腺的發育跡象。不過，產生性要素的細胞固然一

⑦ 德國生物學家A・魏斯曼（一八三四—一九一四）在《論遺傳性和自然選擇》（一八九二）等多部著作中堅持這種觀點。生殖原生質（germe-plasme），亦稱「種質」。——譯注

般並不在胚胎生命的早期階段就出現，我們仍否認不了這樣的事實：它們的形成畢竟離不開那些胚胎組織，儘管後者此時尚未完成特定功能性的分化，其細胞還是由未經變異或修改的原生質所組成。⑧換句話說，隨著受精卵的生殖力減弱的結果，它在胚胎組織的生長基質中擴散的範圍就增廣了；但是，在被這樣稀釋的同時，它仍將自己的某些東西重新集中於一定的特殊部位，即卵或精子的生長細胞上。因此，我們可以這樣說：雖然生殖原生質不是連續的，至少生殖能量具有連續性，生殖能量在給予胚胎生命所需的內驅力的時刻自己會消耗掉，然後又儘快回歸於新的性要素中，並在那裡等待下次機會。從這個觀點出發，我們認爲，**生命就像一道通過成長的有機體介質的、從一個種胚到另一個種胚的潛流**。有機體本身似乎只是原先的種胚努力要在新種胚上延續自身而萌芽的突起物或蓓蕾。至關重要的事情是，它永無止境的追求連續的發展；而每一顯形的有機體在它短暫的生存時限裡都加入到這種無形的發展過程中。

六、激進的機械論：生物學與物理化學

不過，愈是注意生命的這種連續性，我們就愈是發現有機體的進化接近於意識的進化；

⑧ 魯勒（Roule），《普通胚胎學》，巴黎，一八九三年，第三一九頁。

在意識中，過去擠壓著現在，實際上這樣便促使不可與以前的意識形式相提並論的新意識形式的產生。某個種類的動植物的產生都有其特殊的原因，這種看法估計沒有人會反對。但是，這只能意味著：如果事後我們認識其詳細原因，我們就能藉此解釋已經生成的形式；而預見這一形式則不是問題所在。⑨有人可能會說，如果已經詳細的了解生成這一形式的條件，我們就能預見這一形式。可是，這些條件具有那一生命所處的當時歷史時機的特點，已構成該生命形式的一部分，甚至可以說已合爲一體。因此，怎麼可能設想我們能夠預先認識本身是獨一無二的、現在還沒有產生並且以後也絕不會重複產生的條件呢？人們只能預見與過去相似的未來，或者預見可以用類似於過去的因素重構的未來。天文學、物理學、化學等方面的事實就屬於這種情況。也就是說，所有的這類事實都可歸屬於僅僅由公認不可變易的因素集合而成的體系之中。在這一體系中，各組成因素之間只有位置的變動，理論上允許作這樣的設想：事物可以回歸原位；因此，這一體系可以重複出現同一個整體現象，或者至少是相同的基本現象。然而，生物體的情況獨特，它已將自己的某些獨有特點傳遞給構成自己的各種因素，也就是說，人們對它的看法總是不全面的，這樣怎麼可能在它未產生之前就

⑨ 生物進化系列的不可逆性已由鮑德文（Baldwin）所闡明，見他的著作《發展與進化》，紐約，一九〇二年，尤其是三二七頁。

把它當作已知的東西描繪出來呢？⑩充其量只能說，一旦這種獨特的情況產生，我們可以用對它分析所發現的各種因素來解釋它。但是，那些能夠適用於新物種產生的情況，也能適用於新個體的產生，更概括的說，同樣能在任何時刻適用於任何一種生物的形成。因爲，變異固然要達到一定的顯著和普遍的程度才能產生新物種，但這種變異發生在每一生物的任何時刻，而且在不知不覺中繼續下去。就是成爲今日話題的突變現象，如果不是經過似乎不變的一代代的醞釀或者說成熟化的作用，顯然也不可能出現。從這個意義上可以說，生命如同意識，無時無刻不在創造某種東西。⑪

但是，我們的整個智能會排斥這種關於生命形式的絕對原創性和不可預見性的看法。智能是在生命進化過程中形成的，所以它的主要功能是燭照我們的行爲，準備好對事物所要採取的行動，以及預測在給定的情勢下可能接連發生哪些有利或不利的事件。因此，智能在給

---

⑩ 我們在《論意識的直接材料》中便已堅持了這一看法，尤見該法文原著第一四〇—一五一頁。

⑪ 塞阿伊先生（M. Séailles）在他的大作《藝術天才》中曾闡說這一雙重的命題：藝術延伸了自然，而生命即是創造。我們願意接受第二個公式；但是，創造是否必須像該作者那樣理解爲各種因素的綜合呢？只要各種因素預先存在那裡，它們將要出現的綜合只不過是多種可能的排列組合中的一種：這種排列組合只有超人的智慧才能提前從其他各種可能的排列組合之中識別出來。我們相反的認爲，在生命的領域中，有關的因素並不作爲獨立的實在物而存在。所謂的各種因素都是心理上對某一不可分割的過程的多種看法。因此，進化發展過程存在著本質上的偶然性，是不可能根據其前後的情形，總之是綿延，來加以估量的。

定的情勢下會本能的選擇任何與已知的事物相似的東西；它尋覓這種東西出來，旨在運用其「同聲相應、同氣相求」的原則。智能就在這裡隱含著憑藉常識來預測未來的功能。科學將這種功能的準確和精密的程度盡可能的提高，但並沒有改變它的根本性質。如同普通的知識，科學在處理事物之時，也只關心**重複性**這一面。儘管整體是原創性的，科學總是能夠想法把它分析成種種因素或方面，**近似的**恢復過去的面目。

科學僅能對付那些被認為可以反覆出現的東西，也就是根據假設可以從綿延作用中撤回的東西。任何在歷史的連續的時流中不能還原和不可逆轉的東西，都避開科學的觀照。為了對於這種不可還原性和不可逆轉性有所認識，我們必須與適應於基本的思考要求的科學習慣斷絕關係，還必須施加心理上的壓力，使之與智能的自然趨向背道而馳。而這些正是哲學所能產生的作用。

因此，生命在我們的面前陡然進化著，形成了對不可預測的形式的連續創造。這種想法歷久彌新，即，形式，不可預見性和連續性僅僅作為外觀，展現了我們本身的無知。據說，我們所感覺到的某一連貫的歷史，會分解成一幕幕前後相接的圖景：「在你的印象中原創性事物，經過分析，就會變成種種因素，其中每一因素都是已知因素的重複。所謂的不可預測的形式不過是舊因素的新排列。基本原因的總和決定了這種排列，基本原因本身就是舊原因以新的次序再現出來的。認識了那些因素和基本原因，就可以預見作為它們的總和和結果的生命形式。當我們將生物界的現象化為物理化學的因數之後，必要時我們就可以越過物理化學的範疇；我們將從質料進入分子，從分子進入原子，從原子進入微粒子：我們最終一定會面對天文學上稱爲太陽系的那類東西。如果你否定這個，你便與科學的機械論原理對抗，並且武斷認定生命物質不是由與其他物質同樣的一些因素所構成的」。我們的答覆是，我們對於無生命物質與有機物質基本上相同這點不發生疑問。唯一的疑問在於：我們稱爲生物的那種自然系統，是否一定就被同化於科學從無生命物質分離出來的人造系統呢？或者說，它們是否就不應該與作爲宇宙整體的自然系統相比？我眞心希望這樣：生命是一種機械作用。但它究竟是從宇宙整體中人爲的分離出來的那些部分的機械作用呢？還是全部的實在的機械作用呢？我們認爲，全部的實在是不可分割的連續過程。從中抽取的系統，確切的說，根本就不是部分；它們應是整體的局部視圖。但是，將這些局部視圖拼湊起來，連整體的最起碼的模樣都重建不起來，其情況就像我們不能把某一客體的千姿百態的攝像累積後再塑出原型一樣。對於生命，對於人們聲稱已經將生命融化進去的理化現象來說，情況也是如此。分析工作無疑可以將有機生命的創造過程分解爲數量大爲增長的理化現象，化學家和物理學家要做的當然就是這些事。不過這不等於說化學和物理可以解開生命的奧祕。

曲線的極短部分，很接近於直線，愈短就愈接近。短到極限的程度，你要稱它是曲線的部分，或稱它是直線的部分，都可以，因爲曲線上的每一點都與通過它的切線重合。「生命性」與此一樣，每一點都與理化的作用力相切；但是，那些點事實上來自於曲線運動中每一剎那都停頓一下的設想。實際上，如同曲線不是由直線部分構成，生命也不是由理化因素構成的。

一般來說，科學上每一可觀的進展都是將有關的成果融會入某個新建構的整體之中，那些成果變成了該整體在它連續的運動過程中每隔一段時間所攝取的瞬息間靜止的視像。例如：現代幾何學與古代幾何學的關係就是如此。後者完全靜止不動，只處理已徹底畫好的圖形；前者則探討某一函數的變化，即描圖時所依據的連續的運動過程。毋庸置疑，在數學的處理過程中，爲了精確起見，可以不考慮任何的運動因素；但正是由於將運動因素引入圖形的產生過程之中才導致現代數學的問世。我們相信，如果生物學能夠像數學一樣愈來愈接近自己的對象，它與有機體的物理學和化學的關係，便會像現代數學與古代幾何學的關係一樣。那麼，在物理學和化學中所研究的物質和分子的純粹表面性質的移動，相對於內在變異的、而不是移位的生命運動而言，將變成某一運動體的停止狀態與它在空間的運動狀態之間的關係。根據筆者所見，從某一生命活動的特定方向轉入它所隱含的理化因素的體系，就像從函數變爲函數的推導值（亦稱「導數」），從曲線方程式（即反映曲線賴以生成的連續運動的規律）變爲只反映曲線的瞬間方向的切線方程式。這樣類型的科學可稱爲**變化的力學**；而這裡所說的**移位的力學**只是其中的特殊情況，或是前者的簡化形式，或是在純數量層面上投射。情況恰似無限多的函數具有相同的微分係數，這些函數彼此之間的變化值爲一常數。因此，正常的生命活動所包含的理化因素，即使用整合的方法展示出來，或許也只能部分地決定這種高級活動的趨向，其中還有一部分仍是未定數。但是，這種整合的方法只能是夢想；我們不敢指望這種夢想竟然得到實現。我們只能進行某種盡可能寬廣的比較，以顯示我們的哪些觀點與純機械論合拍，哪些與之分道揚鑣。

然而，用無機物來模擬生命的形式，可能已有相當長的歷史。不僅化學工業製造有機合成物，而且我們已經可以人工的再現某些有機組織的顯在活動事實，如間接的細胞分裂和原生質的循環。細胞的原生質會引起細胞膜內部的各種運動，這一事實已爲大家所熟知；此外，間接的細胞分裂產生於十分複雜的一些操作，其中有些操作涉及細胞核，其他一些操作則涉及細胞質。後一類操作開始時通過中心體一分爲二的辦法在細胞核邊緣形成一小球體。於是，所得到的兩個中心體便拉開了距離，將原細胞核所主要包含的絲狀物分割成兩半並吸引到各自的一方去，在內部連接完畢後，便形成了兩個新核，於是在它們的周圍構成了取代原先那個細胞的兩個新細胞。從它們的輪廓線條和外表來看，至少上述的有些操作已經被人成功模擬。只要用砂糖或食鹽研末，加上一些陳年的食油，取出一滴混合物放在顯微鏡下觀察，就可以看到蜂窩結構的三色狀物；根據某些理論著作的記載，其外形與原生質相似，裡面發生的運動也酷似原生質的循環流動。[12]如果在同類的泡狀物中抽去一個蜂窩的空氣，你就能看到中間形成了圓錐形的吸力漩渦，就像導致細胞分裂的中心體周圍所產生的那種吸力漩渦一樣。[13]甚至連單細胞組織的外部運動——就以變形蟲的情況來說吧，有時都被加以機械論的解釋。變形蟲在水滴中的移動情況可比一粒灰塵在通風良好的室內的往復運動。蟲體一直在吸收包含於周圍的水流中的可溶物質，同時排出其他一些東西；這樣連續不

---

⑫ 比茨利（Bütschli），《顯微鏡下的泡狀物與原生質》，萊比錫，一八九二年，第一部分。

⑬ 榮姆布勒（Rhumbler），《對間接細胞分裂和細胞核分裂的機械論解說的實驗》，一八八六年。

斷的交換活動很像中間裝有多孔隔層的兩個容器的內部情狀，因此在這小生物的周圍形成了不斷變化的漩渦。至於它暫時性的突起或假足，與其說是它自己伸展出來的，不如說是被周圍環境中的物質吸引出來的。[14]我們可以用同樣的方法來解釋纖毛蟲類透過纖毛的振動而產生的更雜複的運動；而且，纖毛似乎還只是固定的假足。

然而，科學家們對此類現象的解釋和圖式說明的價值，遠未獲得一致的意見。化學家指出，由於只是考量有機物，而沒有深入探討更複雜的有機體，目前科學所重建的仍只是生命活動中消亡的或廢棄的東西；具有特殊活力的可塑性物質的合成就非常困難。我們時代最負盛名的博物學家之一便堅持如下的看法：從生物組織中所觀察到的現象裡面存在著**進化**和**退化**這樣對立的兩方面內容。進化的能量透過對無機物的同化作用，力圖將低級能量提升到自己的水準。這種能量結構出各種組織來。另一方面，生命的實際功能（當然已排除同化、生長和繁殖方面的功能）則從屬於退化這一級別，它們顯示出能量的下降，而不是上升。物理化學只能處理退化這一級的生命現象，也就是說，只研究死的，不研究生的。[15]其他類型的現象即使從字面上說不是嚴格地從屬於進化這一級別，仍要排斥理化分析。在原生質的形態

---

[14] 貝特霍爾德（Berthold），《原生質機制的研究》，萊比錫，一八八六年，第一〇二頁。另見Le Dante，《生命的新理論》，巴黎，一八九六年，第六十頁上有關的解釋。

[15] 柯普（Cope），《有機物進化的起因》，芝加哥，一八九六年，第四七五—四八四頁。

這一問題尚未解決的情況下，對於人工類比原生質的顯在活動一事是否應該予以理論上眞正的重視呢？況且，我們現在距離原生質的化學合成那一天還相當遙遠。最後，對於許多密切注視過這類原始的有機組織的學者來說，用物理化學方法解釋變形蟲的活動，乃至於纖毛蟲類的習性，似乎毫無可能。甚至就在這類最低級的生命活動現象中，他們也發現了某種有力的心理活動的痕跡。⑯然而，彌足珍貴的教訓卻是，對組織學現象的深入研究，更加削弱而不是強化了採用物理學和化學的方法來解釋一切現象的趨勢。美國組織學家威爾遜在論述細胞發展的一本令人欽佩的書中下了這樣的結論：「細胞研究的結果總的來說好像是擴大而不是縮小了最低級生命形式與有機世界之間的巨大溝壑」。⑰

總之，只關心生物功能性活動的人傾向於認爲，物理學和化學將能說明我們解開生物學

⑯ 摩帕斯（Maupas），〈纖毛蟲類的研究〉，《實驗動物學文集》，一八八三年，尤見第四十七、四九一、五一八、五四九頁）；維農（P. Vignon），《關於上皮細胞的一般細胞學研究》，巴黎，一九〇二年，第六五五頁。簡寧斯（Jennings）在《關於低級有機體行爲研究》（華盛頓，一九〇四年）一書中對纖毛蟲類的活動作了深入的研究，對向性（tropism）觀念作了鞭辟入裡的批評。他指出，這些低級有機體的「行爲方式」，無疑的屬於心理學的研究範圍（二三七—二五二頁）。

⑰ 細胞的研究整體上好像是加大而不是縮小了，即便是最低等的生物與無機界之間的距離。【原注是英文，見於威爾遜（E. B. Wilson）（一八五六—一九三八，美國生物學家），《細胞的發展與遺傳》，紐約，一八九七年，第三三〇頁。】

過程的奧祕。⑱事實上，他們主要把生物方面不斷的重複出現的現象當作化學實驗中曲頸瓶裡所發生的事情來看待。生理學上的機械傾向，在某種程度上可以從這裡得到解釋。與此相反，那些將注意力集中於生命組織的微妙結構及其發生與進化的組織學專家和胚胎發生學專家以及博物學家，所感興趣的就不僅是曲頸瓶中的內容，而且還有曲頸瓶本身。他們發現這種曲頸瓶以一系列**獨特的**動作創造自己的形式，這一系列動作實際上就構成了一部眞正的歷史。因此，組織學專家，胚胎發生學專家和博物學家不像生理學家那麼容易相信生命活動的理化性質。

事實上，無論是肯定還是否定可以用化學方法產生一種低等的有機體的理論，都沒有實驗科學的權威性。也就是說這兩種理論都還沒有辦法得到驗證：肯定的理論受到目前科學水準的限制（生命物質的化學合成尙未成功），否定的理論也沒有辦法用實驗的手段令人信服的證明這種化學合成的努力不可能成功。但是，我們前面已提出一些理論上的依據來說明，自然界所化育的生物系統與我們的科學所分離出來的系統不能等量齊觀。我們承認，這些論據停留在變形蟲這樣幾乎尙未進化的原始有機體，顯得還不夠有力。但是，當我們探討經歷過有規則的演變週期的複雜的有機體時，就需要更有力的論據。生物體愈是大量帶有綿延的印記，有機體與機械性事物的區別便愈是明顯，因爲綿延在機械性事物上只是輕輕地

---

⑱ 達斯特（Dastre），《生與死》，第四十三頁。

滑過，而沒有滲透進去。當我們所提供的證據應用於從最低級的起源到最高級形態的生命總體進化過程時，它就非常有說服力，因爲這種進化過程帶有支持它的生命物質的統一性和連續性，從而構成了單一的不可分割的歷史。這樣看來，演變論的假設似乎並不像一般人所認爲的那樣接近於機械的生命概念。當然，對於這種機械論的概念，我們並不要求去進行數學化的最後駁斥。但是，從對實在的時間的思考中引出的駁斥，在我們看來，是唯一可能的駁斥；演變論的假設愈是坦誠提出，這一駁斥就變得愈是有力和令人信服。我們必須仔細思量這點。不過，我們首先還是要更清晰的說明我們正在探索的生命概念。

我們認爲，機械論的解釋適合於我們的思維人爲的將之從整體中分離出來的那些系統。但是，對於整體本身和對於其中以整體爲樣板的一些系統，我們不能先驗的承認它們都可以作機械論的解釋，因爲如果持這樣的看法，時間將變得無用，甚至不眞實了。機械論的解釋方法的實質，事實上就是把未來與過去都當作可以計算出來的現在的函數，於是主張一**切都是給定的**。根據這一假設，具有那種計算能力和超人智能的人都可以一眼看穿過去，現在和未來。不可否認，凡是相信機械論的解釋方法具有「放之四海皆準」的普遍性和「不以任何意志爲轉移」的客觀性的科學家，都有意或無意的依照這種假設來行動。拉普拉斯曾以最大的精確性將這一假設表述如下：「大智者可在特定的時刻對所有造成自然界生機蓬勃的力量和構成自然界的各種存在物的不同情景了若指掌，假如所說的『大智』具有廣闊的包容力，可以用分析的方法統轄那些素材，因此，他就能夠以同一公式概括說明宇宙間最大的星體和最小的原子的活動情況：對於他來說，世上不存在不確定之物，未來就像過去一樣顯露在自己的面前」。⑲而且，杜布瓦—雷蒙（Du Bois-Reymond, 1818-1896，德國生理學家）也說：「我們能夠想像得出來，當我們對自然界的認識達到一定的高度之後，全球的發展過程便可以用一個數學公式或一個巨大系統的聯立微分方程式來表現；根據這種情況，世界每時每刻的每一個原子的位置、方向和速度，都可以由此推算出來」。⑳赫胥黎以更具體的形式表達與前面兩人相同的看法：「如果進化這一基本命題是眞實的，即整個的世界，不管是有生命的還是無生命的，都是由分子內部多種的力根據一定法則相互作用的結果，而且宇宙的原始星雲也是如此構成的，那麼可以肯定，現有世界曾經潛藏於宇宙蒸汽中，因此，了解這種蒸汽分子的性質的才智之士就可以預知比如說一八六九年大英帝國的動物分布狀況，其可靠性與一個人在寒冬時節預知自己口鼻呼出的水汽的樣子是白茫茫的不相上下」。在這一類學說中，仍要談到時間：但人們只涉及這個字眼，沒有人思慮到其實際的存在。因爲，時間在這裡被剝奪去有效性，既然它沒有用處，也就等於不存在。激進的機械論意味著這樣的一種形而上學：其中整個的實在都完全置身於永恆之中，事物的表面綿延僅僅在心靈的朦朧時刻才得以表現；在這種心理狀態下，一般不可能立即洞悉一切。但是，就我們的意識

⑲ 拉普拉斯（P. S. Laplace），〈解析概率論導言〉（見於他的《全集》卷七，巴黎，一八八六年），第六頁。拉普拉斯（一七四九—一八二七），是法國數學家和天文學家，著名的「康德—拉普拉斯星雲說」倡導者之一。

⑳ 杜布瓦—雷蒙（Du Bois-Reymond），《論自然認識的限度》，萊比錫，一八九二年。

而言，即對於我們經驗中最無可爭辯的東西來說，綿延與上述情況有很大的不同。我們發覺，綿延是我們無法上溯的湍流。它是我們存在的基礎，而且，我們完全可以感覺到它，它是我們生活於其中的世界的實質。在我們的面前豎起放之四海而皆準的、耀眼的數學前景，是毫無用處的；我們不可能犧牲掉經驗僅僅爲了要符合某一系統的要求。這就是我們反對激進的機械論的原因所在。

七、激進的目的論

但是，激進的目的論在我們看來也是難以接受的，其理由同上。例如，在萊布尼茲，我們見識過的極端形式的「合目的性」理論便認爲，事物與存在都僅僅在實現原先擬定好的規劃。然而，如果沒有任何意料之外的事情發生，這個宇宙也就沒有絲毫的發明和創造可言，時間終會變得一無用處。如同機械論的設想，目的論也認爲一**切都是給定的**。被人們如此理解的目的論，完完全全是顚倒一個方向的機械論。它們產生於同一的前提，只有唯一的一個差別：當我們以有限的智能追蹤事物表面全部的連續過程時，目的論要在我們的前面提燈引路，而不是像機械論那樣將燈光掩蓋在我們的後面。目的論以未來的吸引力代替過去的推動力。但是，就像智能的進程一樣，事物的連續過程也純屬表面的現象。在萊布尼茲的理論中，時間相對人類觀點而言，被降低爲一種混亂的知覺，對位於事物中心的一種精神來說，它就像迷霧一樣終要消失無蹤。

不過，激進的目的論不像機械論那樣刻板和輪廓分明。前者帶有人們所希望的那些柔韌性。而機械論哲學則要在取捨之間選擇其一，非此即彼，不得兼顧：如果有最細小的塵粒竟脫離機械論所預測的軌道，稍微顯示出一點自發性，那麼這一哲學就要被人捨棄。相反的，強調「目的論」的學說絕不會被人徹底駁倒。如果你丟棄了它的某一形式，它又會採取另一形式出現。它的原理是屬於心理性質的，因此非常柔韌。由於它具有如此之大的伸縮性以至於廣延性，一旦人們排斥純粹的機械論，就會接受目的論中的某些東西。因此，本書所要展現的論題不得不在一定程度上結合目的論的意蘊。重要的是，要確切的指明其中哪些是我們所要採納的，哪些則要捨棄。

話說回來，如果有人要將萊布尼茲的目的論弄得支離破碎從而削弱它的影響，這個途徑在我們看來也是不對的。不過，合目的性的學說採取的就是這種途徑。大家都可以想到，即使宇宙總體上說是爲了實現某個計畫，這點也不可能得到經驗的證實；而且，就是單指有機世界而言，幾乎也很難證明那裡的一切都很和諧：透過各類事實的調查也會證明那裡並不和諧。在大自然之中，各種各樣的生物彼此爭強鬥勝，處處表現：在秩序之外還有紊亂，在進化的同時也在退化。然而，從物質的總體或生命的總體都同樣無法加以肯定的目的性，難道對於分別加以考察的每一有機體來說也是不眞實的嗎？難道在一種有機體的各個部分之間就不存在令人驚嘆的分工和巧妙的合作嗎？難道在無限的複雜性中就不存在完美的秩序嗎？每一種生物難道不都是這樣實現潛在於自己實體之中的某種計畫嗎？這部論著歸根結底在於打破原先的目的性觀念，並對之加以重新的審視。它不接受，事實上還嘲笑，**外在的**目的性觀念；這種觀念認爲，各種生物彼此之間秩序井然，如：草爲牛而生長，羊爲狼而存在等，其荒謬程度已無人不曉。但是，據說還有一種**內在的**目的性，其意爲：每一種生物皆爲自己而生，它的各個部分都爲了整體的最大利益而相互配合，並且爲此目的而和諧的組織起來。這種目的性的觀念久已成爲經典的理論。目的論已退縮到不能同時把握一種以上的生物的地步。它可能認爲，經過如此的退縮，所受的打擊面就會小些。

事實上，這樣一來它可能受到的打擊更大。由於我們這一論著本身所可能具有的激進性質，目的性在這裡總是被認爲是外在的，否則便一無所有。

再考察一下最複雜又最和諧的有機體。據說它的各個部分都爲了整體的最大利益而緊密配合。不錯，的確如此；但我們不要忘記每一部分本身在某些情況下也可以成爲一個有機體，當這較小的有機體從屬於那較大的有機體時，我們必須接受外在的目的性這一原則。因此，目的性總是內在的這個觀念是不攻自破的。一個有機體由各自爲自己而生存的組織所構成。構成組織的細胞也有某種獨立性。嚴格的說，如果個體的各個部分都完全從屬於該個體，我們就會斷然否認那些部分是有機體，只將有機體這一名稱留給那一個體，並且只承認內在的目的性。但是，人們知道，那些部分也具有眞正的自律性。例如：吞噬細胞的獨立性已達到攻擊供給自己營養的有機體的程度，生殖細胞具有獨立於體細胞之外的自身生機。且不說這兩種細胞的特殊功能，就是一些再生現象也足以說明生物體內各個部分的自律性：這裡一個因素或一組因素突然顯現出來，不論其正常的空間和功能受到怎樣的限制，它們有時仍能超越這些限制；在某種情況下，它們甚至可以被認爲等同於整體。

這就是那些活力論所存在的絆腳石。我們不要像人們通常所做的那樣：斥責那些活力論以問題的本身來回答該問題。「生命本原」也許眞的不能說明多大問題，但它至少是黏貼在我們的無知上面的一種標籤，可以不時提醒我們這方面的弱點；而機械論則導致我們無視自己的無知。[21]但是，在自然界既沒有純粹的內在目的性，也沒有絕對清晰的個體性，這一事實使活力論瀕臨困境，構成個體的有機成分本身也帶有一定的個體性，如果個體擁有它的生命本原，則每一有機成分也同樣要求擁有自己的生命本原。然而，這裡存在著另一種情況：個體本身尚無足夠的獨立性，還沒有完全從其他事物中脫離出來，因此我們不能承認它存在著自己的「生命本原」。像高級脊椎動物那樣的有機體，是所有有機體中最爲個體化的一種；然而，只有當構成母體一部分的卵子和屬於父體的精子得到發展時，受精卵由於共

㉑ 當代的新活力論實際上有兩種路線可以遵循：一方面是認定純機械論不足爲訓，這一看法由諸如杜里施（Driesch）或萊因克（Reinke）這些科學家提出，所以很有權威性；另一方面則假設活力論疊加於機械論上〔如杜里施的「完成」（音譯爲「隱德萊希」）說，萊因克的「優勢」或「支配」說等〕。在這兩部分中，前者可能更有興味。詳見發表於世紀之交的兩人有關的德文原著，包括杜里施的四部傑作：《形態發生過程的定位》，萊比錫，一八九九年；《有機體的規律》，萊比錫，一九〇一年；《自然的進程和自然的鑑定》，萊比錫，一九〇四年；《作爲歷史和學說的活力論》，萊比錫，一九〇五年；萊因克的三部代表作：《作爲事實的世界》，柏林，一八九九年；《理論生物學導論》，柏林，一九〇一年；《植物學哲學》，萊比錫，一九〇五年。

有雙方的物質，才成爲父母之間聯繫的一環，考慮及此，我們不難領悟，每一有機個體，包括人類，都只是其雙親結合體所萌發的芽孢而已。那麼，個體的生命本原究竟起訖於何處呢？我們可以逐步追溯至它的最古老的祖先，我們會發現該個體與它的每個祖先糾結在一起，或者說與可能處於樹狀的生命譜系根部小塊的原生質漿體攪混在一起。由於在某種程度上是這一原始祖先的一部分，它也與從這個祖先派生出來的各條不同支脈的後裔渾然一體。從這個意義來說，每一個體可以說都透過不可見的紐帶與生物的整體聯繫在一起。因此，試圖將目的性限制在生物個體性的範圍內，是徒勞無功的。生命世界中如果存在目的性的話，它必定以單一不可分的特點籠罩生命的全體。這種所有生物共有的生命無疑會出現許多間隙和斷層，而且它並非數學意義上的「一」，因此不可能讓每一生物都達到某種程度的個體化。但是，它仍然形成一種單一的整體；我們必須在下述兩個立場中選擇其一：或者簡單地完全否定目的性，或者作這樣的假設：不僅有機體的各個部分都與有機體本身相互配合，而且任何一個生物與所有其他生物的集合體也是相互配合的。

我們即使將目的性這個觀念徹底打破，人們仍不會輕易將它放過。因此，我們認爲，若不總的來說應該反對將目的性假設爲生命的內在因素，那麼就應該從完全不同的意義上來修正目的性的含義。

八、生物學與哲學

激進的目的論也像激進的機械論一樣，錯在將某些關於自然界的概念過分寬泛的延伸運用於我們的智能上。本來，我們只爲行動而思考。我們的智能是由行動的模子鑄造出來的。思辨是一種奢侈，而行動則是必要的。不過，爲了行動，我們先要爲自己提出一個目標；於是，我們編制計畫，然後轉向詳細的機械論辦法以便實現這一計畫。我們只有知道所能憑藉的東西，才能完成最後的行動。因此，我們必須從自然界中抽繹出能讓我們預見未來的一些相似性，於是在有意無意之間便要運用到因果律。此外，在我們的心目中愈是清晰的出現有效的因果關係的觀念，這種有效的因果律也就愈是採取機械論的形式。由於最後這種因果關係表現出有力的必然性，因此它更趨向於數學方面的特徵。這就是爲什麼只要順從我們的精神傾向，我們都能成爲數學家。但從另一方面來說，這種天生的數學傾向只是我們意識習慣的無意識支撐物，藉此將各自之因與果結合起來；我們意識習慣的通常目標則是引導爲某些意圖所驅使的行動，或者與此結果一樣的操縱旨在實行某一模式的組合式運動。情況可以是這樣的：我們是天生的工藝美術家，因爲我們是天生的幾何學家；還有，我們之所以是幾何學家，只是因爲我們是工藝美術家。這樣，人類的智能活動，由於受制於行動的苛求，便只能同時既憑藉意圖又依靠計算，既讓手段與目的互相協調，又讓愈來愈幾何化的機械論得以突出的表現。不管是把自然界視爲由數學法則支配的大機器，還是把那裡當作某一計畫得以實現的場所，在這兩種情況之中，人們都只是追隨到底兩種互補的、來自同一生命需求的精神趨向。

因此，激進的目的論在許多方面與激進的機械論非常接近。這兩種觀點在事物的一般發展過程中，甚或只在生命的發展過程中，都不願意看到不可預見的形式創造。在對實在的觀照中，機械論只考慮了相似性或重複性的一面。因此，它受著如下的規律支配：在自然界中只有同類才相生，同氣才相求。愈是強調機械論中的幾何學，機械論就愈難承認有什麼可創造的；甚至包括純形式在內，都要被機械論者認爲是不可創造的。於是，只要我們是幾何學家，我們就反對預見的可能性。我們若是藝術家，肯定就要接納這種可能性，因爲藝術的生命在於創造，藝術蘊涵著對自然的自發性的虔信。但是，與利害無關的藝術，就像純思辨一樣，是一種奢侈。儘管我們還遠不是藝術家，我們至少是匠人或手藝人；所有的製造，不管多麼粗糙或原始，都依賴於相似和重複的規律，如同作爲製造業的支柱之一——自然的幾何學。製造工作靠的是能反覆使用的模子；即使在發明或革新什麼東西時，它也是認爲自己在對已知的因素加以重新的設置。它的原則是「我們必須有同類的東西才能產生同類的東西」。簡而言之，目的論的原理的嚴格運用，就像機械論的因果律的嚴格運用一樣，導致出「一切都是給定的」結論。由於這兩種理論適應於相同的需要，所以它們只是用各自的話語表現相同的事物。

這就是它們依然一致的置時間於不顧的原因。實在的綿延是啃咬和磨蝕萬物的綿延，並把自己的齒痕留在萬物之上。處於時間之流的事物，無不發生深刻的內在變化，相同的具體的實在絕不會重現。因此，重複只是在抽象的意義上才是可能的：重複只是我們的感官，尤其是我們的智能，從現實的存在中抽取出來的某些方面的東西；這種現象的出現，僅僅由於我們智能的全部努力都導向行動，而我們的行動只有在重複之中才有作爲。於是，由於集中注意力於重複的事物或僅僅留意於相同之物的聯結，智力便不讓時間映入視野。它不喜歡流動的東西，它所觸之處，一切皆成定論。我們不去思考實在的時間。但我們生活於實在的時間之內，因爲生命超越於智能。爲此，我們有了在純粹的綿延中自己的進化和一切事物的進化的感覺，它在不折不扣的知性表象的四周形成不清晰的光暈，這種光暈在黑暗中便自行消退。機械論和目的論都僅僅考慮其中閃閃發亮的核心。它們忽略了這個核心是由其他方面的因素濃縮而成的，也沒有注意到，爲了掌握生命的內在運動，除了濃縮的因素之外還必須動用整體的和流動的因素。

說實在的，光暈即便再微弱和不清晰，對於哲學來說，其應有的重要性也比它所環繞的光亮的核心大得多。因爲，正是它的出現才使我們能夠肯定核心的存在，肯定純粹的智力是更廣泛的力量的濃縮結果。而且，正是因爲這種模糊的直覺對於我們指向事物的行動（這種行動僅僅發生於實在世界的表面）沒有什麼幫助，我們才不妨認定它不僅施加於事物的表面，而且實際上還作用於事物的根底。

一旦我們擺脫激進的機械論和激進的目的論對我們思想的束縛，實在的世界便顯現出新事物不斷湧現的景象，那些新事物剛一出現，便立即消隱在過去之中；此時此刻，新事物的映入總是朝著向後方看的智力視界。我們的內在生活無疑已呈現於此。我們可以輕而易舉的找到我們每一行動的先在因素，因爲它在某種意義上可以說是機械性的結果。我們還可以同樣的說，每一個行動都是某一意圖的實現。從這個意義上說，在我們的行爲的進化過程中，無不存在機械性和目的性的現象。但是，我們的行動如果包羅了我們個人的整體，而且是眞正屬於我們的行動，它就不可能被預見，儘管在它完成之後可以用它的先在因素來解釋。而且，這個行動固然是某種意圖的實現，但它作爲眼前的新的實在，與那種意圖有所不同，因爲意圖本身只能是重新開始或重新安排過去的一種規劃。因此，機構論和目的論在這裡不過是關於我們行爲的外在看法。它們抽取了行爲的知性。然而，我們的行爲會從兩者之間溜走，並擴展到很遠的地方去。再次聲明，這並不意味著自由的行動便是一種剛愎自用的、不合理的行動。所謂的剛愎自用的行爲，指機械性的搖擺於兩種或兩種以上的現成辦法之間，最後落實於其中的一種；它並非某種內在狀態的眞正成熟，也非眞正的進化；它只是曲意模仿智力的機械性，儘管最後的決定可能顯得頗爲玄妙，甚至莫測高深。反之，眞正屬於我們自己的行爲則是不打算模仿智力的意志性行爲，它保留著自己的本色，即進化著，逐步成熟爲種種行動，智力可以不時將這些行動融入各種知性的因素之中而不使自己走到目標的盡頭。自由行動是不能用觀念或思想來化約的，它的「合理性」必須用「不可化約性」來定義；正是這個「不可化約性」才使我們發現其中要多少知性就有多少知性。這就是我們自己進化的特點；無疑，這也是生命進化的特點。

我們的理性勢難扭轉自己剛愎自用的趨向，因爲它總認爲自己憑著天賦和習得的智能，已經擁有認識眞理所需的全部要素。即使在它承認對呈現在它面前的那一對象無知之時，它仍相信這種無知只是不曉得自己久經時間考驗的分類目錄中哪一項適合於新對象的要求。

我們應該打開哪個現成的抽屜來裝放這一對象？或者，應該給它穿上已裁剪好的哪一件外衣？它是這個，還是那個，還是其他的東西？而「這個」、「那個」和「其他的東西」總是已經想到的和已經知道的某物。只要考慮到對一個新對象要創造適合於它的新概念或者新的思考方法，我們的內心便萬分的情願。然而，哲學史無情的擺在那裡，它告訴我們各個系統的永久衝突，用現成的概念外衣是不可能令人滿意的罩在新的實在上的，必須量身裁衣。我們的理性卻不願走到這個終點，它喜歡以沾沾自喜的謙遜態度，一勞永逸的宣告：它只與相對的東西打交道，絕對的東西不在它的管轄範圍之內。這一預告使理性可以肆無忌憚的運用習慣性的思考方法，於是在不涉及「絕對」的藉口下，理性對一切事物進行絕對的裁判。柏拉圖是這種理論的首倡者，他提出，對實在的認識在於發現它的理念，也就是說要將實在強行放置於可由我們支配的先在的框架中，似乎我們不言而喻的擁有放之四海皆準的知識。但是，這個信念對於人類的智力來說是很自然的，因爲人類的智力在面對任何新對象時，總是著意於決定如何將它歸類到某一原先存在的項目之下；從某種意義來說，我們都可以算爲天生的柏拉圖主義者。

這種方法在生命理論領域要顯得最爲不足爲訓。如果生命在朝著一般的脊椎動物的方向，特別是人和智能的方向進化的過程中，必須放棄與這種特殊的有機組織模式不相適合的許多因素，並且，如我們將要說明的那樣，將這些因素託付給其他的發展路線，那麼，爲了掌握生命活動的眞正本質，我們就必須找回全部這些因素，並且讓它們融入原本的智能中。而且環繞在我們清晰的、即知性的表象四周的那種模糊的直覺的光暈，可能對於上述的努力有所幫助。事實上，作爲進化原理的那個部分不會縮變爲我們有機組織的特殊形式，而是已經不招自來的安頓在我們有機組織的周圍，如果這無用的光暈不是進化原理的那個部分，又能是什麼呢？照此看來，我們必須尋找擴大我們思路的智力形式；我們將從那裡汲取超越自我所需的動力。我們不能靠拼拼湊湊在生命進化過程遺留給我們的一些簡單的想法或觀念來建構生命的整體思想。部分之於全部，內容之於其容器，生命運作的副產品之於生命運作本身，它們怎麼可能是等值的呢？然而，我們仍存有這樣不切實際的幻想，爲此竟然將生命的進化過程定義爲「從同質向異質的過渡」，或者透過排列組合零碎的知識所得到的「新概念」來界說它。我們無疑置身於進化的主要的站頭，但絕非唯一的一站；就是在這個站頭，我們也沒有掌握好所見到的一切，因爲我們只獲得可作爲智能的標誌的一、兩個概念；然而，我們卻聲稱這一部分的部分是全體的代表，或者說是「超具體的全體」的代表，「全體」在這裡僅僅指現實階段的進化運動！事實上，要表現這一進化運動的實質，即使投入我們全部智能也不過分，而是尚有欠缺。我們必須在它之上另加從每一其他進化站頭所發現的東西。這些東西在性質和發展線路上都有所不同，它們應該被認爲是許許多多現在的，或者至少是過去的，處於最低級形式的、互補的趨向性。只有這樣，我們對於進化運動的實質才會有大體的了解；即使這樣，我們仍沒有掌握此運動的全部底細，因爲我們還只是與它的結果，即已經進化了的東西打交道，而不是與進化本身，即賴以取得結果的行動打交道。

這就是我們所嚮往和正在逼近的生命哲學。它要宣告同時對機械論和目的論兩者的超越；但是，正如我們在本書開頭所說明的那樣，與機械論相比較，目的論更接近生命哲學一些。我們不會輕易放過這點，因爲下文將更仔細精確的展示生命哲學與目的論近似到什麼程度，又有什麼不同。

生命哲學將有機世界看作一個和諧的整體，這點影影綽綽暗合於激進的目的論。但是，這種和諧遠非前人所認定的那樣完美無缺。我們承認在有機世界中還存在許多不協調的地方，因爲生物的每一種群，甚至每一個體，從普遍的生命衝動中都僅保留某種特定的激發因素，而且是按自身的性向和利益來運用這種生命衝動的能量。這裡便存在著**適應性**的問題。由於每一種群和每一個體都只爲自身著想，於是便可能與其他生命形式發生衝突。因此，實際上並不存在和諧；和諧不過是原則上的認定；我認爲原初的生命衝動是一種共同的衝動，我們愈是讓生命流向上攀升，不同趨向就越發顯出彼此間的互補性。如同在馬路的轉角處，風向發生變化，形成幾股各自導向不同的氣流一樣，那風絕非單一的風向所造成的結果可比，但仍然是同一陣風。和諧，更確切的說是「互補性」，只是各種趨向在整體上的表現形式，這裡並不排除它們各自的狀態仍有某些的差異。尤其值得注意的是，和諧往往表現在適應性發生變化之後，而不是表現在適應性發生變化之前（這點最容易被持目的論的論者所嚴重的誤解），因爲和諧產生於衝動的本源，而不是產生於某種共同的企望。從「目的」一詞對於人類的意味來說，試圖給生命攤派某種目的是徒勞無益的。說起目的來，人們不禁會想到不得不去實現的一個先天存在的模式。也就是說，那是假設一切都是給定的，未來就寫在現在的篇章之中。那是相信生命的運動細節及其整體的態勢都完全像我們的智能所估計的那個樣子，並沒有考慮到我們的智能僅僅截取了對生命的靜止和片斷的看法，而且必然是站在時間之外來看待生命的。與此相反，生命是與時俱進和綿延無盡的。當然，走過一段路之後，我們可以回過頭來看看它，弄清它的方向，甚且用心理學的術語來描述這一切，把它說成好像是在追求某種目的一樣。我們實際上也正是這樣地看待生命意義的。但是，就我們曾經要走的路而言，我們那時心中無數，因爲路是被人走出來的，其中只有行走的動作；除了人類行動本身的指向之外，人類精神是一無所知的。因此，無論何時，生命的進化都要允許人們加以心理學的解釋，從我們的觀點來說，這種解釋也許是再好不過的解釋；但是，這種解釋，除了產生回顧的作用之外，既無價值，甚至也無意義。我們能夠做出的任何目的論的解釋，絕不能被看作是對未來的一種預見。它只是根據現在的情況而對過去採取的一種特殊的觀看方式。簡而言之，終極目的的經典概念給我們的大腦輸入的假設條件既是太多又是太少：它既是大而無當，又是鼠目寸光。當它以智能詮釋生命之時，它將生命的意義大大的縮小了：至少在我們自己身上所見到的智能，是在進化過程中形成的；它是從某種更碩大的東西中擷取下來的，更確切的說，它僅僅是既有邊幅又有深度的實在的投影，而投影都必須呈現於平面之上。真正的目的論就必須重建這種更爲全面的實在，或者說，如果可能，必須一眼就擁抱這種實在。但是，從另一角度來說，這種實在超出智能所能認同、感覺以及復現的能力；這種實在無疑是具有創造性的，也就是說，它會產生擴張自身和超越自身的作用。由此看來，這些作用不是預先給予實在的，因此實在也不能將這些作用當作自己的目的，儘管這些作用一旦產生，便可以讓人加以合理的解釋，就像工廠裡製造出來的一件產品，人們可以認爲它是依照一個模型來複製的。簡而言之，「目的因」的理論一方面缺乏遠大的眼光，因爲它局限於認定自然物的智能作用；另一方面又走得太遠，因爲它設想未來是以觀念的形式預留於現在之中。後面一說之「過分」，產生於前面一說之「不足」。單純的智能必須代之以更全面的實在，智能只是這種實在的縮影。於是，未來將是現在的擴展：它不可能以目的這種觀念的形式包含於現在之中。但是，未來一旦實現，就像現在可以解釋未來一樣，也可以反過來解釋現在，甚至還不止這些（或許還可以解釋過去）；因此，不僅要將未來視爲結果，還要將之視爲超過結果的目的。我們的智能之所以要從其習慣的觀點抽象的考察未來，那是有它自己的權利的，因爲它原本就是對自身的產生原因的一種抽象。

智能的產生原因確實超出我們能夠理解和把握的範圍。生命的目的論已經排除對此的任何精確的驗證。有人會問：「如果選擇其中的一個方向來超越生命的目的論，情況會怎樣呢？」事實上，這裡經過一番必然的曲折過程，我們還是要回到如下我們所認爲的最根本的問題上：「究竟我們能否用事實來證明機械論的理由不足」？我們說過，只有在坦然接受進化論者所假設的條件下，才可能進行上述的證明。現在，我們必須說明的是，如果說機械論不足以解釋進化的緣由，那麼，證明這種不足的途徑並非停留於經典的目的性概念上，更不是去壓縮或減弱進化中的目的性，而是與此相反的大步前進，要比經典的目的論走得更遠。顯然，這樣做的時機已經成熟。

九、一種標準的探求

這裡將立即指出我們的證明方法的原理。我們說過，生命從它的起源開始就是同一衝動的繼續，這一衝動分爲種種不同的進化路線。某些事物成長了；某些事物的發展則是透過一系列的創造而遞增了。就是這種發展帶來了種種趨向的分離，那些趨向如果不是發生不可調和的內部衝突便不可能取得長足的進展。嚴格來說，我們完全有理由設想某獨一無二的個體，經過幾十萬年的不斷變化，實現了生命的進化。或者，我們可以進一步設想，不是獨一無二的個體，而是多數的個體，在單一直線系列上相繼進化著。所設想的這兩種進化情形，可以說都只有一個維度。但是，進化實際上沿著不同的路線發生於幾百萬個以上的不同個體之中，每條進化路線的盡頭都可能出現一個交叉道，新的路線便從那裡放射般的延伸開來，如此繼續下去，乃至永遠。如果我們的這一假設能夠得到證實，如果生命沿著這些不同的道路發展下去的根本原因屬於心理學性質的，儘管進化的結果十分歧異，它們一定都保存著某些共性，就像別離已久的小學同學還保存著相同的兒時回憶一樣。道路的交叉路口和岔道可能層出不窮，其中不相關的因素可能各自獨立的進化，儘管如此，它們仍離不開整體的原始衝動，正是這種衝動使不同個體的運動得以繼續。因此，整體的某種因素會固守於不同的個體之中；我們可以以某種方式清楚的認清這種共同的因素，比如說，在差異非常大的一些有機體之間可能出現相同的器官。暫且假設機械論對此的解釋是眞實的，即：進化必定是透過一系列彼此疊加的偶然事件而發生的，在這些偶然事件中，新的變異如果優越於生物體過去所有有利的變異的總和（它代表該生物體現有的形式），便被選擇和保存下來。那麼，只要將兩個完全不同的系列的偶然事件（變異）疊加起來，兩種完全不同的進化就會達到相似的結果。這是何等驚人的相似性啊！照理，兩種進化路線的分歧愈大，便愈不可能透過外部的偶然影響和內在的偶然變異而實現相同器官的建構；如果在發生分歧的時刻，沒有這種器官出現的跡象，那麼這種器官就更不可能出現了。但是，根據我們前面的假設，兩種不同的進化產物的相似性將是十分自然的，即使在最新的進化管道中，我們也可以看到從源頭所接受的衝動在那裡出現。**因此，如果我們可以證明，生命可以以不同的方式，透過歧異的進化路線，製造相似的器官，則純粹的機械論便可休矣，而按我們所理解的、具有特殊意義的目的性，便可在某一方面得到證實。而且，此時所選擇的進化路線歧異愈大，在它們那裡所發現的相似的器官結構愈複雜，這一證實的說服力量就愈大**。

或許有人會說，器官結構的相似是由於生命進化的總體條件相同；而且，儘管一時性的外部影響和偶然的內在變異有所差別，那些永久性的外部條件仍然促使建構這個或那個器官的力量朝著相同的方向發展。當然，我們不會無視**適應**的概念在現代科學中所產生的作用。生物學家肯定沒有全部以相同的方式應用這個概念。有些生物學家認爲，外部條件可以在生命物質內部引起物理—化學的變化，從而使有機體朝著特定的方向發生直接的變異。例如：艾默爾（TheodorEimer, 1843-1898，德國動物學家）的假設就是如此。其他更忠實於達爾文主義精神的人相信，這些外部條件的影響只產生間接的作用，即在生存競爭中它們有利於那些最能適應環境的、生機蓬勃的物種代表。換句話說，有些人認爲外部條件具有積極的影響力，產生了事實上的變異的物種；另一些人則認為外部條件只有消極的作用，即僅僅除掉了變異的物種。但是，兩種假設都認爲外部條件可以促使有機體完全適應於其生存環境。於是，兩者都試圖以適應於相似的外部條件爲理由，機械的解釋器官結構的相似性，而我們認爲這種相似性正是對機械論的最強有力的駁斥。因此，在進入細節的探討之前，我們必須立即從整體方面指出：爲何從「適應性」的角度所做的解釋，以我們看來，是理由不足的。

首先，在上述的兩種假設中，唯有後一種不是那麼含混不清的。達爾文主義的適者生存和不適者自動消亡的觀念，既簡單又明白。但是，在這種觀念中僅把消極的影響作爲支配進化的外因，很難解釋諸如我們即將考察的複雜的器官爲何採取漸進的、也可以說是直線的發展方式。如果用這種觀念來解釋處於兩條完全不同的進化路線中的兩個極其複雜的器官的相似結構，其困難更是大到難以設想的地步。無論多麼細小的偶然的變異，其中都包含著大量的物理和化學的輕微作用。必須經過累積的結果，偶然的變異才能形成複雜的結構；而要累積，就必須將幾乎是無數的極其細小的原因聚集起來。爲什麼這些完全偶然的原因會以同樣的結果和同樣的規則在不同的時空位置重複出現呢？沒有人會認爲情況應該如此，就是達爾文主義者也僅僅可能認爲不同的原因會產生相同的結果，或者說條條道路通羅馬。但是，我們別被一個隱喻給搞糊塗了。到達的地方並不顯示通往那裡的道路形式；而有機體的結構卻是進化過程中所經歷的那些細小的差異的累積。在解決這一部分的問題上，生存競爭和自然選擇對我們來說並無用處，因爲我們在這裡並不在意何者消失了，我們只關心繼續生存下來的東西。如今，我們已明白，相同的器官結構是在各自獨立作用的進化路線中，透過那些作用結果的逐漸積累而形成的。既然原因無限多，結果也無限複雜，又怎樣能設想出現於偶然層面的偶然原因會反覆的產生相同的結果呢？

機械論的原則是：「相同的原因產生相同的結果。」當然，這個原則並不總是意味著相同的結果必定來自相同的原因；但是，在原因顯而易見的存在於其所產生的結果中，並且確實成爲後者組成因素的特殊情況下，上述機械論的原則便無疑的也包含著依果求因的一節。兩個行走者從不同的地點出發，沒有目標的漫步，最後竟碰到一起了，這是很平常的事。然而，如果他們竟在自己的全部行程中描繪出兩條可以完全重疊在一起的相同曲線，那就匪夷所思了。如果他們所走的道路十分複雜，上述的可能性就更小了；更有甚者，如果他們所走的曲折的路線無限複雜，那就簡直不可能出現任何同步的跡象了。而一個器官是由成千上萬的細胞按照一定次序排列而成的，每個細胞本身也是一種有機體，這裡的複雜性與曲折的道路相比較又該作何感想呢？

現在讓我們轉而考慮另一假設，看看它是如何解決這個問題的。這一假設認爲，適者生存並非僅僅就是除掉不適應者；它還取決於外部條件的積極影響，即：有機體是根據外部條件的固有形式來塑造自己的。這次，結果的相似性將由原因的相似性來作解釋。表面上看來，我們這樣做是停留於純粹的機械論的立場上。但若仔細觀察，我們將會認識到這種解釋僅僅是在玩弄言辭，我們再次被語言所愚弄，這樣解決問題的祕訣是讓「適應」一詞同時具備兩種完全不同的意義。

如果我將水和酒分別倒入同一杯中，這兩種液體會呈相同的形狀，形狀的相同乃因內容適應於容器的方法相同。在這裡，所謂的適應便完全意味著機械性的調節。因爲，內容要去適應的形式就在那裡，是現成的，並且要將自己的形狀強加給內容。但是，當有機體對必須生活於其中的環境加以適應時，哪裡有預先存在的形式等待著它的內容呢？環境並非嵌入生命和塑造生命的模子。由此可知，人們確實被一個隱喻給弄糊塗了。形式並非已經存在，生命必須爲自己創造一種形式，它要適應於爲它而設的環境。對生命來說，它必須好好利用那些環境條件，抵消那些不利因素，充分發揮那些有利因素的作用。簡而言之，生命必須形成與外部作用完全不同的器官作爲對外部作用的反應。這樣的適應並非**重複**，而是**回應**，兩者截然不同。如果說這裡還有適應的意味，那也就是像人們所說的在解答幾何的問題時，答案必須適合所假設的條件一樣。我十分贊同採用這種意義上的適應來解釋不同的進化過程爲何卻能產生相似的生命形態這個問題，因爲相同的問題當然要求相同的答案。可是，這樣一來，就像解答幾何題一樣，有必要引進一種智能的活動，或者至少是引進一個與智能具有相同作用的原因。這就是要再次將目的性引進來的理由，而且，這次的目的性比任何時候都更具擬人的因素。一言以蔽之，如果適應是消極被動的，僅僅是像澆鑄件一樣重複出現於外界條件所限定的模子中，它就不可能建構出人們想要它建構的任何東西來；與此相反，如果適應是積極主動的，能夠迅即反應外界的刺激，亦即憑藉機敏的算計解決環境條件所提出的問題，也就是說比我們在開頭所指出的那種目的論方向上走得更遠一些，就我們的看法而言，這樣的確是出格了。但是，實際的情況是，人們往往從上述的兩種適應意義的一頭悄悄轉移到另一頭；當蒙上犯有目的論的「現行罪責」之名時，人們就從第二種意義潛逃到第一種意義中去。對通常的科學實踐眞正有貢獻的是第二種意義。但是，第一種意義一般來說提供了這種科學實踐的哲學依據。無論在何種特殊的場合下，人們談到適應的過程時，似乎它都是有機體建構的、可以充分利用外部環境條件的器官的努力；照他們所說的來看，有機體的適應性總的說來似乎便是某種無關緊要的物質所被動接受的環境的烙印。

現在讓我們來看看一些實例。這裡首先對植物與動物做一般性的比較或許會使人感興趣。人們不能不對兩者在雌雄兩性的方向所取得的平行進展驚訝不已。高等植物和動物不僅在受精和孕育的現象上相同，因爲兩者都是由兩個性質和結構不同的細胞核結合而成的；一旦結合，那兩個細胞核便不分彼此的處於等同級別上，而且性要素的準備工作兩者也在相似的條件下進行，即：在本質上都是染色體數目的減少和一定數量的染色體物質的清除。[22]然而，植物和動物是在各自獨立的系統中進化的，所受益的環境並不一樣，所遭遇的困難和障礙也不相同。因此，這兩大生物系列存在十分歧異的發展特徵；每個系列都有成千上萬種的原因互相結合來決定各自形態和功能方面的進化。然而，這些極其複雜的原因的圓滿結合都在各自系列中產生相同的作用，這種作用幾乎不能被人稱爲「適應」的現象；有性繁殖原本就沒有明顯的功利性，哪裡還談得上適應或求助於外部環境的壓力？有性繁殖可以作非常

㉒ 格蘭（P. Guérin），《顯花植物受粉的最新考察》，巴黎，一九〇四年，第一四四—一四八頁；並見德拉日（Delage），《遺傳》（第二版），一九〇三年，第一四〇頁及以下。

歧異的種種解釋。一些思想頂尖的研究者甚至認爲至少植物的雌雄兩性的區別是自然界中可有可無的奢侈現象。[23]對於這些尚有爭議的事實，我們可以不予詳考。有一些更簡單的實例可以清楚說明「適應」這個術語是多麼含混不清，而且，超越機械論的因果觀和擬人化的目的性觀是多麼必要。合目的性的學說自始至終強調感覺器官的靈巧結構，其目的是把自然作用比擬於人工智能。既然我們現在發現這些器官也大略存在於低等動物，而且自然界還向我們提供了位於最簡單的有機體色斑和脊椎動物的極其複雜的眼睛結構之間的許多中間物，由此也許可以斷定「自然選擇」在自動的完善生物的感覺器官。簡而言之，在這種情況下，提出適應這一概念似乎十分有理，因爲，就有性生殖與其產生的條件相互聯繫而言，它的功用和意義還有値得商榷的地方；但是，眼睛與光線的關係是不言而喻的，當我們稱之爲適應時，就必定明白了其的含義。因此，如果我們能夠在這種有利的情況下顯示上述的兩種論說的理由不足，有關的問題就能得到一種具有高度普遍性的理論說明。

[23] 默比烏斯（Möbius），《關於作物的繁殖學》，耶拿，一八九七年，第二〇三—二〇六頁；並見阿托格（Hartog），〈關於繁殖現象〉，《生物年鑑》，一八九五年，第七〇七—七〇九頁。

十、就某一實例驗證不同的生物演變論

我們先來看看「合目的性」學說的鼓吹者常常堅持不放的一個實例：眼睛（例如人類的眼睛）的結構。他們不難說明在這一非常複雜的器官中所有的部位都被安排得井井有條，其相互協調的程度眞是令人萬分驚奇。據一部著名的關於「目的因」的著作的作者所言，爲了讓視覺發揮作用，「鞏膜表面的某個點必須透明，這樣就能讓光線透過這個點……；角膜必須與眼窩的開口完全對應……；在透明的瞳孔後面須有折射性的介質（水晶體）……；暗室的末端須有視網膜……；[24]視網膜的垂直下方須有無數透明的錐狀體，只有進入錐狀體的軸線的光才能到達腦神經皮層等。」[25]作爲對這類觀察的回答，目的因的鼓吹者便提出了相應的進化論的假設。如果有人細想像我們所擁有的這雙眼睛，其中幾千種因素相互配合而產生單一的功能，他的確會對有機體的器官結構的奧妙驚訝不已。但是，如果將此功能歸結爲色斑對光線的感光性，即：開始出現的功能可能只是一樁偶然的事件，它也許造成器官輕微程度的複雜化，從而增進了自己的功能，那麼，我們就要在它的起源，即在纖毛蟲類的階段中，加以考察。我們既可以直接考察有關器官的功能，也可以僅僅透過它給某種生物帶來的

---

[24] 保羅．雅內（Paul Janet），《目的因》，巴黎，一八七六年，第八十三頁。

[25] 同上注，第八十頁。

良好作用和爲自然選擇所提供的有利線索進行間接的考察。從中可以得知比如像我們的眼睛那樣的視覺器官是怎樣逐漸成形的，這個過程可以用功能與器官之間幾乎無數次的作用和反作用來解釋，除了機械性的原因之外沒有其他因素的介入。

如果像目的論者與機械論者都主張的那樣，把問題直接置於功能與器官之間來考察，那麼，它們的確很難截然分開來決定其間的關係。因爲，器官與功能是性質不同的兩個專案，彼此互相牽制，也互相協調，在表述它們之間的關係時，不可能像機械論者那樣先驗的認定器官先於功能，也不可能像目的論者那樣先驗的認定功能先於器官。不過，我們認爲，如果先比較性質相同的兩個項目，即不是器官與其功能，而是器官與器官，論證的過程就會完全不同。這樣，我們就可能愈來愈接近可信的解決方案，而且，只要我們愈是堅決的採取演變論的假設，成功的機率就愈大。

十一、達爾文與微小的變異

現在比較一下脊椎動物的眼睛和扇貝之類的軟體動物的眼睛。我們發現，兩者同樣的關鍵部分是由類似的要素構成的。扇貝的眼睛與我們的眼睛一樣，也有視網膜、角膜和水晶體，它們均呈細胞的結構。扇貝甚至還有在非脊椎動物的視網膜那裡一般看不到的視網膜特殊的倒轉裝置。由此可知，軟體動物的起源問題仍值得商榷；不過，無論我們持什麼看法，大家有一點是一致的：在像扇貝那樣複雜的眼睛出現以前，軟體動物和脊椎動物，便早已從兩者共同的祖脈分化出來了。那麼，類似的結構從何產生呢？

關於這點，我們需要逐一檢討兩種相反的進化論解釋系統：其一爲純粹偶然的變異假說，其二爲在外部條件的影響下定向變異的假說。

就眾所周知的第一種假說而言，如今它以十分不同的兩種形式出現。達爾文提出了透過「自然選擇」將非常微小的變異積累起來的見解。他並非不知突變的事實；但他認爲這種「玩意兒」——他是這樣稱呼突變的，只能產生沒有持續能力的畸變物。於是，他以不可察覺的變異解釋物種的創生。[26]許多博物學家迄今仍持這個見解。但是，這一說法已趨向於讓位給它的反對者的觀念。後者轉而認爲，新物種突然產生在與過去的特徵有很大差異的幾種新特徵同時出現之時。後面這種假說已被好些學者提出，威廉・倍特森（William Bateson, 1861-1926，英國生理學家）撰寫的那本書尤其值得注意；[27]而且，自從雨果・德・福利斯（Hugo de Vries）著手那些引人注目的實驗之後，此說已具有深刻的意義，並取得極大的勢力。這位植物學家採用月見草屬植物蓮馨花（Oenthera Lamarckiana）進行實驗，幾代之後獲得一定數量的新種。他從這些實驗中推導出來的理論非常引人注目。物種交替的經歷靜

---

[26] 達爾文（Darwin），《物種起源》，巴比爾（Barbier）法文譯本，巴黎，一八八七年，第四十六頁。

[27] 倍特森（Bateson），《變異研究的資料》，倫敦，一九八四年，第五六七頁及以下；並見斯柯特（Scott），〈變異和演變〉，《美國科學雜誌》，一八九四年，十一月號。

止和變化兩個時期。當「演變」的時期出現時，出人意表的物種形式便從四面八方冒出。㉘我並不想在這種假說和上述的不可察覺的變異論之間提出任何附和的意見。事實上，兩者可能都只有片面的眞實性。我只想指出，這裡所提出的變異，不論大小如何，都是出於偶然的因素，因此不能解釋我們前面提到的器官結構的相似性問題。

我們先說達爾文的不可察覺的變異論吧！它假設微小差異的產生是出於偶然的機會，隨後漸漸積累而成變異。這裡必須記住：一個有機體的各個部分都必定是相互協調的。器官的功能是器官本身進化的結果，還是促使器官進化的原因，這並不重要；但有一點是肯定無疑的；器官如不發揮作用，就要退化或被廢棄，也就不存在自然選擇的依據。不管視網膜的微觀結構多麼發達，或者變得多麼複雜，如果視覺神經中樞和視覺器官的其他各個部分不同時得到發展，那麼，視網膜的進步不僅無助於視覺，還可能妨礙視覺。如果那些變異是偶發的，它們又怎能同時十分協調的發生於器官的每一部分，而且保證該器官繼續發揮其功能呢？達爾文十分理解這點；這也是他提出不可察覺的變異一說的理由之一。㉙因爲，視覺器官的某一點偶然發生非常微小的變異，不會妨礙器官的功能；因此，這最早的偶然性變異

㉘ 德．福利斯（De Vries），《演變論》，萊比錫，一九〇一—一九〇三年；並見該作者的《物種和變異》，芝加哥，一九〇五年。

㉙ 達爾文（Darwin），《物種起源》，巴比爾法文譯本，巴黎，一八八七年，第一九八頁。

不妨說可以等待其他的變異補充進去，透過這些細小的變異的積累，便可以達到更加完好的視覺水平。這點說得過去；但是，只要補充的變異不出現，某一方面微小的變異就既不會妨礙眼睛的功能，也不會促進這個功能。在這種情況下，不可察覺的變異又是如何在自然選擇中保留下來呢？我們只能勉強做這樣的解釋：這種細小的變異有如有機體內部所積澱的一塊結石，是爲日後的某種建構而保留的。儘管此說與達爾文學說的原理頗不相配，但是，只要他們想要考察諸如脊椎動物的眼睛之類，沿著單一的進化主線發展的器官，就難以避免的要將之加以採用。事實上，只要我們考察脊椎動物和軟體動物的眼睛結構的相似性，便不難認清上面的漸進變異說絕對是強加於人的。如果相同而又數不清的細小變異純粹是偶然發生的，它們怎麼可能出現於兩個獨立的進化系統中，而且還達到同一功能級別呢？再說，如果這一類的變異單獨出現沒有任何用處，它們又是怎麼可能在上述的兩個進化系統中，經過自然選擇和積累而被保存下來，同時在同一功能級別上形成相同的器官呢？

十二、德·福利斯與突發的變異

現在，我們把話題轉到突變這一假說上，看看它是否能解決上述的問題？這一假說肯定會在某一方面減少解決上述問題的困難，但在另一方面卻要難上加難。如果軟體動物和脊椎動物的眼睛都只經過相對來說沒幾次突飛猛進的變異，便達到目前的形態，那麼這兩個器官的相似性，就比經過連續無數次極小的類似變異而獲得的相似性，更容易理解一些；

須知兩者皆由偶然的機會造就的，然而，漸變毋須出於奇蹟，突變則不得不依靠奇蹟的出現。這不僅因爲應該累積的相似次數減少了一些，而且因爲基本的變異現在可以被認爲足以使有關的生物獲益，從而在自然選擇中產生自己的作用，所以這些現象都使人更好理解。但是這裡出現了另外一個更加嚴重的難題：發生突變的視覺器官，其各個部分如何保持良好的協調關係，從而使眼睛繼續發揮其功能呢？須知，單獨的某一部分的變化就會毀掉整個的視覺功能，除非這個部分的變化是極其微小的。於是，各個部分就必須立即都發生變化，而且彼此要互相參照和呼應。當然，我們可以設想，確實有許多不相協調的變異會在一些不幸的個體中出現，而且它們會被自然選擇所淘汰，結果只有適於繼續存在的變異綜合體能夠保存下來，同時又增進了視覺功能。而且，這種變異綜合體接著還要產生。即便這種有利的機遇偶爾會出現，我們能否就因此認定它會在某一物種的歷史發展過程中重複出現，並且每次都立即產生一種各個部分默契配合的新複合體，以此作爲原有複合體在同一功能指向上前進的標誌呢？尤其值得懷疑的是，怎麼可能在兩個獨立的進化體系中，僅僅因爲一些「偶然的機遇」便出現此類形成相同的功能級別和相同的器官結構的突發的變異呢？況且它們之中的每一個案都涉及數目愈來愈多、結構愈來愈複雜的各種要素完美配合的問題。

當然，這裡還會牽涉到相互聯繫的法則；達爾文本人便曾訴諸這一法則。[30]按說，一種

㉚ 達爾文，《物種起源》，巴比爾法文譯本，巴黎，一八八七年，第十一—十二頁。

變化並不停留在有機體的某一部分上，而是必定會向其他部分擴散開來。達爾文所舉的一些實例已被奉為經典：藍眼睛的白貓一般耳聾；無毛的狗牙齒生長不良等。也許事實真是這樣；但是，我們還是不要光在「相互聯繫」這個詞上做文章。整體上**互相牽連**的變化與一個系統中**互相補充**的變化並非一回事，後一類型的變化由於各個方面良好的協調，可以使某一器官在更為複雜的外部條件下保持甚至改善自己的功能。毛髮系統的異常會伴有牙齒生長的不良，這是可想而知的，毋須求助於特別的解釋原理；因為，毛發與牙齒的形成機制相似，[31]胚胎中影響毛髮生長的化學變化，有可能也影響牙齒的生長。藍眼睛的白貓聽力有障礙，可能出於類似的原因。在上面的幾個不同的實例中，「相互聯繫」的變化均屬互相牽連的變化（且不說它們實際上都是生理上受到損害的例子，我們應該看到器官功能的「減退」或「阻抑」與其「增進」或「提高」有很大的不同）。但是，說到眼睛的各個部分突然發生「相互聯繫」的變化時，這個名詞便具有全新的意義，這不僅是指這一整套的變化同時發生和同出於某一機緣，而且還指它們互相協調而保持原有的單純功能，甚至更有所提高。在一定的條件下，我會同意如下的看法：胚胎中影響視網膜的形成的化學變化，可能同時也影響角膜、眼瞼、水晶體和視覺神經中樞的形成；當然，這些部位彼此在成形過程中的差異，從

㉛ 布朗德，〈論毛髮與牙齒間可能的相似性〉，《生物學中心雜誌》，一八九八年，卷十八，第二六二頁及其後。

它們原本的性質來說，或許要比毛髮與牙齒之間的差異大得多。但我不會同意那種突然變異的假說，即：所有這些部位會同時發生變化，從而改善甚或僅僅維持原有的視覺功能；這種假說除非引進旨在守護此功能的神祕法則，否則是不可能成立的。如果存在這樣的法則，我們就必須放棄「偶然的」變異這個設想。事實上，在生物學家心目中，「相互聯繫」一詞的那兩種含義，就像「適應」一詞的兩種含義一樣，是可以互換或相通的。這種不同含義的混同，在植物學中幾乎被認爲是合法的；在這門科學中，形成物種的突然變異論是立足於最堅實的實驗基礎上。植物的功能遠不像動物那麼狹隘的與其形態密切相關。即使出現深刻的形態學上的差異，諸如葉子的形狀的改變，對其功能的實現也不會有明顯的影響，因此，該植物毋須同時發生全系統的互相補充的變化仍適於生活下去。但是，動物的情況就不是這樣，尤其是在涉及眼睛這樣非常複雜的器官結構和非常精巧的功能時，更非植物的葉子可與比擬。在這裡，不可能將單純的互相牽連的變化等同於同時帶有互相補充的變化。「相互聯繫」一詞的兩種含義，也必須仔細加以區分；如果在推理過程中取其中的一種含義作爲前提，又取另一種含義作爲結論，那就犯了明顯的邏輯錯誤。這種錯誤現在恰好發生在有人在解釋細節方面的互相補充的變異時引用了相互聯繫的原理，而談到整體的相互聯繫時，又認爲它似乎是胚胎中的某一變異所引起的某一群變異。相互聯繫的概念就是這樣被首先應用於現代科學中，就像它可能被目的論的鼓吹者所應用的那樣。其用意不難理解：這只是爲了方便表達自己的觀點的一條途徑，當解釋清楚那些原理的本質，並且從科學轉向哲學之後，他們就會改弦易轍，退回到純粹的機械論方面去。確實，他們到時又回到純機械論了，但已賦予「相互聯繫」一詞新的意義，這個意義已不適於它所要解釋的細節。

總之，如果帶來進化的偶然變異是不可察覺的，那麼，爲了保存和積累這些變異，就必須訴諸某種優秀的「天才」——未來種屬的「天才」，因爲自然選擇不足以擔當此任。另一方面，如果偶然變異是突發的，那麼，爲了使原有的功能能夠維持下去，或者爲了以某種新功能取代原有的功能，就必須讓所有突發的變異都互相補充。因此，我們還要再退回到優秀的「天才」那裡去；就像前回是爲了確保繼發變異在方向上的一貫性一樣，這次是要取得同時變異的聚焦性。無論是哪一種情況，各個進化系統中所出現的相同而複雜的器官結構，不可能僅僅由於偶然變異的累積而得到平行的發展。因此，在兩個須加檢討的主要假說中，我們走向第二個假說。我們假設變異是來自外部環境的直接影響，而不是來自偶然的和內在的原因。人們可以看到，在這個假說的前提下，我們必須採取什麼方針來解釋從種系發生的觀點來看彼此獨立的兩個生物系列的眼睛結構的相似性。

十三、艾默爾與定向進化

雖說軟體動物和脊椎動物是分別進化而來的，它們彼此卻都處於光線的影響之下。而光線是帶來某些特定的結果的一種物理原因。光線憑藉其連續的作用可在不變的方向產生連續的變異。當然，透過一系列簡單的偶然變異而形成脊椎動物和軟體動物的眼睛，無疑是不可能的。即使允許光線作爲自然選擇的手段來保證僅僅出現有用的變異，即使從外部監督偶然性的作用，仍不可能使這兩個生物系列的眼睛的各種要素以相同的方式互相協調，並且產生相同的配置和組合。但是，如果讓光線直接作用於有機的物質上，並藉此改變該物質的結構，同時確保這種結構多多少少與其形態相適應，那麼情況就會大為不同。這時兩種結果的相似就可以用原因的相同來解釋。變得愈來愈複雜的眼睛就像光線在某種具有特殊的感光性向的有機物上留下愈來愈深的印記一樣。

然而，一種有機結構能夠與印記相比擬嗎？我們已經指出「適應」一詞的意義的含混不清。某種生物可以因為愈來愈密切的與外部環境的模式相適應而逐漸造就其複雜的形態，這種情況與從此類環境中吸取愈來愈多的好處，以不斷增進某種器官結構的複雜性，是兩碼事。前者只是某一物質烙上的一種印記；後者則是對環境的積極的反應，它解決了某個問題。顯然，當我們說眼睛愈來愈適應於光線的影響時，我們指的是第二種的「適應」情況。但是，人們或多或少會不自覺的將第二種的「適應」內涵與第一種內涵混淆；純機械論的生物學更不容分說的要把無生命物質遭受外部環境的影響而產生的被動適應現象，等同於有機體適當的利用這種影響而形成的主動適應的現象。確實，我們不得不承認，大自然本身常常鼓勵我們將這兩種適應混淆，因為它多以被動適應開啓其端倪，隨後又營造主動反應的機制。因此，在我們前面所舉的例子中，眼睛的起點無疑是在低等有機體的色斑上。事實上，這種色斑通過物理方法，即：僅僅通過光線的作用，就能產生；在簡單的色斑與脊椎動物的複雜的眼睛之間，還存在許多中間階段。但是，這不等於說那些進化程度有別的東西，彼此的本質卻是相同的。這可以用如下的事實來說明：講演者開始時是憑藉聽眾的熱情而全力以赴的，目的是要以自己的口才征服他們，這裡的主與從之分是不可抹殺的。再說，生命物質開頭似乎除了被動的適應環境之外，便無其他的辦法化害爲利。所謂的因勢利導無非也是這個意思：要引導某種動向，首先要接受這種動向。生命以迎合爲能事。計較色斑與眼睛之間程度不等的中間階段是不得要領的，因爲不管有多少中間產物，色斑與眼睛的間距就像照片中之物與照相機的間距一樣，都是不變的。作爲「照片」的色斑肯定已經漸漸地轉變爲作爲眼睛的「照相機」了；然而，單靠光線這一物理力量能否就引起這種轉變，同時還將它所留下的印象轉化爲能夠利用它的器械呢？

有人可能會聲稱在這裡考慮實用性是不恰當的：「眼睛並非爲看而生，而是因爲我們生來就有眼睛，所以才能看；器官只是存在的事實而已，『實用性』一詞是我們用來指結構的功能性結果。」我的回答是，當我說眼睛「利用」光線時，我不僅僅指眼睛有觀看的能力；我還涉及這個器官與運動器官之間非常精確的關聯。脊椎動物的視網膜通往視神經，視神經通過大腦神經中樞又與運動機制相聯繫。我們的眼睛之所以要利用光線，原因在於光線通過我們的反應動作可以使我們避害趨利。當然，由於光線可以通過物理的手段產生色斑，所以它可以從物理學的角度測定某些有機體的運動性能。有人可能要我舉出例證，那就請看渾身長滿觸鬚的纖毛蟲類對光線的反應吧！但是，沒有人會斷定光線可以藉其物理作用而形成與脊椎動物的視覺器官相關聯的神經系統、肌肉系統、骨骼系統，以及其他有關的系統。實際的情況是，只要人們談到眼睛的逐漸形成，就牽涉了與光線的直接作用完全不同的東西；如果再考慮到與眼睛不可分離的聯繫在一起的其他器官或系統，光線作用的局限性將更明白無疑。人們隱隱約約賦予有機物質某種獨特的能力，認爲這種神祕的力量可以利用它所激起的單純的反應來構造非常複雜的器官。

然而，正是這種設想現在被人所棄置。據說物理和化學才是打開萬物之門的鑰匙。艾默爾的大部頭著作在這個方面給予我們不少的教誨。眾所周知，這位生物學家進行持續不斷的努力以證明，物種的變化產生於外因在同一方向上對的內因的連續影響，而不是像達爾文所認爲的那樣，是由於偶然的變異。艾默爾的論題具有很高的價値，其出發點是對某蜥蜴膚色變異過程的研究。此前，多爾夫邁斯特（Dorfmeister）的一些舊日試驗已經顯示：相同的蝶蛹，根據其所處的冷熱環境的不同，會產生出十分不同的蝴蝶，例如：長期被人認爲是獨立的兩個種類的蝴蝶：春型蛺蝶（Vanessa levana）與夏型蛺蝶（Vanessa prorsa），其實是出自同樣的蝶蛹；處於冷熱中間的蝶蛹，還會產生出中間形態的蝴蝶。可以與此類事實等量齊觀的是對如下的物種變化實驗的觀察：被稱爲「豐年蟲」（Artemia salina）的一種小甲蟲，當它所棲息的水中的鹽分或增或減時，都會出現重大的變化。㉜在這些不同的實驗中，外部因數好像都是變化的原因。但是，「原因」一詞在這裡意味著什麼呢？我們不打算詳盡分析因果觀念，只想說明一點：人們通常將「原因」一詞的三個不同含義混爲一談。

㉜ 從最近的觀察來看，豐年蟲的變形現象似乎比原先的設想更爲複雜。有關此事，可參見薩姆特（Samter）和海蒙斯（Heymons）的〈豐年蟲的變異〉一著，載於《普魯士科學院論文集》，一九〇二年。

原因產生作用的方式爲：推動、釋放或展開。撞球就是透過撞擊一個球來推動另一個球的運動。火花透過釋放火藥中的能量而使之爆炸。逐漸放鬆彈簧，就可以使唱機運轉，於是唱片上所錄進的曲子旋律便被展開了。如果說播放出來的旋律是結果，而彈簧的放鬆是原因，那麼，我們就要說：這原因是透過展開而產生作用的。由於在原因與結果之間存在或大或小、或強或弱關聯性，所以我們能夠把上述的三種不同情況區分開來。在第一種情況中，結果的量與質隨著原因的量與質而變化。在第二種情況中，結果恆定不變，其品質不隨原因的品質而變化。在第三種情況中，結果的量隨著原因的量而變化，但原因不影響結果的質：唱片因彈簧發條的作用轉得愈久，所聽到的曲子旋律就愈多，但這部分旋律的性質不決定於發條的作用如何。只有在第一種情況中，原因才眞的是對結果的解釋；在其他兩種情況中，結果或多或少是預定的，其內含的前提（當然，程度有所不同），與其說是原因，不如說是機會。那麼，當我們說水中的鹽分是豐年蟲變化的原因時，或者，當我們說溫度的高低是決定某些蝶蛹變成蝴蝶後翅膀的顏色和花紋如何的原因時，這裡的「原因」一詞是否就是採用第一種意義呢？顯然並非如此。此類變化的因果關係在這裡具有處於「展開」和「釋放」之間的中間意義。我們知道，艾默爾談到過變異的「萬花筒」性質，[33]而且，他還談到有機物的

㉝ 艾默爾（Eimer），《蝶類的定向進化》，萊比錫，一八九七年，第二十四頁；又見同一作者的《物種的發生》，第五十三頁。

變異，就像無機物的定向結晶一樣，是採取一定的方式進行的。[34]似乎只有在這個時候，艾默爾採用了「原因」的第一種意義。我們還可以看到，在膚色發生改變的情況中，那種定向變異或許只是一種物理和化學的過程。但是，如果將這種解釋延伸到比如脊椎動物的眼睛的逐漸形成上，就必須對有機體的物理—化學性質作如下的假設：「光線的影響作用致使有機體創造出一系列不斷進步的視覺器官，它們的結構都極其複雜，但都具有視物的能力，而且這種視力在不斷提高」。[35]就是堅定的目的論者談到這麼特殊的物理化學作用時，恐怕也莫過如此。如果我們指出：軟體動物的卵子不可能含有與脊椎動物的卵子一樣的化學成分，還有，朝著軟體動物的方向進化的有機物的化學成分，不可能與朝著脊椎動物的方向進化的有機物相同，然而，兩者在光線的影響下卻形成了相同的器官，那麼機械論哲學的地位將變得岌岌可危。

細加思考便可明白，無數的小原因所形成的兩種不同的積澱，仍可以產生這種相同的結果，這一事實與機械論哲學的原理背道而馳。迄今爲止我們都是集中全力於討論來自種系發生學的一個實例。如從個體發生學的角度來看，它所提供的事實同樣很有說服力。就在我們的眼前，每時每刻自然界裡都有一種物種經由完全不同的胚胎發育過程而達

---

[34] 艾默爾，《物種的發生》，耶拿，第二十五頁。

[35] 同上注，第一六五頁。

到相同的結果，有時這種情況還出現於鄰近的種屬之間。最近幾年，對「異質胚細胞」（hétéroblastie）的觀察研究大有增加。㊱其結果顯示，有關胚葉的特異性的近於經典的理論，有必要放棄。還是來比較脊椎動物與軟體動物的眼睛吧！我們應該指出，脊椎動物的視網膜是由早期胚胎的部分腦細胞擴延而成的。這是正常的神經中樞向周邊移動的結果。與此相反，軟體動物的視網膜直接取自外胚葉，而不是由胚胎腦細胞間接產生的。因此，人與扇貝相類似的視網膜的形成，是經過十分不同的進化過程才實現的。不過，即使不去比較彼此的進化系統相距甚遠的兩種有機體，我們也能透過觀察同一種有機體存在的、很奇妙的再生現象而得出同樣的結論。例如：割除一隻蠑螈的水晶體，它的虹膜便可再生出新的水晶體。㊲請注意，原先的水晶體從外胚葉發育出來，而虹膜則起源於中胚葉。再來看看斑點鯢魚（Salamandra mac-ulata），如果去掉它的水晶體，但讓它的虹膜留著，水晶體就會從虹膜的上部再生出來；如果虹膜的上部也去掉，水晶體就會從餘留部分的內部或視網膜層上再

㊱ 薩棱斯基（Salensky），〈異質胚細胞學〉，《第四屆動物學國際會議論文集》，倫敦，一八九九年，第一一一—一一八頁。作者薩棱斯基創造此名詞是爲了說明，胚芽細胞的來源雖然不同，卻可以在相互關係密切的動物身體的同一部位出現對等的器官。

㊲ 沃爾夫（Wolff），〈蠑螈水晶體的再生〉，《生長發育的機制論文集》第一輯，一八九五年，第三八〇頁及其後。費歇爾（Fischel），〈關於水晶體的再生〉，《解剖學通訊》，卷十四，一八九八年，第三七三—三八〇頁。

生出來。[38]因此，位置不同、構造不同、通常具有不同功能的各器官部位，在必要之時能夠擔負相同的職責，甚至能夠造出與該器官的其他部位相同的部位。由此可知，不同的原因組合，確實仍可以產生相同的結果。

無論如何，我們必須承認物種具有某種內在的導向機制，這樣才能解釋上述的異因同果的現象。在堅持不可察覺的偶然變異論的達爾文主義、尤其是新達爾文主義，這種異因同果的現象似乎不可能出現；在主張偶然性的突變的理論中，甚或在主張不同的器官在內、外力量的機械性的合力作用下，可以發生定向進化的理論中，這種異因同果的現象同樣被認爲是不可能的。因此，我們要談到在現代各種形式的演變論中，這裡唯一尚未細究的新拉馬克主義。

十四、新拉馬克主義和獲得性的遺傳

眾所周知，拉克馬（Jean Lamarck, 1744-1829，法國博物學家）認爲生物的各種器官具有用進廢退的變異能力，並且能將所獲得的變異遺傳給它的後代。今天已有相當一部分生物學家持這種主張。他們相信，產生於新品種的變異不僅僅是由胚芽本身帶來的偶然變

[38] 費歇爾，〈關於水晶體的再生〉，《解剖學通訊》，卷十四，一八九八年，第三七三—三八〇頁。

異；而且，上述的變異不受某種決定論的支配，因爲決定論撇開任何實用性的考慮，只讓特定的品質在特定的方向發展。這種變異就產生於生物適應其生存環境的努力。該努力確實有可能只是某些器官在外部環境壓力的機械作用下才產生的機械性的反應，但它仍有可能意味著意識和意志的作用。美國的博物學家柯普（Edward Drinke Cope, 1840-1897）是新拉馬克主義學說最傑出的代表人物之一，他也是從上述那種意義上來理解變異的根源。[39]因此，在新近的各種形式的演變論中，唯有新拉馬克主義能夠承認內在的和心理學的發展原理，雖然它不一定都這樣認識物種的進化。對我們來說，新拉馬克主義似乎也是唯一可以解釋相同的複雜器官如何在各自獨立的生物發展路線中形成的進化學說。這是不難理解的：在相同的環境中，以相同的努力去很好的適應它，有可能取得相同的結果；當環境所提出的難題只有一個答案時，尤其是如此。但是，問題在於，這時的「努力」一詞難道不能解釋得比任何一位新拉馬克主義者所設想的，都更深入和更具心理學意義一些嗎？

因爲，單純的大小的變異，不等於形狀的變化。沒有人會否認一個器官在發揮作用的過程中可以增強變大。但這種情況對於像軟體動物和脊椎動物的眼睛那樣的器官的漸進發展來說，則有遙遠的距離。假如我們將這種發展歸因於長期連續被動的接受光線的影響，那就又回到我們剛剛批判過的理論去了。與此相反，如果我們訴諸內在的作用，那麼我們就必須將

[39] 柯普（Cope），《最適應者的起源》，一八八七年；《有機體進化的最初因素》，一八八六年。

其與我們通常說的「努力」嚴格區分開來，因為從來沒有一種努力曾被證明對一個器官的複雜化產生過絲毫的影響；況且，從纖毛蟲的色斑發展到脊椎動物的眼睛，其間需要無數複雜的變化，而且所產生的一切部位都令人驚嘆的協調在一起。即使我們認可在動物進化過程中存在自身努力的概念，那麼又如何將此概念適用於植物呢？在植物，形態的變異並不就意味著，實際上也不總導致功能的變化；而且，除非我們讓「努力」一詞附加上很不尋常引申之義，即使變異的原因屬於心理性質的，我們也難以稱之為「努力」。事實上，有必要透過「努力」的本身，去探找更深層的原因。

我們深信，從正常的遺傳性的變異中尋找某種原因，是尤為必要的。我們不想在這裡捲入有關獲得性的遺傳問題的論爭；我們更不想在這個問題上表示過於明確的意向，因為這超出我們的研究範圍。然而，我們也不能完全漠然置之。今天沒有哪個領域會隱晦不明到使哲學家只能滿足於模糊的概觀，但是，在實驗的細節方面，我們仍必須跟隨在科學家的後面，我們只能與他討論實驗的結果。如果史賓賽一開始就向自己提出獲得性的遺傳可能性問題，他的進化主義學說無疑會採取完全不同的方式。如果個體積累的習慣只有在極個別的情況下才能遺傳給他的後代（在我看來，情況可能就是這樣），史賓賽的心理學就必須加以全盤的修訂，而他的哲學大部分要崩潰。為此，我們必須談一談這個問題是如何呈現在我們面前的，以及從什麼方向入手才能解決它。

獲得性的可遺傳性開始時被奉為教條，後來又同樣教條的被否定，所根據的理由是從胚芽細胞的假想性質中先驗的抽取出來的。很多人知道，魏斯曼（Weismann）根據他對胚芽細胞原生質的連續性的假設，提出胚芽細胞——卵子和精子——幾乎獨立於體細胞的看法。從這點出發，曾經有許多人，迄今仍有許多人，認定獲得性的可遺傳性是難以設想的。但是，如果碰巧的實驗結果竟說明獲得性可以傳給後代，那就會證明胚芽細胞質並非像人們所說的那樣獨立於包裹在周圍的體細胞，而且獲得性的遺傳可能性其實也不難設想；這樣便可以說：難不難設想都與這裡所提出的命題無關，只有通過實驗才能解決這一爭端。然而，難也就難在這裡：我們所說的獲得性，一般指習慣或習慣的結果，而且大部分習慣根植於某種自然性向中。因此，人們總是要產生這樣的疑問：究竟是個體所獲得的習慣，還是在習慣產生之前就已存在的某種自然性向，可以遺傳給後代呢？那種自然性向一般都保留在個體內部所帶有的可遺傳的胚芽原生質中；由於它已經遺傳給個體，因此也就存在於個體的胚胎之中。以瞎眼的鼴鼠爲例，我們沒有根據說它因爲習慣於在地下生活而目盲，可能就是因爲它的眼力日益衰退，才註定要在地下生活。⑩如果情況確實如此，那麼鼴鼠喪失眼力的趨向是從胚胎代代相傳的，其體細胞則無得無失。即便存在擊劍大師的兒子比父親更快的成爲擊劍好手的事實，我們也不能就此認定是父親的習慣已經遺傳給兒子；因爲，在成長過程中的某些自然性向，可能從產生父親的胚芽原生質傳到產生兒子的胚芽原生質上；它也可能通

⑩ 居埃諾（Cuénot），〈新演變論〉，《科學通論》，一八九四年；摩爾根（Morgan），《進化與適應》，倫敦，一九〇三年，第三五七頁。

過原始衝動的作用而強化，從而確保兒子比父親有更大的柔韌性，但又不涉及父親的後天所為。我們從動物的逐步馴化和家養的過程中也可以找到很多此類的事例：這裡很難斷定究竟是獲得的習慣遺傳下去，還是僅僅是某種自然趨向造成特定的一些種屬的動物或者其中的某些類別的動物特別適於被挑選來馴養。如果將所有可疑的情況和所有可做多種解釋的實例都排除在外，事實上，幾乎只有布朗—塞加爾（Brown-Séquard, 1817-1894，法國生理學家、醫生）的著名實驗是可以說明獲得性的可遺傳特質的唯一無可爭議的例子，其他生理學家不過是做些重複的實驗，或肯定這個實驗罷了。㊶布朗．塞加爾透過切割豚鼠（即實驗用的白老鼠——譯者）的脊髓或坐骨神經來導致它出現癲癇的症狀，這一症狀可以遺傳給後代。對同樣的坐骨神經或索狀體等神經系統的有關部位的傷害，即可引起豚鼠的各種疾患；其後代有時就以十分不同的形式繼承這些疾患，例如：出現凸眼症、缺爪等。但是，這些不同的可遺傳性並不證明動物的身體方面的變異對其胚芽原生質產生過實際的影響。魏斯曼曾當即否定了布朗塞加爾的實驗結論，指出後者可能在手術時將某些特殊的微生物帶進豚鼠的體內，而神經組織是這些微生物取得營養的途徑，微生物就是這樣滲透到生殖因素之內，

㊶ 布朗—塞加爾（Brown-Séqiard），〈因脊髓和坐骨神經受傷害而致的癲癇的新研究報告〉，《生理學文叢》，卷二，一八六六年，第二一一、四二二和四九七頁。

從而將疾患遺傳給後代。[42]布朗塞加爾自己出面反駁了魏斯曼的異議。[43]然而，人們還可以提出更有說服力的例證來支持魏斯曼。瓦贊（Voisin）和培隆（Peron）的實驗說明，癲癇發作之後，接著將排泄出毒素，將此毒素注入動物體內，也有可能產生痙攣的症狀。[44]或許布朗塞加爾所製造的豚鼠的神經損害，同時會帶來它的營養障礙和腸胃功能的紊亂，正好與此相應的產生了會引起痙攣的毒素。於是，毒素便從豚鼠的體內轉移到它的卵子或精子，使胚胎的發育出現整體性的障礙，雖然這種障礙後來在有機體的成長過程中只對某些部位或器官產生明顯的影響。在這種情況下所發生的一切，都多多少少重複了夏蘭（Charrin）、德拉馬爾（Delamare）和穆蘇（Moussu）等人的如下實驗：傷害懷孕的豚鼠的肝臟或腎臟，僅僅由於母體的這類器官受損害所產生的特別的「細胞毒素」會作用於胎兒相應的器官，所

[42] 魏斯曼（Weismann），《遺傳論集》，耶拿，一八九二年，第三七六—三七八頁；並見他的《演變論的講演集》，耶拿，一九〇二年，卷二，第七十六頁。

[43] 布朗．塞加爾，〈事故性感染的遺傳〉，《生理學文叢》，一八九二年，第六八六頁及其後。

[44] 瓦贊和培隆（Voisinet Peron），〈癲癇患者尿毒的研究〉，《神經病學文叢》，卷二十四，一八九二年，卷二十五，一八九三年；瓦贊，《癲癇》，巴黎，一八九七年，第一二五—一三三頁。

以其損害便遺傳給後代。㊺這些實驗就像其中的兩位生理學家以前所做的觀察一樣，㊻說明了已經成形的胎兒確實會受毒素的影響。然而，夏蘭的其他研究卻最終顯示出，透過類似的過程，也能在精子和卵子上產生相同的結果。㊼結論是：在布朗塞加爾的實驗中，後天所獲的特性的遺傳，可用毒素對胚胎的作用結果來解釋。不管損害的範圍看起來是多麼有限，它都會以類似於酒精中毒那樣的過程遺傳下去。所有特殊的獲得性變爲遺傳性難道不都是如此嗎？

其實有一點是贊同或否定獲得性的可遺傳性的雙方都會同意的，那就是某種影響，比如酒精的影響，能夠既作用於生物體，同時又作用於其所含的胚芽原生質。在這種情況下，缺陷遺傳的結果就像是父母的身體缺陷已經作用於胚芽原生質，儘管實際上是該缺陷作爲共同的原因既作用於身體也作用原生質。現在，我們不妨像那些肯定獲得性可以遺傳的人那樣，先認爲身體可以影響胚芽原生質。這時最自然不過的假說難道不是又認爲，前後兩種情況的事態沒有什麼兩樣，而且身體影響的直接結果是胚芽原生質的整體上的改變嗎？如果

㊺ 夏蘭（Charrin）、德拉馬爾（Delamare）和穆蘇（Moussu），〈上輩經受的組織損害傳給後代的實驗〉，《科學院報告》，卷一三五，一九〇二年，第一九一頁；摩爾根（Morgan），《進化與適應》，第二五七頁；德拉熱（Delage），《遺傳》，第二版，第三八八頁。

㊻ 夏蘭和德拉馬爾，〈細胞的遺傳性〉，《科學院報告》，卷一三三，一九〇一年，第六十九—七十一頁。

㊼ 夏蘭，〈病理性的遺傳〉，《科學通論》，一八九六年一月十五日。

這種設想屬實，我們便可斷定前後代發生相同的變異屬於例外的現象，有些種類的獲得性遺傳現象甚至純屬偶然。就像酒精中毒的可遺傳性一樣，從不同的父親傳到不同孩子的方式個別，其中沒有一例是孩子的損害情形與父親相同。現在我們用字母C代表原生質的變化，這種變化既可能是正面的變化，也可能是負面的變化，也就是說，它表示某種實質的獲得或缺損。結果不會精確的再現原因，因此，身體某一部分的某種變異所引起的胚芽原生質的變化，也不會決定新的有機體在形成的過程中相應的部分必須發生類似的變異，除非這個有機體的其他新生部分對C具有一種免疫性：這時新有機體的相同部分便會發生變化，因爲唯獨這個部分的發育受到新的影響左右。即使如此，這個部分的改變方式也與雙親有機體的相應部分的改變方式完全不同。

爲此，我們有必要建議將**差異性**遺傳與**器質性**遺傳兩者區分開來。某一個體獲得一種新的器質性變異後，既背離了它以前所具的形態，並由此構成了它所包含的胚芽，更常見的是構成了內含的半胚芽，它們在發育過程中可以再現這種差異性。如果這種變異並不產生出能改變胚芽原生質的實質性東西，或者並不造成明顯的營養障礙以至於剝奪胚芽原生質中某些因素，我們就可以認定它對個體的後代產生不了作用。或許，一般的情況便是如此。反之，如果它產生了一些作用，那可能是由於它引起了胚芽原生質的某種化學變化。這種化學變化可能作爲一種例外在由此胚芽發育而成的有機體上實現母體原有的變異，但多數情況更可能出現其他的結果。產生那些結果的有機體與其母體一樣，也許要背離正常的遺傳類型，但背離的方式各不相同。也就是說，它們屬於背離性遺傳，而非器質性遺傳。因此，一般來說，個體所形成的習慣對於其後代可能無影響；即便有影響，後代的變異也不會與原發者有明顯的相似。這一切對於我們來說，至少是可能性最大的假說。不管怎樣，在相反的事例出現之前，只要那位傑出的生物學家呼籲進行的有決定性意義的實驗尚未兌現，⑱我們都必須堅持上述的實際觀察結果。可以這樣說，即使我們採取對獲得性可遺傳的學說最有利的觀點，並且認爲顯性的獲得性在多數情況中並非是先天性在某種程度上的滯後發展，種種事實仍然告訴我們：獲得性的可遺傳性是例外的情況，而非一般的規則。據此而論，我們又怎能寄望這種例外的偶然性爲我們發展出諸如眼睛那樣的器官呢？我們想一想，從纖毛蟲類的色斑發展到軟體動物和脊椎動物的眼睛，其間須有數目那麼龐大的變異都朝著相同的方向積累，即使假設個體的努力可以單獨產生其中的某種變異，根據前面我們所觀察到的事實，我們仍看不出遺傳性可以決定這些變異都能積累下來。這就是說，新拉馬克主義也不比其他形式的進化論更能解決這個問題。

十五、探討的結果

在像如上所述的那樣，讓現有的各種不同的進化論接受共同的考驗之後，我們發現它們

---

⑱ 吉亞得（Giard），《生物演化問題的論爭》，巴黎，一九〇四年，第一四七頁。

都遇到同一種不可逾越的困難。但是，我們絲毫無意將這些學說完全棄置不顧。相反的，它們各有相當數量的事實作爲支撐，因此不能抹剎其各自的眞理性。它們無疑還分別說明了進化過程的某一方面。也許一種學說要保持其科學性，便亟須將自己嚴格的限制在某種特殊的視角或觀點上，即帶有明確的目標去做詳細的研究。但是，這些學說中無論哪一種，對實在都只有部分的展示，因此，實在必定超越它們全體。而這實在則是不爲科學的精確所局限的哲學的特定對象，因爲哲學並不思考實際的應用問題。因此，我們要用一兩句話點明目前這三種進化論在我們看來對於解決前面所提出的問題上各有什麼正面的作用，它們各有什麼漏洞，以及爲了對進化過程取得更全面的看法（當然，爲此必定會略爲廣泛一些），從我們的角度來說，這三種主流學說究竟應該聚焦在哪一點上？

新達爾文主義者主張變異的根本原因在於個體所攜帶的胚芽中固有的不同因素，而不在於它在生活過程中的經歷或行爲方式，我們認爲這種看法或許是正確的。至於他們認爲胚芽中固有的不同因素純屬偶然和個別的現象，我們則無法苟同。我們只能認爲，這些不同因素是在眾多個體所擁有的胚芽之間傳遞的某種衝動的發展結果，因此它們並非純屬偶然的因素，它們滿可以以相同的形態、在相同的種屬的所有合格代表中同時出現，或者至少也要涵蓋它們之中的一定數目的代表。事實上，突變說已經在這個方面深刻的修改達爾文學說。前者斷定，經過一個較長的時期，在某一特定的時刻，某一種屬的整體會具有某種變化的趨向。所謂的「變化的趨向」本身便說明它不是偶然的。確實，就孤立的變化而言，它是偶然的，因爲，根據德・福利斯的理論，突變發生在不同的方向、不同的種屬代表之中。但是，首先我們必須弄清這個理論是否為其他許多植物種屬所證實（德．福利斯僅以月見草屬植物為證[49]），然後，我們還要看到這種可能性（對此我們將作進一步的解說），即：偶然性在植物的變異所占的分量要比在動物中大，因為在植物界，功能並不那麼嚴格的受形態所左右。儘管如此，新達爾文主義者還是主張突變的週期是趨向於確定的；正因為如此，突變的方向可能也是趨向於確定的，至少在動物界是如此，至於確定到什麼程度，我們還要予以明示。

於是，我們便回到類似於艾默爾的那種假說，其要旨是：不同器質的變異代代相繼，而且朝著一定的方向。這一段解釋在艾默爾本人的限定的範圍內好像還能令人信服。當然，有機界的進化總體上解釋是沒法預定的。相反的，我們主張在有機界新舊形態不斷交替和創造的過程中所顯示的是生命的自發性。但是，這種不確定性不可能是無所不包的，它還必定會給確定性留有部分的餘地。例如：類似於眼睛的器官就必定是在確定的方向不斷變化而形成的。否則，我們便無法解釋不具共同的進化史的一些種屬的眼睛結構為什麼會相似。我們與艾默爾的不同之處在於他主張物理和化學兩方面原因的結合便可鎖定結果。與之相反，我們

[49] 不過，還有一些類似的事例頗引人注目，它們均出現於植物界。參見布拉令格姆（Blaringhem），〈物種的概念和突變說〉，《心理學年鑑》，卷十二，一九〇六年，第九十五頁及其後；德．福利斯（De Vries），《物種與變異》，第六五五頁。

則藉由眼睛的例子試圖證明：這裡如果存在「定向進化」，必有心理原因的干預。

某些新拉馬克主義者確實訴求於心理學性質的原因。在我們看來，那是新拉馬克主義最堅實的立場之一。然而，如果這種原因只不過是個體有意識的努力，那麼它的作用範圍就十分有限，充其量是在動物界還可以斟酌這一原因的適用程度，在植物界就根本難以設想。即使在動物，這個原因也只能在受意志的直接或間接的控制的方面起作用。甚至，連這種有限的作用也無助於弄清造成物種日益複雜的深刻變化基於何種原因。如果獲得性可以有規律的遺傳下去，從而逐漸積累起來，也許我們就不難揣度物種進化的原因；可是，這種性質的遺傳看來只能算作例外的情況，而不能視之爲規則。要使遺傳性的變化沿著一定的方向不斷積累、從而產生愈來愈複雜的器官，此事毫無疑問必須與某種努力相聯繫，只是這種努力的源泉要比個體的努力更爲淵深莫測、更不依賴於環境；這種努力爲同一種屬的大多數合格代表所共有，並蘊含於它們的胚芽之中，而不是只包含於它們身體的基質中；因此，這種努力肯定能夠遺傳到它們的後代。

十六、生命衝動

繞了一大圈之後，我們又回到了我們出發的觀點上，這就是生命的原發衝動；它透過已發育成形的有機體這一媒介，從頭一代的胚芽傳至下一代的胚芽，那一有機體構成了這兩代胚芽之間的橋梁。這種衝動沿著各條進化路線持續保持下來，並且逐漸分化，形成了變異的基本原因；至少對於那些代代相傳的、並經過積累而創造新物種的、有規律可循的變異來說，情況是如此。一般來說，某些物種從一個共同的根蒂開始分化，隨著它們的進化過程的前進，它們的分化程度也愈加顯著。不過，它們在特定的某些方面可能出現同樣程度的進化結果；事實上，如果共同的衝動這一假說是可以接受的，它們就必須如此。這正是我們現在要做更細緻的說明的地方。我們還是要用前面所選擇的軟體動物和脊椎動物的眼睛的例子來說。因爲，「原始衝動」的觀念藉此可以得到更清晰的表達。

像眼睛這樣的器官有兩方面的情況同樣引人注目：一是其結構複雜，二是其功能單純。眼睛是由鞏膜、角膜、視網膜、水晶體等不同部位構成的。其中每一部位的詳情都是無限豐富的。單就視網膜來說，它就有三層神經因素——多極性神經細胞，雙極性神經細胞和視覺細胞，其中每一層都有它的個體性，本身無疑便是一個非常複雜的有機體。由於視網膜的細微結構是如此的複雜，因此沒有任何一種簡單的描述可以充分表達它的概念。簡而言之，眼睛這類自然的機械，是由無數的同類機械構成的，它們全都極其複雜。然而，視覺卻是一種單純的事實；只要張開眼睛，視覺的行爲便實現了。正因爲這種行爲很單純，因此大自然方面在建造這種無限複雜的機械時，只要稍有一點疏忽，就要毀掉視覺的可能。在器官的複雜性和它的功能的單一性之間存在如此強烈的對比，不能不使我們駐足沉思。

所謂的機械論就是要告訴我們，比如眼睛：這種器官如何在外部環境的影響下逐漸構成，外部環境或者透過直接參與組織的活動、或者透過選擇更能適應者而產生作用。但是，不管這種理論採取什麼形式，即便它可以有效的解釋各個部分的進化細節，它對它們之間的相互關係是雲遮霧障的。

於是便出現了目的論，這個學說認爲某一物種的各個部分是按預想的計畫被弄到一處，並按一定的目的而結合。在這點上，它將大自然造化之功比擬於人工依據某種設計思想或模仿某一樣品來組裝各個部位。無怪乎機械論這時要出來非難目的論的擬人化品格。但是機械論沒有看到自己也是依照這種方法行事的，只是略爲收斂、不事聲張而已！確實，機械論已經去掉追求的目的或理想的型譜；但它仍認爲大自然跟人類一樣將各個部分放在一起加工，其實只要對胚胎的發育略看一眼就明白生命的活動方式與此迥然不同。**生命並非靠各種因素的聯合和添加來發展，而是在分裂和分化中壯大**。

歸根結底，機械論和目的論都只是人類思想依據自己的工作方式推導出來的觀點，因此，我們必須超越它們。但是，我們究竟能從哪個方向著手超越它們呢？我們已經說過，在分析一個器官的結構時，我們可以將之無限分解，儘管它的整體功能只是一樁單純的事情。一個器官的無限複雜性與其功能的極其單純之間的這種對比，就是我們必須刮目相看的東西。

一般來說，如果同一物件一方面顯得十分單純，另一方面又顯得無限複雜，那麼這兩方面無疑具有同樣的重要性，或者說具有同等程度的實在性。在這些情況中，單純性屬於物件本身的性質，而無限複雜性則屬於我們從不同的角度和方面觀察它的觀點，也屬於我們的感覺或智能表現它時所用的符號，或者，更常見的是屬於不同層次的各種因素，我們想用這些因素來人爲的仿製它，但是它們各具不同的性質，因此不可能用這些因素取代整體的物件。這就像一位天才的畫家在畫布上畫像一樣。我們可以透過鑲嵌各種色彩的塊狀模板來模仿這幅畫，而且我們所採用的模組面積愈小、數量愈多、色調愈多變，我們就愈能維妙維肖的複製原畫中的那些曲線和陰影。但是，要與畫家原來作爲一種單純的東西構思的形象完全相等，就必須再規無數無限小的因素所表現的無數陰影；須知畫家原想將此形象作爲一個整體搬到畫布上去，它愈是完整，就愈能以一種出自畫家內在不可分割的直覺之功力震撼我們。現在假設我們的眼睛沒有經過藝術鑑賞的訓練，它們從大師的作品中只看到鑲嵌的結果；或者假設我們的智能尚未得到藝術的熏陶，它只能將畫布上出現的形象解釋爲鑲嵌的作品；我們這時恐怕也只能去談論由小模組鑲嵌的作品，而且不得不臣服於機械論的假說。我們可能做如下的補充：除了這禎鑲嵌畫的物質性之外，該畫家一定還有他的工作計畫；於是，我們又把自己說成是目的論者了。但是，不管處於哪種地位，我們都沒有充分理解實在的進程，因爲實際上並沒有什麼模塊聚集成畫。它就是畫，也就是說，只是單純的行爲投射於畫布上，僅僅由於進入我們的感官領域時被我們的眼睛分解爲成千上萬的小模塊，然後再將這些人爲分割的無數小模塊重新組合爲眼前統一的畫。這樣無疑會呈現出令人歎爲觀止的繁複的安排功夫。由此可知，諸如眼睛這類驚人的、複雜的結構，可能只是單純的視覺行爲的結果，但對於我們來說，又可以被細分爲無數細胞的鑲嵌結果；由於我們將這一視覺器官的整體設想爲組裝品，因此組裝內容（細胞等）的結構規則或層次序列便顯得十分神奇莫測。

如果我將自己的手從A移到B，這個運動對我來說是同時呈現在兩個方面。從內在的感覺來說，它是單純的、不可分割的行爲。從外部來看，它是AB這條特定曲線經過的標誌。在這條曲線上，我願意將它區分爲多少點，就可以有多少點，而且線的本身可以定義爲這些點相互間的某種配合。但是，數目無限的點和它們聯結的規則，都是從我的手從A移到B這個不可分割的行爲中自動產生的。這裡的機械論在於只看到點。而目的論則考慮那些點聯結的規則。但是，無論是機械論還是目的論，它們都把運動撇在一邊，無視運動是實在的本體。從某種意義上來說，運動大於點，也大於點的規則；因爲在它不可分割的單純性中便足以同時產生連續的無數之點和點的聯結規則，以及既非點亦非規則的本質之物——運動性。但從另一種意義上說，運動小於一系列的點及其聯結的規則；因爲首先必須構想出規則，然後用點來實現這種規則，這裡既有組裝的工作，又要有知性的配合，而手的單純的運動不包含這兩者。手的運動，從人們通常的意義上說，不是知性的；它也不是組裝，因爲它不是由各種因素所組成。眼睛與視覺的關係正是如此。在視覺，存在著比眼睛的組成細胞及其相互的配合更多的東西；從這個意義上說，機械論和目的論都慮不及此。然而，從另外的意義上說，機械論和目的論又都過了頭，因爲它們把古希臘大力士赫拉克勒斯㊿最繁重的工作攤派給大自然去完成，以爲大自然在視覺這一單純行爲上曾投入無數無限複雜的因素，其實大自然在眼睛的製造上所花的工夫，不比我一舉手、一投足更費事。大自然這一單純的行

㊿ 赫拉克勒斯（Hercules）：古希臘神話中的大力士，主神宙斯與凡間女子的兒子。——譯注

爲現已自動分化爲無數後來發現本是按一種觀念而協調的因素，就像我的手一動便撒下無數後來發現可以滿足同一個方程式的點一樣。

不過，我們發現以這種方式看待事情是非常困難的，因爲我們會不由自主的將有機的組織設想爲人工的製造。其實兩者大不一樣。製造是人的特長。它寓含著各個物質部位的組裝；我們已經先將物質分割成我們能夠將之裝配在一起並產生共同作用的狀態。也就是說，各個部位的組合要圍繞著作用這個理想的中心來進行。因此，製造便是由周邊向中心的作用，或者用哲學的術語來說，就是雜多歸一。有機的組織則與此相反，它是由中心向周邊作用。它開始於某一點，那幾乎就是數學上的點；圍繞這一點，經過不斷擴大的同心圓的波形，向四周傳播。製造的工作愈有效，所處理的物質數量便愈大。它採取的是集中和壓縮的辦法。而有機化的行爲則相反，它包含著某種爆炸性的東西：開頭需要盡可能小的地方，即最小限度的物質，似乎有機化的合力僅僅勉強的進入空間。精子便是有機體中最小的一種細胞，然而正是它啓動了胚胎生命的進化程序；而且在這種操作中眞正發揮作用的只是精子中的一小部分因素。

然而，這些還都只是在有機的組織與人工的製造之間的表面上的差異。如果繼續深入挖掘，我們認爲可以在它們的下面發現更深邃的分野。

一件製造品本身準確的描畫出製造工作的形式。我的意思是說，製造者可以在他的產品中準確的發現他所投入的東西。例如：當他要製造一臺機器時，他肯定先一一加工出有關的零件，然後組裝它們；造好的機器既展示它的零件，也展示零件的組裝。也就是說，整體的結果反映了整體的工作；而且，每一部分的工作都相應於某一部分的結果。我認爲實證科學可以而且應該把有機的組織當作機器的製造工作來對待，只有這樣，實證科學才能在有機體方面找到立足點。因爲，實證科學的目的不是要告訴我們事物的本質，而是向我們提供作用於事物的最佳手段。物理和化學是很先進的科學，有機的生命物質只有當我們能夠採用物理和化學的方法處理它們之時才能爲我們提供用武之地。因此，如果有機體先已被認爲類似於機器，那麼，有機化的生命組織便只能用科學方法研究。細胞將成爲機器的零件，有機體成了這些零件的組裝品，於是，促使各部分有機化的基本功夫將被認爲也是造成整體的有機化的功夫所包含的實在因素。這是科學的觀點。在我們看來，這與哲學的觀點十分不同。

我們認爲，一個有機器官的整體，嚴格來說可以代表有機化作業的整體（不過，這只是大體上如此），然而，該器官的各部位並不相應於有關部分的作用，因爲，**該機器的物質性並不代表所施手段的總和，而只不過代表所克服的障礙的總和**：它是否定性的，而不是肯定性的實在。因此，就像我們前面的研究所表明的那樣，視覺是一種力量，它**有權**得到我們的肉眼所察覺不到的無數東西。但是，這樣的一種視力不會延伸其作用；它可能適合於魔幻的對象，而不適合於生物。生物的視覺是有效的視覺，它局限於只能看到該生物能夠作用到的對象。也就是說，視覺已被**管道化**，視覺器官僅僅象徵著管道化的作業。因此，創造視覺器官不能用各解剖部分的組裝工作來解釋，正像**開挖**渠道不能用可能成爲其岸壁的堆土工作來解釋一樣。機械論者可能堅持說是一車又一車的泥土構成了渠道；目的論者可能補充道：泥土並非隨意堆上去的，而是推車人依照計畫疊上去的。但是，渠道是用其他的方法建造成功的，所以上述的兩種理論都不對。

我們可以以更大的準確性將大自然製造眼睛的過程比擬爲我們抬起手這一單純的動作。但是，我們原先是假設我們抬手時沒有碰到任何阻力。現在我們假設，我們的手不是在空中移動，而是通過密實的鐵砂，隨著手的向前移動的速度提高，鐵砂的阻力也成比例加大。到了一定的時候，手的力氣就用光了；這時鐵砂就聚集並排列成一定的形狀，也就是作爲胳膊的一部分的手停下來之時的形狀。現在假設手和胳膊都是不可見的。於是，旁觀者就會在鐵砂本身和鐵砂堆內在的合力中尋找鐵砂現有的排列形狀的形成原因。有些人會認爲每顆鐵砂的位置都是由鄰近的鐵砂所施加的作用力造成的，機械論者便是如此。另外一些人則認爲鐵砂之間的基本作用的細節是由一個整體的規劃來限定的，這些人便是目的論者。但是，實際的情況是，僅僅靠穿過鐵砂的手的一個不可分割的動作便造成了這一切；鐵砂粒不可窮盡的運動細節，以及它們最後的排列順序，從某種意義上來說，都只作爲單一的阻力形式，而不是作爲正面的基本作用力的合成形式，從反面表現這種不可分割的運動。爲此，如果鐵砂粒的排列形狀可以稱爲「結果」，手的運動可以稱爲「原因」，我們就可以完全有把握的說，整體上的結果可以用整體上的原因來解釋，但部分的原因卻不與部分的結果一一對應。換句話說，機械論和目的論在這裡都不合適，我們必須採取另一種解釋方法。至於在我們所提出的假說中，視覺與視覺器官的關係很接近於手和鐵砂的關係；鐵砂既隨從也限制手的運動，而且使這種運動形成管道化的規則。

手的力量愈大，插入鐵砂就愈深。但是，不管手停止在哪一點上，鐵砂都會在瞬間自動調整好自己，並找到自己的平衡狀態。視覺與其器官也是如此。隨著形成視覺的不可分割的動作或多或少的進展，視覺器官便由或多或少相互協調的因素所造成，但這些因素相互協調的規則必須完善。規則不能出現偏向，因爲，前面已經提到，產生視覺器官的實際過程是統一的，沒有部分的區分。無論是機械論，還是目的論，對此都未加考慮；當我們對著諸如眼睛這樣的器官的奇妙結構感嘆不已時，我們也沒有考慮到這點。在我們感嘆的深處總是埋藏著這樣的念頭：**如果僅僅讓某一部分**得到協調並發揮作用，那還是有可能實現的；實現整體的協調，比如說產生單純的視覺，則是特別的恩惠。目的論者以目的因解釋這種恩惠，認爲它是突然間降臨的；機械論者聲稱這種恩惠是經過自然選擇作用一點一滴積累下來的。不過，兩者都在這種協調的產生過程中看到某種肯定性的、有把握的東西，因此認爲其原因是可以分割的——這些保證了每一可能限度的成就。實際上，原因雖然強度不等，它的結果仍只能出現在已完全產生作用的某一部分。隨著在視覺方向的這種原因一步一步的深入，它在低等有機體上產生單純的色素群，或使龍介蟲（Serpule）產生原始性的眼睛，或使浮沙蠶（Alciope）產生稍已分化的眼睛，在鳥類產生驚人的完善的眼睛；但是，所有這些眼睛，雖然複雜程度不等，都必須讓各個部分得到同等的相互協調。因此，動物中的兩個種屬不管彼此間有多大的距離，只要它們的視覺的進化程序相同，便具有相同視覺器官，因爲器官的形態僅僅表現其作用的發揮程度。

然而，談到視覺的進展過程，是否我們又回到古老的合目的性的概念了？如果這種進展過程在思想上自覺或不自覺地要求達到一個目的，那無疑就是合目的性的概念。但是，實際上這種進程是由於生命的原發衝動而實現的；它包含在這種運動自身之中，因此可以在各自獨立的幾條進化路線中同時出現。然而，要問視覺爲什麼又如何包含在生命的原發衝動中？我們的回答將是：生命比其他任何東西都更具有一種作用於無生命之物的趨向。這種作用的方向不是預先確定的，因此會出現生命在它的進化過程中沿途散播的、難以預見的各種形態的變異。但是，這種作用總是會在某種程度上表現出偶然性的品格，它至少還包含著選擇的苗頭。至於選擇，它一般包括幾種可能發生的作用的預想。因此，在發生作用之前，作用的可能性必定會向生物顯現出來。視覺亦復如是。[51]可見的物體輪廓是由我們在這些物體上最終產生的視覺作用所設計的。因此，視覺在千差萬別的動物中具有相應程度的差別。如果視覺強度相同，則其結構的複雜性亦將相同。

以上闡述了我們對器官結構的相似性的一般看法，較多的以眼睛爲特例，因爲我們必須一方面對機械論，另一方面對目的論表明我們的態度。接著是更精確的描述我們本身的態度。我們將透過展示各種歧異的進化結果來表明我們的進化觀念，不過，我們不是展示那些結果的類似性，而是展示它們的互補性。

[51] 亨利·柏格森，《物質與記憶》，第一章。

第二章　生命進化的不同方向：無知、智能和本能

一、進化過程的整體觀念

如果生命可比作從一門大炮射出的實心圓彈那樣，走的是一條單一的弧線，那麼進化運動將是簡單的事情，我們就可以很快的測定出它的方向。但是，這裡與我們打交道的是榴霰彈，它在射出後立刻爆裂成碎片，碎片本身亦屬於榴霰彈的性質，還會接連爆裂成更小的碎片，這樣一直延續很長的時間。我們所能感知的只是最靠近我們的東西，即爆裂成碎末的飛散運動。我們必須從那些「碎末」出發，一級級回溯那初始的運動。

當榴霰彈爆炸時，它特有的碎裂方式，既要用所裝的炸藥的爆發力也要用外殼金屬對它的阻力來解釋。生命細分成個體和種屬，情況也是這樣。我們認爲，它的根源有兩條：一條是生命所遇到的普通物質的阻力，另一條是生命內含的爆發力（產生於各種傾向的不穩定的平衡）。

二、增長

普通無生命物質的阻力是生命首先必須克服的障礙。生命經過一系列卑微的努力，似乎已經成功做到這點。例如；生命以渺小和非常順服的形式出現，屈從於物理和化學的力量，甚至於同意與這類力量並行一段路，就像鐵路的扳軌機一樣，要離開軌道時，先要順著此路線前進片刻。在最基本形態的生命現象中，很難分清它們是否仍爲物理和化學的反應，或者已經成爲有生命的物質。爲了將這種帶有動感的磁性化的東西一點一點拉進另一條軌道，這時生命也必須進入無生命物質的慣性運動之中。於是，首先出現的生命形態便極其單純。它們可能還是小塊尚未分化的原生質，外表類似我們今天看到的俗稱「阿米巴」（Amibes）的變形蟲，但是具有極大的內在推力，正是這種推力將它們提升到甚至是最高形式的生命。第一批有機體由於內含這種推力，看來很有可能找到盡快增長的機會。但是有機物的自我擴充均有限度，而且這個限度很快就能達到；超過這一限度，有機物便停止生長而開始分化。生命可能需要世世代代的努力，並且參與到不可言喻的、數不勝數的靈機巧動，才能克服這新的障礙，從而繼續增長。它此時取得了各種要素的數目不斷增長、並且隨時可以分化、但又保持內在的統一性的結果。經過作用的分工，生命在其內部形成難分難解的有機聯繫。這樣，看似不連續的、複雜的有機體便可以像不斷增長的、連續的生命群體一樣發揮其功能作用。

三、分化與互補的趨向

但是，在生命的內部蘊含著眞正深刻的分裂根源。因爲生命即傾向，而一種傾向的實質就是以集中的形式發展，並在增長過程中創造出分散其生命衝動的不同方向。我們在自身的特殊傾向的進化中就可以察覺到這點。我們也將自己的特殊傾向稱作我們的性格。我們每一個人只要回顧一下自己的往昔，都會發現自己兒時的個性混合著不同的人的特殊傾向，儘管這些傾向在一個孩子的身上仍構成不可分割的統一體；它們之所以能夠水乳交融共存於他的身上，僅僅因爲他還處於天眞未經雕琢的初生狀態，這種充滿期望的不確定性是童年最大的魅力之一。但是，那些錯綜交匯的個性在成長過程中就會相互抵觸，而我們每個人只能過各人的一種生活，於是必定被迫選擇一種主導的個性。事實上，我們不停的選擇，我們也不停的拋棄許多東西。我們在時間中的沿途跋涉，保留著我們曾經所爲和可能所爲的一切遺跡和啓示。但是，大自然固然擁有無數的生命，卻絕不會被迫去做同樣數目的犧牲。大自然保存了隨著那些生命的成長分歧愈來愈多的不同傾向，並以這些傾向創造出一系列將沿著各自的進化路線發展的不同種屬。

而且，這些種屬可能具有不等的重要性。開始寫小說時，作家會攤派給他的主人公許多他後來在進行過程中不得不丟棄的東西。或許他在以後寫作另一部書時，重新採用那些東西來塑造新的人物性格，這新的人物就會像似從原先人物抽取出來的，更確切的說，兩者構成了互補的關係；但是這新的人物與原先人物相比，幾乎總是顯得有些貧乏不足。生命進化的情形也是如此。進化的道路上有許多分岔，但在兩三條幹線的旁邊出現了許多死胡同；而且，在這些幹線中只有一條通過脊椎動物發展爲人類，正是這條幹線寬得允許飽滿的生命氣息自由通過。只要拿蜜蜂或螞蟻的社會做例子，與人類社會做個比較，我們就能取得這個印象。前兩者都處於令人驚嘆的統一而嚴格的紀律之下，只是過於呆板以至於僵化了；後者（人類社會）向一切前進的事物開放，但四分五裂，而且內部紛爭不已。理想的社會應該總是處於前進和平衡的狀態，但這種理想可能難以實現；因爲，前進和平衡這兩種特點儘管總是很願意互補，它們仍只是在萌芽狀態時互補，一旦壯大便互不相容了。如果不以比喻的方式來談傾向於社會生活的衝動，我們就應該承認這一衝動大部分存在於朝著人類方向發展的那條進化路線，其餘部分則集結於通往膜翅類昆蟲（Hyménoptéres）的路上：因此，螞蟻和蜜蜂的社會或可代表與我們的社會互補的方面。不過，這只是一種表達方式罷了。大自然裡有過社會生活毫無特別的衝動傾向的時候。那時存在的只是生命的整體運動，這種運動在不同的進化路線上創造著日新月異的生命形態。如果社會必須在其中的兩條路線上出現，那麼，這些社會就必定會同時顯現出道路的分歧性和衝動的共同性。因此，我們將在這些社會中發現處於模糊的互補關係之中的那兩個系列的社會特點。

因此，研究進化運動的主旨在於分辨一定數目的不同方向，同時認識每個方向上發生的事件的重要性，簡而言之，即確定各分歧趨向的性質，以及它們分別在全部趨向中所占的比例。於是，綜觀這些不同的趨向，我們就可以大致評估或更確切的說是揣摩衝動在其中產生作用的不可見的驅動原理。也就是說，我們將看到進化完全不像機械論者所說的那樣，是對環境一系列的適應，也完全不像目的論者所估計的那樣，是在實現某一整體的計畫。

四、發展與適應的意義

我們一點也不懷疑：進化的必要條件是對環境的適應。某一種屬在不能屈就自己所處的生存環境時就要消失，這是明白無疑的。但是，承認外界環境是進化方面的問題必須考慮的外力因素，與主張它們是進化的主導原因是兩回事。那樣主張的人就是機械論者。他們絕對排除原始衝動的假說，但我還是要說，原始衝動是一種內驅力，它透過愈來愈複雜的形式，將生命帶到層次愈來愈高的境地去。而且，這種衝動是顯在的，只要粗略的瀏覽各物種的化石，我們就會明白，如果生命爲了更加方便得多的一種選擇，竟執著於其原始形態，它就不能進化，或者只在極有限的範圍裡進化。某些孔蟲類動物（Foraminifères）自志留紀（地質年代，距今約三億五千萬至四億二千萬年）以來就不曾發生變異。女冠草（Lingules）無動於衷的見證著地球上無數的變動，自身的進化程度仍停留於古生代裡最遙遠的時候。事實上，適應固然可以解釋進化運動的曲折過程，卻無法解釋這個運動整體的方向，更不可能解釋這個運動的本質。①通往城裡的道路確實存在起伏的上下坡，即：那些道路要適應地形的障礙；然而，這些障礙並非那條道路建設的根本原因，它們也不指示那條道路的延伸方向。地形任何時候都只提供道路建設不可或缺的土地，如果我們只考慮整條道路，而不在意於其每一段路的問題，那麼，地形上的障礙充其量只構成阻力或延遲的原因，因爲道路的目的僅僅指向城裡，並且要求最好是筆直的一條線。生命的進化以及生命所經歷的環境，類似於上述的道路和地形；不同的是，進化並非沿著單一的路線，而是存在各種方向，且無固定

① 對適應的這種看法見於馬蘭（M. F. Marin）的一篇評析《物種起源》的優秀論文，載於《科學評論》，一九〇一年十一月，第五八〇頁。

的目標，就是終於出現適應的情景，仍舊富於創意。

然而，生命的進化既不是對偶然的環境因素的一系列適應，更不是在實現一種計畫。計畫是預先提出的，它在一步步被實現之前就擺在你的面前，至少是可以擺在你的面前。計畫的完全執行可能要推遲到遙遠的將來，甚至無限期拖延，但計畫的思想還是可以述說的，從現在起就可以用現行的名詞術語來述說。如果與此相反，進化是不斷更新的創造，它就不僅陸續創造生命的種種形態，而且還要創造供我們的智能去理解該生命的觀念和去表現該生命的名詞術語。這就是說，進化的未來超出它的現在的範圍，而且不可能用簡單的一個觀念來描述。

顯然，就在那裡出現了目的論的第一個錯誤，這個錯誤帶來了另一個更嚴重的錯誤。如果生命是在實現一個計畫，它在進一步前進的過程中就必須顯示出更高層次的和諧。這就像建造中的大廈，隨著石頭愈疊愈高，它便愈來愈清楚顯示出建築師的構想一樣。如果與此相反，生命的統一性僅僅表現於驅使它沿著時間的隧道前進的那種衝動，那麼生命的和諧便不在前面，而在後方。統一性來自後方之力：它一開始就作為前進的推力，而不是到結束時成了曳引的吸力。衝動不斷分裂出許許多多新的衝動，藉此傳播開來。生命形態的分化程度與生命的進展程度成正比；數不勝數的生命形態之所以存在某些方面的互補，大概都歸因於它們共同的源頭，但是，各種生命形態之間依然存在著或多或少的抵觸和對立。因此，物種間的不協調的現象將與時俱增。當然，迄今為止我們還只是說明了這種不協調的根本原因。為了簡單起見，我們曾假設每一物種接受了推力之後會將之傳給其他物種，而且按生命進化的各個方向直線的傳播。但實際情況是，有些種屬會滅絕，有些種屬會退化。進化不僅僅是向前的運動，多數情況下我們看到的是原地踏步，更常見的是分化和後退。我們後面會指出，進化就應該是這樣；而且，促使進化運動發生分化的一些原因，同樣也使生命在進化過程中常常茫然自失，對自己剛剛產生的形態一無所知。於是從這裡便引發不斷加劇的混亂。假如我們把朝最初推力所決定的大體方向不斷前進理解爲進展，則生命確實有進展；不過這種進展只在兩三條進化主線上顯示出生命形態愈來愈複雜和愈來愈高級；在這些主線之間還有許多支線，與上相反，那裡大量的出現分化、停滯和後退的現象。有些哲學家一上來就先確定每一細節都與某一整體規劃相聯結的原則，一旦接受事實的考驗，便大失所望；而且，由於他們把一切都擺在同一等級上，不願意知道其中有偶然的東西，遇到時又認爲一切都是偶然的。我們應該與此相反，一開始就要考慮到偶然性的存在，並占有很大分量。我們還要認識到在自然界中並非一切事物都是連貫或珠聯璧合的。這樣我們才能確認不連貫的東西得以結晶的內核。而且這種不連貫之物的結晶本身便顯示：其餘部分將出現進化的一些主要的方向，當原發的衝動在其中擴展時，生命也就開始活躍起來。我們確實無法看到某一計畫的細節的完成情形。生命的進化在這裡要比一個計畫的實現過程更多更好。計畫是就某種工作而言的，它指示出未來的形態，從而關閉了未來。與時相反，在生命的進化步履之前，未來的大門是敞開的。生命的進化是一種創造，由於有了最初的運動，它將永生永世繼續下去。這種運動構成了有機界的統一性，一種多產而無限豐富的統一性，它比智能所夢想的任何東西都優越，因爲智能只是它的一部分，或者說，只是它的一種產物。

但是，定義某方法要比運用某方法簡單得多。要照我們的設想那樣完全解釋過去的進化運動是不可能的，除非我們都已清楚有機界的發展歷史。我們距離這樣的結果還很遙遠。人們所提出的各種不同種屬的進化系譜，在大多的情況下都疑問重重。這些系譜因著者的不同和所接受的理論觀點的不同而有差異，科學發展的現況還不能對這些差異所引發的論爭加以裁定。不過，對這些系譜中不同的解決方案加以比較之後可以明白，目前的爭論焦點不如說只在細節上，而不在主線上。因此，只要我們的研究重心盡可能靠近進化的主線，估計就有把握不會誤入歧途。況且，也只有進化的主線對於我們來說有重要的意義，因爲我們不像博物學家那樣要尋找不同物種的承接次序，而是僅僅要界說它們進化的主要方向。而且，並非所有的進化方向對於我們來說都具有同等的意義，我們特別關心的是通往人類的進化途徑。因此，在研究各種不同的進化方向的同時，我們必須牢記：我們的主要任務是弄清人與動物世界的關係，以及動物世界本身在整個有機界的地位。

五、動物與植物的關係

現在先從第二點說起，我們認爲沒有一個明確的特徵可以將植物與動物分別開來。試圖嚴格的界說這兩大生命領域的努力，屢屢以失敗告終。我們還找不到植物生命中有哪一種特性不是在某種程度也存在於某些動物身上；也找不到動物有哪一種特點不能在植物界的某些種屬或某些時刻中見到。因此，崇尚概念明確的生物學家很自然的會把動、植物界的並立當作人爲的學科劃分。他們有一定的道理，因爲在數學和物理學的領域中，人們通常根據自己的研究對象所特有的某些靜態的屬性（這些屬性也是其他物體所沒有的）來給該對象下定義。然而，在我們看來，生命科學領域的定義方法與此大不相同。沒有一種生命現象在初始階段不是隱含著或潛在的包含著其他大部分生命現象的本質特徵。不同的地方在於這些本質特徵所占的比例分量上。然而，如果我們能夠確定所出現的情況並非偶然，而且所研究的群體在進化過程中愈來愈趨向於強化這些本質特徵，那麼，可以說正是這種比例的不同適足以定義該群體的屬性。總之，**不應該根據某生物群體現有的某些特性，而應該根據這些特性的強化趨向來定義該群體**。我們從這種觀點出發，將生物的進化趨向而不是其現有狀況作考慮的重點，於是發現動、植物可加以精確的定義和區分，而且它們屬於兩條不同的生命發展路線。

首先，兩者的歧異顯示於攝取營養的方法上。我們知道，植物直接從空氣、水和土壤中攝取維持生命所必需的、以礦物質形式出現的元素，尤其是碳和氮。而動物則相反，它們只能吸收植物或動物的體內以有機物形式出現的元素，而動物體內的此類元素也是直接或間接取自植物；因此，歸根結底是植物給予動物營養。確實，這一法則在植物世界中存在不少例外的情況。諸如：毛氈苔（Le Drosera）、捕蠅草（La Dionée）、捕蟲堇（Le Pinguicula）等捕食昆蟲的植物毫無疑問會被我們歸入植物世界的類別之中。此外，在植物世界中具有相當地位的蕈類（Les Champignons）也採取動物的攝食方法：不管是酵素、腐殖質或寄生物，它們都從已形成的有機物中攝取來作爲營養。因此，我們可能無法從上述的動、植物的差別中引出一種靜態的定義，然後不管情況如何都用這一定義去自動斷定跟我們打交道的是動物還是植物。但是，這一差別已經顯示動、植物分別身處其中的兩個不同的發展方向，從中可以引出動、植物兩個生命領域的動態定義。蕈類植物廣泛而且極爲大量地分布於自然界，卻沒能往上進化，這一事實值得注意。在更高級一些的植物中，新個體在發芽成長之前已有各種組織在子房的胞囊中成形，而蕈類植物從有機體的角度來看尚未達到這些組織的標準。②它們也許可以稱爲植物界裡的低能兒。它們的許多不同種類都停止了生長，原因似乎在於不按植物通常的攝取養料的辦法導致自己在植物的進化大道上躊躇不前。至於毛氈苔、捕蠅草以及一般的食蟲植物，它們跟其他植物一樣也是用根來攝取養料；而且，它們也是用綠色部分固定周圍環境中所含的碳酸氣中的碳。它們捕獲、吸附和消化昆蟲的能力，一定是在後來碰到土壤中的養料極其不足這種十分特殊的情況時才形成的。因此，一般來說，如果我們重視特殊性質的發展趨向甚於重視它們的現狀，如果我們把使得進化無限繼續下去的那種趨向當作生物的本質趨向，則我們敢說植物與動物的區別就在於前者有能力直接從空氣、土壤和水中吸取礦物質來創造有機物。不過，這一區別還與另外一種已經更進一步深化的區別有關聯。

動物由於不能直接攝取到處都有的碳和氮，所以必須從已經直接和間接吸收了這些元素

②德·薩坡塔和馬利昂，《隱花植物的進化》，一八八一年，第三十七頁。

的植物和其他動物那裡尋求營養的來源。因此，動物必須四處活動。從隨機的突出其假足以攫取散布於一滴水中的有機物的變形蟲，到具備感覺器官來辨認和運動器官來捕捉其獵物的高級動物（還包括具備神經系統來協調以上各器官的活動），動物生命就一般的趨向而言都以在空間的可動性爲其特徵。動物的最原始形態是最多不過裹在蛋白質的薄膜中的原生質小塊，所以有變形和活動的充分自由。而植物細胞與此相反，是裹在纖維質的硬膜中，所以註定要靜止不動。在植物世界裡，從低等到高等的植物，都有愈來愈難以遷移的相同習慣，因爲在它們的四周圍繞著空氣、水和土壤，它們毋須活動就能從那裡直接攝取到礦物元素。確實，我們也可以看到一些植物的運動現象。達爾文的一本著作便談到藤蔓類植物的運動。他還研究了諸如毛氈苔、捕蠅草之類食蟲植物爲了捕獲其犧牲品而做的動作。洋槐、含羞草等植物的葉子運動，已爲人所熟知。而且，植物的原生質也在它們的鞘膜內迴圈流動，這可以驗證它們與動物原生質的親緣關係；另一方面，我們可以看到動物的許多種屬（一般來說是寄生蟲）像植物一樣也有固定不動的現象。③這裡再次顯示，僅僅透過簡單的查證，便將固定性與活動當作區別植物與動物的不同的兩個特徵，是錯誤的。動物中的固定性，似乎一般說明此類種屬陷入某種痲痺的狀態，不再沿著一定的方向繼續進化；它們可以說是寄生類植物的近親，通常伴有令人想起植物生命的各種特徵。另一方面，植物中的活動性既無動物的

③ 一般的固定與寄生現象，見胡塞（Houssay），《形式與生命》，巴黎，一九〇〇年，第七二一－八〇七頁。

活動性所具有的發生頻率，也無後者的變化多樣的特點。植物的運動通常只與它的一部分有機體有牽連，極少擴展至整個有機體。植物中也會出現模糊的自發性這種例外的情況，這時就像我們見到了通常呈睡眠狀態的活動性在偶然之間甦醒了似的。簡而言之，儘管植物和動物都存在活動性和固定性，但植物明顯的傾向於固定性，動物則傾向於活動性。由於這兩種相反的趨向明白無誤的支配著兩種進化方式，因此我們大體上可用它們來定義動、植物兩個世界。但是，固定性和活動性同樣只是更深潛的趨向的表象罷了。

在活動性與意識之是存在著明顯的聯繫。當然，高級有機體的意識呈現出與某種腦部組織密不可分的關係。神經系統愈發達，它就可以選擇愈多、愈精確的動作；伴隨著這些動作的意識也愈清晰。但是，無論是可動性，還是選擇性，以及隨之而來的意識，都不是以神經系統的存在爲必要條件；神經系統僅僅將散布在有機質塊中模糊的原發性的活動力導引到一定的方向，並使之達到更高的強度。在動物系列中，愈是回溯到低級的，我們可以看到它們的神經中樞便愈趨於簡單化，它們之間也愈趨於分離；回溯到最後，還可以發現神經要素消失了，或者說融入尚未明顯分化的有機體的整體之中。不過，這種情況同樣出現於其他所有的器官和解剖學要素中；而且，因爲該種動物沒有腦，便說它不出現意識，就跟因爲它沒有胃，便說它不能消化和攝取營養，一樣荒謬。事實上，就像其他系統一樣，神經系統產生於有機體內部機能的分工結果。神經系統並不創造什麼新的機能，它只是透過自己的反射活動和意志活動來提高原有作用的強度和精確度。爲了完成一次眞正的反射活動，就要在脊髓或延髓裡形成一整套的機制。爲了在數種已定的行動方案中任意作出選擇，就需要大腦的神經中樞，也就是說，那是交叉路口，從那裡四通八達的引出幾條通往形態不同但精確度一樣的各種運動器官的便道。然而，即使那裡還沒有產生具備各種神經要素的通道，更沒有形成整個系統的各種神經要素的集合，有機體內仍有某種東西通過分裂的途徑產生帶有反射作用或帶有意志作用的一些新東西；這些東西既不像大腦神經中樞的反射活動那樣具有機械的精確性，也不像它的意志活動那樣可以進行知性的考慮或者遲疑不決；這些東西雖然含量極微，但已經呈現出一種簡單的、不明確的反應，因此也可以說已經具有模糊的意識作用。這就是說，最低等的有機體只要能**自由活動**，便有意識。這裡的意識對於運動而言究竟是結果，還是原因呢？從某種意義上說，意識是原因，因爲其作用是支配有機體的運動。但是，從另一種意義來說，意識又是結果，因爲有運動才有意識，運動一消失，意識便衰退，甚或進入睡眠狀態。諸如根頭蟲（les Rhizocéphales）那種甲蟲，它們原來的機體組織應該具有更高程度的分化，但是不動和寄生的生活環境造成了它們的神經系統的退化和近於消失的結果。類似的事例也說明，有機化的進程即是將全部的意識活動置於大腦神經中樞內，因此，我們不妨認爲，這類不動的動物的意識作用，要更弱於那些分化程度低、從來就沒有神經中樞、但持續運動的有機體。

於是，固定於土壤中、就地攝取養料的植物，怎麼可能朝著意識活動的方向發展呢？包裹著原生質的纖維質鞘膜，在使最簡單的植物有機體靜止不動的同時，大部分卻也保護了植物有機體，使之不受外界刺激的影響；同樣的刺激在動物方面就會引起感性的反應，並妨礙它們的睡眠。④因此，植物一般來說是無意識的。然而，這裡我們仍要慎重對待這種截然的區分方法。無意識和意識並非兩種標籤，我們可以機械的取其中的一張貼在所有的植物細胞上，再加另一張貼在所有的動物身上。如就已經退化到不動的寄生狀態的動物而言，不能不認爲其意識也已沉睡不醒；與此相反，對於已經恢復其運動的自由的植物來說，不妨認爲它們的意識已經覺醒，而且該植物恢復這種自由的程度愈高，其意識的覺醒程度也愈高。意識和無意識只不過標誌著動、植物兩大領域的不同發展方向；因此，要尋找動物意識的最佳標本，必須上溯到動物系列的最高代表，反之，要發現植物中可能有意識的例證，必須盡可能地回溯到最低等的植物，例如：藻類（Algues）的游動孢子，更常見的是說不清是具有植物形態還是動物性的單細胞有機體。從這一觀點出發，我們可以採取敏感性和覺醒的意識這一標準來定義動物，採取沉睡的意識和無知覺這另一標準來定義植物。總之，植物用礦物質直接製造有機物；一般來說，植物的這種能力可使它們毋須運動，因此也不必感覺外界事物。動物則不得不去尋找食物，因此朝著運動的方向進化，隨之而來的是產生愈來愈豐富和愈來愈清晰的意識。

現在，在我們看來毫無疑問的是，動、植物的細胞同出一源。有生命的有機體最初都搖擺於植物形態與動物形態之間，同時共具兩者的性質。實際上，我們剛才已回顧了這兩大領

④ 柯普（Cope），《器官變化的最初因素》，一八九六年，第七十六頁。

域各自獨特的進化趨向不管有多大的分歧，它們至今仍舊共存於動、植物中。只是各占的比例不一樣。這兩種傾向中的一方通常掩蓋抹殺了另一方，但在例外的情況下，被壓抑的一方也會重整旗鼓、收復失地。植物細胞的活動性和意識作用不總是沉眠不醒，在環境允許或必要的情況，它們也會甦醒過來。另一方面，當動物保持植物生命的趨向時，其進化也將不斷延誤、受阻、以至於倒退。事實上，不管哪一種類的動物，也不管它們的活動性可能顯得多麼充沛、多麼豐盈，麻木不仁和無意識的狀態依然伺伏和等候著它們。動物只有努力才能保持其作用，作爲努力的代價就是疲勞。沿著動物的進化路線，產生過無數的衰退現象，這些現象大部分與寄生習慣有關；這也可以說是縮回到植物生命中。因此，所有這些都使我們斷定動、植物出自共同的祖先，這個祖先在發生階段兼有動、植物兩種趨向。

然而，在這種原始形態下互相包含的兩種傾向，愈發展就愈分離。從那裡出現了帶有固定性和無感覺的植物世界，也是從那裡產生了帶有可動性和意識作用的動物世界。要解釋這種分裂現象，毋須引進神祕的力量。只要注意到生物會自然而然傾向於最適合自己的方面，而且動、植物會從兩種不同的方便之門中，分別選擇一種來獲取自己所需的碳和氮，便足以說明它們爲何產生如此之大的分野。植物連續而機械的從不間斷向它們提供此類元素的周圍環境中攝取自己的養料。動物則透過非連續的、爆發性的和有意識的行動來覓食，其食物是已經將此類元素固定下來的有機體。或許可以說，這就是自然界兩種不同的生存方式：勤勉與怠惰。因此，在我們看來，要在植物中哪怕尋找我們能夠設想的最原始的神經要素，也是有困難的。我們認爲，植物與動物的主導意願相呼應的地方在於，植物在利用日光輻射破壞碳酸（溶於水分中的二氧化碳）中碳與氧的結合時，所表現出來的對能量轉變的導向作用。至於植物與動物的敏感性相呼應的地方則在於，它的葉綠素對光線具有非常特殊的感應性。由此看來，神經系統首先是溝通感覺與意志的一種機構，植物類似的「神經系統」就是溝通葉綠素的感光性與澱粉的製造的一種機構，更準確的說，一種獨特的化學反應裝置。這還是無異於說，植物不應該有神經要素，而且，**促進動物的神經和神經中樞發展的那種衝動，在植物便表現爲葉綠素的光合作用**。⑤

我們在匆匆瀏覽有機世界之後，已可用更精確的詞語界說動、植物的一些本質特徵，確定是什麼使這兩大生命領域聯合起來，又是什麼使它們區分開來。

就像上一章所示的那樣，我們假設在生命的深處有一種力，它要將最大可能數量的不確定性嫁接於各種物理力量的必然性上。這種力不可能導致能量的創造；即使它創造能量，其能量的大小之值也不會達到我們的感覺、我們的測量儀器、我們的實驗以及科學本身所要求的數量級。因此，這一切似乎說明這種力只是旨在儘量利用它可以支配的既有能量。只有一

⑤ 就像植物在某種情況下會恢復沉睡的主動運動功能一樣，動物在發生意外的條件下也會進入植物的生命狀態，而在自己的內部產生相當於光合作用的東西。實際上，瑪利亞・封・林登（Maria von Linden）的最近實驗即表示各種鱗翅類（Lépidoptères）的蛹和幼蟲在日光的影響下，可以吸收空氣中所含的碳酸中的碳。見瑪利亞・封・林登，〈鱗翅類的蛹和幼蟲對碳酸的吸收和同化〉，《生物學協會年鑑》，一九〇五年，第六九二頁及以下。

種辦法可以達到這個目的，那就是先從物質中獲取其積累的潛能，再在必要的時候將此潛能釋放出來，以提供生命活動所需要做的功。這種力本身只有釋放能量的發動功能。不過，發動之功儘管總是一樣，而且總是比任何量級的功都小，其效果仍與它釋放之物的重量和位差成正比，或者說，所積蓄的可自由支配的潛能愈大，效果就愈大。實際上，我們星球表面可利用的能量的主要源泉是太陽。因此，問題就在這裡：有必要讓太陽在地球表面各處暫時部分的停止其有用能量的不斷消耗，並且將一定數量的、尚未利用的能量儲存於適當的倉庫中，讓這些能量在之後任何需要的時刻、需要的場所，以需要的方式和方向釋放出來。動物取作爲食物的哪些物質正是這種倉庫。這些物質的分子構造十分複雜，它們在潛在的狀態下隱藏著相當大數量的化學能，形成了一些爆發性的生物種屬，只待該種屬內部的一點火花閃現，便將儲存之力釋放出來。現在，生命或許先要製造這種爆發性之物，同時要讓它爆發出來以資利用。在這種情況下，同一的有機體既在直接儲存太陽放射的能量，又在空間的自由運動中將之消耗掉。這就是爲什麼我們必須認定第一批生物一方面毫不放鬆的將從太陽借取的能量積累起來，另一方面又在運動過程中以間斷的、爆發性的方式消耗掉這些能量。像眼蟲（les Euglènes）這樣帶有葉綠素的鞭毛蟲類至今仍象徵著生命的這種主導趨向，雖然它們處於低等的、不能進化的生命階段。動、植物兩大領域之所以存在如此歧異的發展趨向，可以打個比方來說，是否因爲各個領域都忽略了生命規劃表中不同的一半？或者更可能因爲生命在地球上所面對的物質，本質上都反對那兩種趨向在同一有機體內共同取得長足的進展。可以肯定的是，植物特別接近於第一種原因（忽略了另一半），而動物則接近於第二種原因（反對兩種趨向同時並舉）。不過，如果製造炸藥的目的自始至終是爲了爆炸，那麼，動物在進化的特點上總的來說就比植物更能顯示生命的基本方向。

因此，動植物兩個領域的「和諧」，即它們所表現的互補的特點，畢竟因爲它們所發展的兩種趨向都來自同一根源，而且開始時是融合爲一的。單一的原發趨向愈加發展，在原始狀態下原本互相包含的兩種因素便愈難在同一生物體內保持和諧的統一。於是產生了分裂、於是出現了歧異的兩種進化路線；也是從這裡發展出在某些方面相反、在另外一些方面又互補的兩個系列的生命特徵，不過，不論是相反的還是互補的，它們總是在兩者之間保存著一種親緣的意味。動物在它們進化的路上不可避免的會出一些事故，但仍舊朝著愈來愈自由的消耗自身爆發性的能量的方向發展，而植物毋寧說趨向於完善它們的就地積累能量的系統。我們不想過多探究植物的這種趨向。只要指出植物必定也已經從新的分裂中獲得莫大的利益，就像在植物和動物之間所產生的那種分裂一樣，我們就滿足了。原始的植物細胞必須自己攝取碳和氮，然而，一旦微觀性質的植物（如細菌和微生物）以固定周圍環境中的氮爲專職，而且在這種還很複雜的工作中，不同的微觀植物各有所司、分野相當明確，那麼，原始的植物細胞便幾乎可以放棄氮的固定工作。有些微生物只固定空氣中的氮，還有一些微生物可以將氨的化合物轉化爲亞硝酸化合物，然後再把它轉化爲硝酸鹽類的化合物；所有這些微生物都是由原始的單一趨向經過相同的分裂過程而產生的，因此可以像植物一般服務於動物一樣，服務於整個植物世界。假如將這些微觀植物劃入另一特殊的領域，我們或許就可以說，土壤裡的微生物、植物和動物向我們顯示了生命在相互含蘊的開始階段所包含的一切東西的分解；進行這種分解的是地球上可供生命支配或利用的物質。確切的說，這是否就是一種「分工」呢？分工一詞與我們所認定的進化觀念不完全契合。有分工的地方，必有多方努力的**聯合**，還有多方努力的**集中**。而我們所說的進化絕不是向聯合的方向發展，而是向分離的方向發展，絕不是趨於多方努力的集中，而是趨於多方努力的分散。我們認爲，這幾個項目在某些方面的和諧，並沒有出現於它們在進化過程中的相互調整和適應，而是只出現在開始的階段。和諧產生於原本的同一性。進化過程以扇形的方式展開，開始時相互補充以至於相互融合的各項，隨著它們同時的增長而彼此逐漸分開，和諧就是從這裡來的。

而且，我們應該看到，由某種趨向分裂出來的各要素絕非具有同樣的重要性，尤其是絕非具有同樣的進化能力。我們剛剛區分了有機界的三個不同的領域。其中頭一個領域只是停留於原始狀態的微生物，動物和植物則蓬勃的向各自的高級階段發展。這些確實就是某種趨向出現分化時的一般狀況。在由這種趨向產生的各種不同的發展系列中，有的無限期延續下去，另外一些則或早或晚要走到自己生命的盡頭。後面這些生物不是直接從原始的趨向中產生的，而是來自從原始趨向分化出來的各要素之一；它們屬於殘餘的發展物，是由某一最基本的趨向在繼續進化的過程中形成並遺留下來的。至於那些最基本的趨向，據我們的看法，則帶有可辨認的標誌。

這種標誌在每一個體上依然可見，它就像某原始趨向所內含的各要素的痕跡，它們代表一些基本的進化方向。事實上，一種趨向所內含的各要素不能與空間中並列但又相互排斥的種種物體相提並論，前者只能說與種種心理狀態差可比擬；不管每一心理狀態開始時是多麼獨一無二，它還是要加入到其他狀態中去，這樣實際上便包含了它所隸屬的全部個性。我們不妨這樣說，任何重要的生命現象在它尚處原初或潛在的狀態時都會呈現其他生命現象的特徵。反過來說，當我們在某一進化路線上遇到可算是沿著其他進化路線發展的生命現象的「回憶」時，我們必須認識到出現在我們面前的是同一原始趨向分化出來的各要素的問題。從這種意義上說，植物和動物充分代表了生命兩大不同的發展趨向。如果說植物以其固定性和無感覺性區別於動物，則還應注意到運動和意識在植物那裡仍像可以被喚醒的記憶一樣沉睡著。此外，與通常沉睡的記憶並存的是植物覺醒和活動的記憶。就是在這類的植物中，其活動性仍不妨礙其基本趨向的發展。我們可以提出下面的法則來說明之：**當某種趨向發展壯大時，自我分解現象即刻發生；由此產生的各種特殊趨向都會保存和發展原始趨向中與自己的專職分工沒有抵觸的一切要素**。透過這一法則，我們可以精確的解釋前面一章所考察的事實；即相同的複雜的器官如何在各自獨立的不同的進化路線中形成。在植物和動物之間存在的某些深刻的類似性，也可能沒有其他的原因。對植物而言，有性繁殖或許只是一種奢侈的行爲，但是，對動物來說則必不可少；但是，驅使動物這樣做的衝動，同樣存在於植物方面，因爲本原性的原始衝動在兩大生命領域分裂之前便已存在。對於發展趨向日趨複雜化的植物種屬亦可作如是觀。由於動物界需要愈來愈廣闊的活動餘地和愈來愈有效的活動能力，所以導致其有性生殖的那種衝動趨向便顯得極爲重要。植物註定要在無感覺性和固定性中生活，如果不是因爲開始時即已接受與動物相同的衝動性向，它們後來就不會出現這種性向。最近的實驗考察顯示：一旦植物的「突變」期來臨，它們就會漫無目標的在任何方向上發生變異；我們認爲，與此不同的是，動物必須朝著比植物更爲確定的方向進化。不過，我們不想再進一步論述生命的這種本原性的分裂。後面我們要進入將使我們特別感興趣的動物進化領域。

六、動物生命的圖式

我們認爲，構成動物性的實質內容就是有能力利用釋放的機制，將體內潛藏和蓄積的最大可能的能量轉化爲「爆發性的」行動。開始的階段，「爆發性的」行動是偶然發生的，因此不能選擇其方向；這就像變形蟲將它的假足同時伸展到四周一樣。但是，隨著我們在動物系列中向上行進，便看到甚至身體的形態都描摹出一些方向十分確定的體內能量的走勢。這些方向一般由許多條兩端相連的神經要素來標示。而且，神經要素隱約顯露於尚未分化的有機組織的塊狀物中。因此，我們可以設想，從神經要素出現之日起，突然釋放所積累的能量的能力便集中於這種神經要素及其附件中。其實，所有活細胞都不斷消耗能量以維持自己的平衡。自始至終沉眠的植物細胞就是完全專注於這種吸收和保存能量的工作，似乎將原本只是開始時的必要手段當作自己最終的目的。但是，動物則將自己的目標集中於活動上，也就是說將能量用於空間的變換的運動上。動物的每一細胞爲了生存很可能消耗它所擁有的大部分能量，甚至還常常消耗掉全部這樣的能量；不過，有機體整體上都想盡可能的多將能量吸引到完成運動的部位。因此，凡是存在神經系統以及作爲它的附件的感覺器官和運動器官的地方，身體其他部分的本質功能似乎便是付出全部的努力為它們準備即將釋放的爆發力，以便在需要的時刻將這種力量傳送到上述的系統和器官。

高等動物的營養作用實際上非常複雜。首先，它有助於修復組織；接著，它還要向該種動物提供必要的熱量，使之盡可能不受外界氣溫變化的影響。藉此營養作用，與神經系統有連帶關係的、作為神經要素生存場所的有機組織可以得到保養和支援。假如這種有機組織不向那些神經要素，尤其是不向它們所作用的肌肉，傳輸供它們消耗的一定數量的能量，那些神經要素便沒有任何存在的理由。總之，人們甚至可以作此設想：營養本質上的終極目標就在於此。這不等於說營養中相當大的部分都用於這類工作。這好比一個國家，它可能要支付巨大的經費來保證稅收的繳納系統得以順利運轉；減去這類維持各種組織的存在和作用的費用，國家能夠自由支配的款項可能為數不多；然而，這筆款項勢必仍然是徵斂稅收的理由，也是支付維持徵收系統運轉的費用的理由。動物需要吸收營養物來補充它們的能量消耗的道理也是如此。

許多事實都向我們顯示，神經肌腱各要素，相對於有機體的其他部分來說，其功能就在於占有著這種能夠完成自由的、爆發性的能量釋放的地位。首先看一看營養物在生物體的不同要素間的分布情形。這些營養物分為兩大類：一類是四元的或蛋白質的化合物；另一類是三元的化合物，包括碳水化合物和脂肪。第一類物質具有適當的可塑性，旨在修復受損的組織；不過，由於它們也包含碳元素，所以一有機會也能轉化為能量。然而，提供能量的功能更專門的落在第二類物質上：它們與其說與細胞內的物質相結合，不如說存放於細胞內，以潛在的化學能形式，給細胞帶來能夠直接轉化爲運動或熱量的能源。簡單來說，第一類物質的主要作用是更新生物體的內部機構，第二類物質則提供它們所需的能量。理所當然，第一類物質對於自己的去向沒有特別的選擇餘地，因爲生物體內各個部位都需要維修和保養。至於第二類物質的情況便與此不同，碳水化合物在生物體內的分布很不平均，這種不平均的分布對於我們來說更具有高層次的意義。

這些物質以葡萄糖的形式經由動脈血輸送後，實際上就以肝醣的形式儲存於各個組織的細胞中。我們知道，肝臟細胞由於能夠將葡萄糖轉化爲肝醣加以儲存，所以肝臟的主要功能之一即爲維持血液中葡萄糖的一定含量。於是，從葡萄糖的迴圈和肝醣的積累中可知，有機所做的一切努力似乎都是爲了向肌肉組織和神經組織的各要素提供潛在的能量。肌肉組織與神經組織的能量儲存過程有所不同，但獲得的結果則是一樣的。在肌肉組織的細胞中儲存相當多的能量，因爲肝醣首先往那裡貯放；比起從其他組織中可以找到的肝醣含量來說，肌肉組織實際上是大量肝醣的倉庫。與此相反，神經組織所含的肝醣則很稀少（神經要素的作用只是釋放肌肉裡所儲存的潛在能量，從不需要同時做大量的功）；不過，值得注意的是，那裡所保留的能量一旦消耗掉，血液就會予以補充，這樣便使神經可以立即取得潛能。因此，肌肉組織和神經組織各自擁有很大的特權：前者在於可以獲得可觀的能量儲存量，後者在於一旦需要，它總是能夠即刻得到最合適程度的能量補充。

尤其值得注意的是，這裡主要是感覺器官—運動器官這一系統要求提供肝醣作爲潛在的能量，而有機體的其他部分似乎是爲了將力量傳輸到神經系統和神經所作用的肌肉而設的。的確，當我們想到神經系統（甚至整個感覺—運動系統）扮演著有機生命的調節者這樣的角色時，不會詢問：在神經系統與身體其他部分之間進行良好的交換工作時，神經系統是否眞正是身體所侍候的主人。如果僅僅靜態的考慮潛在能量在各組織之間的分配情形的話，人們就已經傾向於上述的假說；而且，如果細察該種能量的消耗和重建的相關條件，我認爲，人們將會完全贊成此說。人們實際上假設感覺—運動系統與其他系統沒有什麼不同，它們同處於一個水準上。感覺—運動系統也是由有機體的整體來負載，同時等待過量的化學潛能的供給以完成自己的工作。換句話說，這意味著肝醣的生產量將調節或決定神經和肌肉的肝醣的消耗量。與此相反的，我們假設感覺—運動系統是眞正的主宰者。它的行動的綿延和廣延，至少在某種程度將獨立於它所內含的肝醣的貯量，甚至還將獨立於有機體整體上的肝醣含量。感覺—運動系統將自行工作，其他組織必須作好一切安排以便向它輸送潛在的能量。就像莫拉（Morat）和杜富爾（Dufourt）的實驗結果所特別指明的那樣，⑥事情的經過可以說正是那樣。如果肝臟生產肝醣的功能決定於支配它的刺激神經的作用，則刺激神經的作用便從屬於刺激肌肉運動的神經的作用；也就是說，肌肉運動以大量消耗肝醣爲開始，導致血液中葡萄糖的含量被稀釋，最終決定肝臟必須將一部分儲存肝醣投放到被稀釋的血液中去，因此不得不重新製造肝醣。因此，一切總的來說都從感覺—運動系統出發，最

⑥《生理學文叢》，一八九二年。

後又集中到這個系統；我們可以直接或誇張的說，有機體的其他部分都服務於感覺—運動系統。

再細察一下那種長時間不進食物的後果。在餓死的動物，引人注目的現象是，其腦髓幾乎沒受多大損害，而其他器官的重量則或多或少減輕了，它們的組成細胞的內部也出現深刻的變化。⑦看來身體的其他部分直至最後的時刻仍在支持著神經系統，也就是說，前者始終充當著手段的角色，而後者則是該手段的目的。

總之，爲了簡化起見，人們不妨將腦脊髓的神經系統及其延伸的感覺器官再加上它所支配的運肌腱稱爲「感覺—運動系統」，那麼高等有機體便主要由建立在消化器官、呼吸器官、迴圈器官和排泄器官等基礎上的感覺—運動系統構成，那些器官的作用是修補、清除和保護感覺—運動系統，從而爲之創造一種恆定的內在環境，尤其是最終向該系統輸送可轉換爲運動的潛能。⑧的確如此，神經功能愈完善，旨在支撐它的各種輔助功能也要愈發達，因

---

⑦ 德・曼納塞林（De Manacéine），〈對失眠影響的某些實驗考察〉，《義大利生物學文叢》，卷二十一，一八九四年，第三二二頁及以下。最近的類似考察是在一個絕食三十五天後因衰弱而死的男人身上進行的。有關的結果刊於《生物學年鑑》，一八九八年，第三三八頁上的塔拉克維奇和斯恰尼的俄文論文摘要。

⑧ 居維葉（Cuvier）說過：「神經系統從根本上來說是動物的一切，其他系統是輔助性的存在」。見於《自然史博物館文獻》，巴黎，一八一二年，第七十三—八十四頁。當然，對這個公式必須加上許多限制條件，例如，必須考慮導致神經系統隱入幕後的退化和退步問題。而且，一方面要有感覺器官，另一方面還要有運動

此後者對自己的要求也要愈嚴格。隨著神經活動從它沉浸的原生質塊中浮現，有機體內支撐它的各種活動也必須緊跟在它的周圍；這些活動只能在其他活動的基礎上求發展，而其他活動又牽連其他活動，如此環環相扣，沒有止境。高等有機體功能的複雜化過程就是這樣無窮無盡進行下去。因此，哪怕研究這些有機體中的一種，都會讓我們在那裡轉圈子，似乎一切是一切的手段。不過，那圈子仍有一個中心，它就是伸延於感覺器官和運動器官之間的神經系統。

我不想在這裡細述以前一部著作中詳論過的問題。只要回顧如下一點便足矣：神經系統是同時在兩種意義上發展起來的，一種是對運動更加絲絲入扣的適應，另一種是供生物選擇的運動範圍更加擴大。

這兩種趨向表面上頗有對立的味道，實際上它們也確實是對立的；但是，即使是呈現最原始狀態的神經鏈就已經使這兩種趨向調和在一起了。實際上，神經鏈一方面在周邊的某點與另一點，也就是感覺點與運動點之間弄上一條明確的連線，這樣首先便爲原生質塊中活動的擴散開闢一條管道；但另一方面，構成神經鏈的各要素很可能並非互相連貫相接的，即使假設它們已經互相結合，它們的作用也是不連貫相續的，因爲每一要素都終止於某種

器官與神經系統聯結，它在兩者之間起中介作用。另見弗斯特（Foster）：《大不列顛百科全書》的「生理學」詞條，愛丁堡，一八八五年，第十七頁。

交叉路口，在那裡神經流或有可能選擇其通道。從最低等的鞭毛蟲類單蟲（Monère），直至最靈巧的昆蟲，再發展到最富於智能的脊椎動物，它們所取得的進步都主要是神經系統的進步，而且在每一階段都帶來這種進步所要求的各部分（器官等）的創造和複雜化過程。正如從本書的開頭起我們就已揭示的，生命的作用就是將不確定性嵌入物質中。生命在它逐步的進化過程中所創造的各種形態的有機體或有機組織，是不確定的，在我看來也是不能預見的。這些形態的有機體作爲工具或載體所必須進行的活動，也愈來愈不確定，在我看來則是愈來愈自由。神經系統連同神經細胞就是眞正的一處不確定性的儲藏所；構成神經系統的神經細胞兩端相接，每一端部都開闢許多通道，層出不窮的問題就出現在這些通道。生命衝動的本質所在就是創造這種神經結構。只要對有機世界的整體投去簡單的一瞥，似乎即可讓我們明瞭這點。不過，對這種生命衝動的本身做些闡說也是必不可少的。

七、動物性的發展

我們不應該忘記，貫穿整個有機界的進化力量是一種有限的力量，它總是設法超越自己，但在所要完成的工作面前又總是出現力有未逮的局面。由於對此認識不清，激進目的論的謬誤和天眞的想法才會應運而生。這種理論將生命世界的整體視爲一種結構物，而且類似於人類的各種結構物；如果將之具體化爲一臺機器，那麼，機器的各個部件都應安排妥當，以便分工合作，盡可能完善的發揮該機器的功能。而且，生物界的每一物種都應該有自己的存在理由、自己的功能和自己的努力方向。它們合在一起便演出一場大合唱，其中似乎也會出現不協調之聲，實際上那是爲了突出基本上的和諧。簡單來說，自然界裡可能發生的一切，大概都像傑出人物的作品一樣，即使所得的結果微不足道，但在製造品與製造工作之間仍起碼存在著完好的一致性。

然而，在生命進化的領域中，情況完全不像上述的那樣。那裡所做的功與所得的結果相當不成比例。有機界中，從低等到高等的生物總是存在著獨一無二的巨大努力；但是，這種努力極爲常見的付諸東流，其究竟或因受到相反之力的阻遏，或因忘情於眼前所務之事，有如受鏡像之迷而沉吟低回，以至於將應該做的努力丟在一邊。就是在這種生物的最完美的工作中，那時它似乎已經戰勝外界的阻力，同時也戰勝了自己內在的阻力，它仍要仰賴於自己所必須承受的物質性。這就是我們每人在自己身上都能體驗到的東西。我們的自由意志就是在這種物質性的運動中被體認到的，但它本身也創造著新生的習慣和惰性，如果我們的自由意志不透過持續的努力來自我更新，便會被那種習慣和惰性所窒息；因爲，自動作用永遠在伺機扼殺我們的自由意志。最生動活潑的思維一旦落入某種表現的模式之中也會僵化。語詞會背叛觀念、文字會謀害精神。因此，我們最火熱的熱情，一旦外化爲行動，常常就會十分自然的凝結爲冰冷的利害算計或虛榮的用心；一種精神會那麼容易採取另一種精神的形式，以至於我們如果不明白死者暫時還能保持在世時的形象，或其他的活人特點，我們就會混淆這兩者；我們會懷疑自己的誠意，也會否定善心和愛。

這些不和諧的深刻原因隱藏在難以矯正的節奏差異裡。生命一般來說就是活動性；而生命的特定表現總是不情願的或者十分遺憾的接受這種活動性，而且永遠落後於這種活動性。生命一往無前，而生命的特定表現則寧肯原地踏步走。進化總的來說盡可能沿著直線前進，但每一特殊種屬的進化則在繞圈子。就像大風吹過、塵土漫捲一樣，生物被生命的氣息煽起，在半空中飛旋不停，並因此保持著相對穩定的懸浮狀態，甚至還會假裝完全靜止不動，以至於我們會將它們當作**事物**，而不是當作**過程**，無視它們的形態的常駐性只不過是某種運動的畫像。不過，煽起那些生物的不可見的氣息，有時會短暫的以物質的面目出現在我們的眼前。例如：我們面對某些形式的母愛時，會突然間沉浸於溫暖、光輝的感覺之中；對於大部分動物，那是多麼感動至深的現象，以至於植物對其種子的關懷和呵護之態，也被人們視爲同類情況的表現。被某些人視爲生命之大謎的這種母愛，或許已提供給我們生命的奧祕。它向我們顯示每一代生物都偏向於它的下一代。同時它還讓我們看到生物歸根結底只是一條通道經過的地方，而且生命的本質就在於傳遞生命的運動之中。

總體的生命與那些生命的自我表現形式之間的這種對比，無論在哪裡都顯示出共同的品格。可以這樣概括的說，生命傾向於盡可能的活動，但每一種屬又傾向於付出盡可能少量的努力。若從生命的本質方面觀察生命，也就是說將生命看作從某一種屬到另一種屬的過渡，那麼，生命便是一種日益擴展的活動。但是，作爲穿過生命通道的每一種屬，都只求自身的方便和安樂。它們均朝向最不費力的方面發展。由於沉迷於將要採取的活動形式，它們進入了一種半睡眠的狀態，這時幾乎忘卻了自己生命之外的所有其他東西（包括其他生命）；而且，不斷改善自己，以便盡可能方便的利用周圍環境提供的條件。因此，生命藉以通往創造新形式之路的行動，與呈現這一形式的行動，是兩種不同的運動，它們常常還是互相對立的。前者延伸至後者之中，但是，前者如果不脫離自己原來的方向，便不可能延伸到後者，這就像跳躍者爲了越過障礙物，必須把眼光從障礙物挪開，只注意自己一樣。

生命形式，從其定義來說，就是種種可以生活下去的形式。不管用什麼方式來解釋有機體對其生存環境的適應，只要該種屬繼續存在，那種適應便一定是條件充足的。從這種意義上說，古生物學和動物學上所描述的代代相傳的種屬，沒有一種不是生命所帶來的**成功的**例證。不過，當我們將每一種屬與在進化的半途中撂下它而不顧的那一運動相比較，而不再比較它與它所處的環境，事態便完全兩樣。那種運動常常脫離軌道，也常常完全停止下來；這時，那些只有一條通道的種屬便成了終點站。從這一新觀點出發，不成功可以視爲常規，而成功則應被認爲是例外，並且總是不夠完美的。我們可以看到動物生命沿著四大條進化路線發展而來，其中有兩條走進了死胡同，而在其他兩條中，努力程度一般來說都與其結果不成比例。

至今我們還缺少重建這一進化史的詳細文獻資料。不過，我們可以區分出那些動物生命屬於哪條進化路線。我們說過，動物和植物一定很快就從它們共同的根源處分離開來：植物在不動的狀態中沉睡，而動物相反的則愈來愈警醒，並且朝著獲取神經系統的目標邁進。動物界的努力很可能還只是要達到創造簡單的有機體的目的，但由於這一有機體已被賦予某種程度的運動性，特別是由於其形態處於充分的未確定的範圍內，因此可以適應未來的任何定形和定性的要求。這些動物可能類似於我們體內的某些蠕蟲（Vers），所不同的在於，與現代的活蠕蟲相比，遠古時代的那些「蠕蟲」只不過是已失去內容的、僵硬的標本；它們原本具有無限的可塑性，包含著無限的未來發展的可能性，與棘皮動物、軟體動物、節肢動物和脊椎動物同源。

如果說有一種危險在等待著這些動物的話，這種危險可能就是幾乎阻止了它們生命向前發展的某種障礙。只要我們略覽原始時代的動物界，便不禁會驚訝的發現它們的一個特點：動物都多多少少被它們自己的外殼所束縛，這類外殼必定要妨礙它們的活動，甚至常常使它們動彈不得。當時的軟體動物比起現在要更普遍的披甲帶殼，節肢動物一般都有甲殼，那就是甲殼類之屬；最古老的魚類都有極堅硬的骨質外皮。[9]我們認爲，這一總的情況顯示，軟質的有機體爲了盡可能避免被外物所吞噬，彼此都有一種自衛的功能。每一種屬在促使自己成形的行動中都朝著最方便自己的方向前進。正因爲如此，在原始有機體之中，有些便趨向於動物性，不再利用無機物來製造有機物，而且從已經走向植物性的生命的有機體借取現成的有機物；同樣的，在動物種屬本身之中，不少也以吞食其他動物爲主。所謂具有可動性的動物這一種有機體，事實上都利用它們的活動性來尋找沒有防備的動物，藉此營養自己，正像它們藉植物營養自己一樣。因此，這些種屬愈具活動性，那麼它們對於其他種

⑨ 以上幾點，見哥德利（Gaudry），《論形體的古生物學》，巴黎，一八九六年，第十四—十六頁及第七十八—七十九頁。

屬來說大概也就愈貪婪、愈危險。由此必然產生對整個動物界朝更高級的活動性發展的阻力，使之戛然而止，因爲棘皮動物的硬皮和棘塊、軟體動物的外殼、甲殼類動物的甲殼、遠古的魚類堅硬的鱗甲，很可能起源於這些動物種屬禦敵護身的努力。然而，這類保護動物的胸甲也限制了它們的活動能力，甚且讓它們局限的蟄伏某處。植物以無意識的包裹於纖維質的薄膜中爲基本特點，這類動物則躲藏在洞穴或甲殼中，讓自己處於半睡半醒的狀態之中。棘皮動物，乃至軟體動物，直到今天還是生活在這種麻木不仁的境地裡。或許節肢動物和脊椎動物也受到這種處境的威脅。不過，它們畢竟還是逃脫出來了，因此有幸發展到如今的最高形式的生命階段。

實際上，我們可以看到生命的運動衝動在兩個方面都已取得優先的地位。魚類將它們的硬甲轉化爲鱗片。早在這種情況發生之前，昆蟲就已將它們遠祖防身的鎧甲脫下。這兩種情況都可以透過敏捷的避開自己的敵人的辦法、還可以採取攻擊的手段以及選取適當的時空與對方遭遇等方法來彌補自己防護能力的不足。我們在人類的武力裝備上也看到了類似的進步。人類最初的衝動是尋求隱蔽所；隨後而來的是力求自身柔韌靈活以便逃脫敵人的攻擊，而且，首先考慮的還是先發的攻擊敵人——攻擊是最有效的防禦手段。因此，古羅馬軍團原先採用重裝備的步兵，後來那些披著甲冑的武士便被輕裝前進的步兵所取代；一般來說，在生命進化過程中，恰好與人類社會和個人命運的演變過程一樣，那些敢於接受最大危險的考驗者始能獲得最大的成功。

顯然，讓自己更加機動靈活，對於動物來說是最有利的。我們在談論到一般的適應性問題時說過，任何一個種屬的轉化都可以用它本身的利益來解釋。這是變異的直接原因，然而它常常又僅是表面的原因。深層的原因在於將生命投入這個世界的衝動，它將生命分化爲植物與動物、並使動物具有機動靈活的體形；在某個關鍵的時刻，至少在某些方面，它還可以促使遭受沉睡或麻痺狀態威脅的動物界警醒並奮發向前。

在脊椎動物和節肢動物所分別遵循的兩條進化路線中，突飛猛進的發展態勢（因寄生或其他原因而導致退化的現象除外），首先都表現於司感覺運動的神經系統上。其作用是取得機動性和靈活性，而且還尋求通過許許多多的試驗和努力，起初難免有魯莽的投入和粗暴的用力過火的趨向，自身活動形式的變化和發展。不過，這種發展的要求，本身也是十分歧異的，所以往往產生不同的進方向。這種不同和差異可以從節肢動物和脊椎動物個別的神經系統中看到。節肢動物的軀體由一連串長短不等的環節結合而成；運動功能便是這樣地分布於數目不同、有時還相當多的附屬肢上，每一附屬肢有每一附屬肢的特殊作用。而脊椎動物的運動功能則集中於僅有的四肢上，四肢這種運動器官所起的作用不是太嚴格的決定於它們的形態。[10]人類在這一方面已發展出完全的獨立作用，雙手可以完成任何種類的工作。

根據我們所看到的，上述兩類動物至少存在著這些差異。但是，在這些差異的後面，我們似乎還可以察覺到，有兩種內在的生命力量原本就糾纏在一起，它們註定要在成長的過程

---

⑩ 有關這方面的問題，參見夏勒（Shaler），《個體》，紐約，一九〇〇年，第一一八－一二五頁。

中逐漸的分道揚鑣。

要定義這兩種力量，我們就必須考察節肢動物和脊椎動物兩者的進化狀況，特別是找出它們各自的巔峰種屬來加以分析。那麼，究竟如何確定這種巔峰的進化結果呢？如果這裡依然旨在達到幾何學上的精確性，我們仍要誤入歧途。因爲，在同一的進化路線或系統上，我們找不到單一的簡單標誌可以用它來識別哪一種屬比另外一個種屬更加先進。這裡存在著繁複多樣的種屬特性，我們必須將它們置於各自具體出現的場合來進行比較和衡量，從而確定哪些特性在何種程度上具有本質上的重要意義，哪些特性則僅僅是偶然發生的，以及我們必須對它們思考和注意到什麼程度爲止。

比如說，「成功」毫無疑問是某一系統或種屬的「優越性」的標準，這兩個詞在某種程度上可以看作是同義詞。就生物的成功而言，它意味著在最複雜多樣的環境中、克服數不勝數的各種障礙、從而達到十分遼闊的覆蓋率的一種能力。能夠將整個地球據爲自己領域的物種，堪稱占統治地位的物種，因此便不愧爲優越的物種。這樣的物種就是人類，他們代表脊椎動物進化的巔峰。但是，在節肢動物中的昆蟲，尤其是某些膜翅類的昆蟲，也在它們的那一進化系統中達到巔峰的地位；如果說人類是地上的主人，則螞蟻可稱地下的霸王。

從另一方面來說，出現較晚的一批物種，可能是由一些古老的物種演化而來的；正因爲如此，某些特殊的演化因數可能已侵入它們之中。按理來說，後出的物種要比它原先的物種優越，因爲前者適應了更先進的進化階段。現在的人類，在脊椎動物中可能是最後出現的；⑪而在昆蟲的系列中，只有鱗翅類（蝶、蛾等）會比膜翅類晚些出現，鱗翅類很可能是從膜翅類或其他昆蟲類別演化出來的物種，它們寄生於顯花植物中。

這樣，我們便從不同的途徑和方法導向相同的結論。節肢動物進化的巔峰狀態是以昆蟲，尤其是膜翅類的昆蟲，爲代表，正像脊椎動物的進化巔峰是以人類爲代表一樣。由於從動物的本能來說，再沒有比昆蟲世界更發達的，其中膜翅類的本能的神奇表現，在昆蟲世界中又是首屈一指的，因此，我們可以說，整個動物世界的進化，除了退向植物生活之外，都從兩條不同的路線往前發展：一是朝著本能的方向，一是朝著智能的方向。

於是，植物性的無知狀態、本能與智能，這三者便構成了與植物和動物所共有的生命衝動完全貼合在一起的諸因素，但在動植物難以預料的發展過程中，它們隨著不同的本體的成長而一分爲三。自**亞里士多德以來，大部分的自然哲學都爲一種重大的謬誤所敗壞，這種謬誤就是以爲植物性的生活、出於本能的生活和合理性的生活是在同一發展趨向上連續的、程度不同的三個階段；其實，它們是某種生命運動在擴展之時分化出來的三個不同方向的生**

⑪ 勒內．坎頓（René Quinton）對此表示異議。他認爲肉食的反芻的脊椎動物以及某些鳥類比人類出現更晚，見於坎頓，《有機介質的海水》，巴黎，一九〇四年，第四三五頁。我們的一般性結論雖與坎頓大不相同，但也不是絕對互相排斥的；因爲，如果進化的實情正如我們所言，那麼脊椎動物必定會在最有利的活動條件——即生命最初所選擇的那種活動條件下，努力維護自己。

機。它們之間的不同不在強度上，一般來說，也不在程度上，而是在性質或種類上。

八、生命進化的三大方向：無知、智能和本能

深入研究這一點是很重要的。我們已經看到植物生命與動物生命如何相互補充和相互對立。現在要說明智能和本能也是這樣相互對立和相互補充的。不過，我們首先要談談：人們為什麼傾向於將智能活動看成優越於本能活動，並且將前者置於後者之上？其實，兩者並不屬於同一機制或秩序的事物，也不是相繼而起的行動，人們不可能賦予它們不同的等級。

原因在於，智能和本能在開始的階段相互滲透，保存著一些有共同起源的東西。兩者從來沒有在純粹的狀態下出現過。我們談到過，在植物中，原本沉睡的動物性的意識和活動性也有可能覺醒，而動物的生活也常常受到導向植物生活方式的威脅。動植物的這兩種趨向一開始就那麼緊密的互相滲透著，所以兩者從來就沒有完全分裂開來。它們彼此不斷依附在對方，到處可以找到兩者混合在一起的痕跡，只是兩種趨向的配比有所不同罷了。智能和本能在各種生物體上的表現也是如此。任何一種智能都帶有本能的痕跡，而本能則更是在智能的光暈的籠罩之下。就因為有這種智能的光暈的籠罩，所以才引起那麼多的誤解。由於本能常常或多或少帶有智能，人們才會下這樣的結論：智能與本能是同一機制或秩序的事物，在兩者之間只有複雜或完善程度的不同，尤其值得注意的是，其中一方可以用另一方的詞語來表達。事實上，兩者僅僅因為互補才相伴，因為不同才互補。本能中所包含本能的因素，從導

向的意義上說，與智能中所包含智能的因素恰好相反。

如果我們堅持這種觀點，也不值得大家驚訝，因爲我們認爲它是重大的論題。首先要說的是，我們下面要做的區分是斬釘截鐵的，準確的說是因爲我們要從本能中定義出本能的因素，從智能中定義出智能的因素，而一切具體的本能都與智能相混合，正如一切眞正的智能都滲透著本能一樣。而且，無論是智能還是本能都不適應於嚴格的定義；這是兩種趨向，而不是已經完成的事物。還有一點我們不應忘記：在這一章裡，我們將把智能和本能當作生命發展過程中初始的功能來考慮。那樣的話，以有機體形式表現出來的生命，在我們看來便是爲了從原始的自然之物中獲取某些東西的一種努力。如果在本能和在智能中打動我們的是多種多樣的努力，那也不必因此而大爲吃驚；而且，如果從這兩種形式的精神活動中首先看到兩種作用於無生命物質的不同方法，那也是很自然的。這種看起來有些狹隘的觀察智能和本能的方法，在作爲區分這兩者的客觀手段方面卻有它的不可替代的優勢。不過，這種方法無法顯示一般狀態下的智能和一般狀態下的本能，它只能告訴我們中間的位置，智能和本能在這位置的上下之間不斷擺動。爲此，我們隨後只能看到一個圖式化的景象：智能和本能分別的輪廓在那裡會顯得太過鮮明，而且我們會忽略兩者的融合和交匯之處。在這個如此模糊不清的問題上，我們爲追求透亮清晰而付出的努力再大也不爲過。日後，要使這輪廓外形更平滑柔順，要糾正原先幾何的圖像，並且最終以富於生命柔韌性的模式取代那僵硬的圖解，總是容易一些。

人類在地球上的出現時間應該追溯到什麼地質年代？這要追溯到第一批武器，或者第一批工具，被製造出來的時代。圍繞布歇爾・德・珀特⑫在穆蘭—基儂（Moulin-Quignon）採石場發現的石器等古物而展開的爭論，至今還沒有被人遺忘。問題在於所發現的是眞正的石斧，抑或只不過是碎石中偶然出現這種形狀的東西。如果眞是原人製造的石斧，我們當然會毫不猶疑的相信：出現在我們面前的確是智能的產物，而且還是出於人類的智能。現在先讓我們觀看一下動物智能的集錦：動物的許多行爲都可以用形象的模仿或者自動聯想來解釋，除此之外，還有一些動物行爲無疑的可以稱作智能。動物最突出的智能表現就在於印證了我們今天所謂的「製造」這一概念，不論這裡指的是某種動物一生中成功的自製一件簡陋的工具，還是指動物它們也利用人所製造的東西爲自己謀取好處。在智能的問題上，動物的排名僅次於人類；猴子和大象便屬於有時能夠使用人造的工具的動物之列。雖等而下之，但差距也不是太大的，有一些動物，它們就可以**認出**製造物來，例如：狐狸很清楚什麼是陷阱。毫無疑問，哪裡出現推導的行爲，哪裡就存在著智能；推導的行爲實則是發明的肇始，因爲它使過去的經驗轉向到現在的經驗上。一旦這種經驗的推導物化爲製造好的工具，這項發明工作便算完成了。動物的智能都以這種成果爲最高的理想境界。動物固然通常達不到製造工具和使用工具的智能高度，它們仍會在大自然提供的本能的基礎上加以種種的

⑫ 布歇爾・德・珀特（Boucher de Perthes, 1788-1868），法國文學家、考古學家。一八三八年發現遠古河床所遺留的石器。——譯注

變化，似乎在爲趨近上述的理想做準備。至於人類的智能，我們還沒有充分注意到，機械的發明從一開始就成爲它的主要特徵，直至今天我們的社會生活仍圍繞著人爲的工具的製造與使用而展開，開闢前進之路的諸多發明都沿著智能的方向發展。我們對此幾乎毫無察覺，因爲改變我們的自身要比改變我們的工具經歷更長的年代。我們個人的以至於社會的諸多習慣都比造就它們的環境延續更長的時間而不衰，因此一樁發明或創造往往要等到它的新鮮感盡失，一點也不引人注目的時候才顯出它的終極效果來。自蒸汽機的發明開始到現在，一個多世紀已經過去了，這時我們才開始感覺到它對我們的震撼的深度。毋庸置疑，這一發明所引起的工業革命已經掀動我們整個的人際關係，促使後者發生巨大的變遷。新觀念爲之而層出不窮，新感覺也陸陸續續的產生。假如拉開距離，在數千萬年之後再回頭看現代，那時，人們便只能了解到我們的現代的一些大體輪廓，我們打響過的戰爭和我們拼死鬥過的革命，已經不算什麼了，至多不過是還有回憶錄可查而已；但是，蒸汽機，還有伴隨著它的一系列發明的過程，則可能像我們談論史前的青銅器或石器一樣，不絕於口，被當作劃分和定義一個大時代的標誌。⑬如果我們能夠平心靜氣、嚴格的按照歷史和史前史的各個時期所提示的人類及其智能不變的特性來定義人類，我們也許會把人類稱作「工作人」（Homo faber，拉

⑬ 保爾・拉孔伯（Paul Lacombe）在他的《論作爲科學的歷史》，巴黎，一八九四年，第一六八－二四七頁中強調偉大的發明對人類進化的重要作用。

丁文，亦可譯爲「工匠」、「技藝者」、「使用工具者」等——譯者），而不稱做「智者」（Homo sapiens）。簡而言之，**智能追根究底主要就是製造工具以及其他的人工製品的能力，而且還具有不斷變化其製造方式和製造品質的能力**。

那麼，一種非智能動物是否也擁有工具或機械呢？是的，也擁有，但它的工具已與使用這種工具的身體結合爲一；而且還形成了與這種工具相適應的、知道怎麼使用這種工具的**本能**。當然，我們也不能就此認定所有的本能都包含在使用內在的機制的那種自然能力之中。這樣界說本能，不適合於羅曼尼斯[14]所謂的「二次性」的本能；即使是「初級性」的本能，也有一些與這種界說不符。但是，上面對本能的界說，就像我們對智能所做的臨時性的界說一樣，至少可以確定本能的理想界限，許多形式的本能都趨向於這一界限。人們確實常說，大多數的本能不過是有機組織本身作用的延續，更確切的說，是這種作用的完成。本能的活動從哪裡開始？這種自然的活動又是結束於何處？我們說不清楚。在從幼蟲化爲蛹，再化爲成蟲的整個變形過程中，對於幼蟲來說這裡常常需要合適的活動和某種主動性；實際上，在這種變形過程中，動物的本能與生命物質的有機組織作用之間不存在嚴格的分界線。我們既可以說本能調動和組織了可供其使用的工具，也可以說有機組織的作用過程在本

⑭ 羅曼尼斯（George John Romanes, 1848-1894），英國生理學家、博物學家。他支持達爾文學說，是達爾文的朋友。——譯注

能的器官活動中得以連續不斷進行下去。昆蟲神奇的本能也不過是將其特殊的組織結構發展爲種種形式的運動；誠然，社會或群體生活在不同的個體中間進行勞動的分工，於是也將不同的本能分配給不同的個體，形成了個體之間相應的結構差異：螞蟻、蜜蜂、大胡蜂和某些擬膜翅類昆蟲的多種形態，已人所共知。因此，我們如果僅僅考察智能和本能各個獲得完全成功的典型例子，便會發現兩者之間存在著本質的差異：**完好的本能是使用、甚至是組織和構成有機的工具的一種能力；而完好的智能則是製造和使用無機的工具的能力**。

這兩種活動方式各自的優點和缺點是顯而易見的。本能就近很方便快捷的找到了合適的工具：這種工具像大自然的一切作品一樣，是由自身製造和修補的，而且表現出極其複雜的細部構造，同時又具備奇妙而單純的功能；在情況需要的時候，它能夠毫不困難的立即予以反應，出色的完成本分的工作。然而，這種有機的工具幾乎總是保持著永遠不變的結構，因爲它的些微改變將牽涉某一物種演變的大局。因此，本能必定是十分規範的，它僅僅是爲了特定目的而使用特定工具的一種能力。與之相反，經過智能構造出來的工具往往是一種不完善的工具。它花工夫來製造，使用起來一般也很麻煩，不是一開始就能得心應手。但是，由於它是由無機的材料做成的，所以可以採取任何的形式，派任何的用場，使有關的生物擺脫每一種新出現的困難，從而賦予該生物（人類）無限的力量。在滿足即時迫切的需要方面，它不如大自然所賜予的有機工具，但在應對不很緊迫的、又是很重大的需要時，它優越於自然之物的特點便顯露出來。而且，這種人爲的工具還有一個長處，即它能夠反過來影響製造者的本性，因爲它要求製造和使用它的人同時去操練一種新的機能，也就是說賦予他更豐富的自身組織能力，從而讓它充當由自然組織延伸出去的一個人爲器官。每當這種工具滿足了一種需要，它就會創造出另一種新的需要；因此，這種工具不像本能一樣屬於封閉式的圓形運動，讓動物周而復始的在其中運轉；而是一往無前的推進，這種開放式的活動使人類日益趨向自由的王國。但是，智能是在很晚的階段才顯出優越於本能的特點。一直等到那個階段，智能才把構造工具的本領提高到更高的水準，也就是說開始構造工作母機。在開始的階段，人爲的工具與自然的工具（器官等）的優缺點很均衡地分配，顯不出究竟是那一類工具致使有關的生物獲得支配自然的較大的力量。

我們可以這樣推測，人爲的工具與自然的工具兩者開頭是互相牽涉的，而原發性的心理活動則將兩者同時含括進去；如果追溯到過去的源頭，我們便可發現，那裡的一些古生物的本能，比昆蟲的各種本能更接近於智能，而且它們的智能又比脊椎動物的智能更接近於本能；不妨說，原始的基本狀態的智能和本能都是物質的俘虜或附庸，它們還不能控制物質。假如生命在內在蘊涵著無限的力量，也許它就應該在同一的有機體內既發展成本能，又發展成智能，而且都可以達到任何必要的發達程度。然而，事實顯示，生命的內在力量是有限的，一旦得到發揮或表現，不久即將枯竭；要讓它同時在幾個不同的方向向前推進，是很困難的，因爲這種力量的表現形式帶有選擇性。於是，它在作用於物質世界的兩種方式之中有某種選擇：或者創造一種**有機**的工具（即器官等），透過它來實現對無機物世界的直接作用；或者間接的透過某一有機體（包括自身的器官）來實現這類作用，這時該有機體不是去占有所需的自然工具，而是去構造或利用由無機物做成的工具。智能與本能就是在這種選擇過程中產生的，兩者愈向前發展，其差異和分野便愈來愈明顯，但是它們絕不會完全分開來。從某一方面來說，昆蟲即使在選擇巢穴的場所、時間和建造材料時，在完善的本能中就已經透出智能的微光了，例如：蜜蜂打破先例在野外築巢時，也知道發明智能型的新蜂巢以適應新環境。⑮然而，從另一方面來說，智能需要本能的程度遠遠超過本能需要智能的程度，因爲，將原材料加工成形所需的力量，本身便已牽涉有機組織高度的參與，如果不依靠本能，任何種類的動物（包括人）都達不到這樣的目標。因此，大自然毫不掩飾的讓節肢動物向本能的方向進化，而我們則看到幾乎所有的脊椎動物都努力趨向於智能的擴展。不過，還是本能形成了脊椎動物的神經活動的基礎；智能只是在那裡一廂情願的要取代本能。一般來說，智能畢竟還不能創造工具；但它起碼試圖透過充分改變自身的本能來創造工具，以便擺脫本能的局限。只有人類，智能才取得了完全自主的地位；這一成功是由於人類可支配的自然手段的不足而造成的，因爲他們有必要超越固有的手段，尋求新的路子來抗禦天敵和避免饑寒。當我們努力探討這類不足的意義之時，它無疑已取得了充當史前資料的價值；這是智能與本能最終分手的重要例證。但是，大自然仍然猶疑不決的在這兩種方式的神經活動之間徘徊，本能的方式是取得即刻的成功的保證，但它的效用有限；智能的方式包含僥倖的或然因素，不過一旦取得獨立的地位，它可以征服的範圍是無限的。這裡仍然驗證了

⑮ 布維埃（Bouvier），〈蜜蜂在野外築巢〉，《科學院研究年鑑》，一九〇六年五月七日。

這樣的道理：要贏得最大的成功，就要冒最大危險。因此，**本能和智能就代表著同樣適合於解決同一個問題的兩種不同的方法**。

確實，在本能與智能之間會出現許許多多內在結構的差異。我們現在只想探討與本論題有關的那些差異。首先要說的是，本能與智能意味兩種截然不同的認知方式。爲此，有必要對意識的一般問題做些闡釋。

曾有人問，本能究竟在多大程度上具有意識的作用？我們的回答是，這裡存在許多差異的和不同程度的意識作用，在某些情況下，本能或多或少具有意識的作用，除此之外便是無意識的作用。我們可以看到，植物有本能的作用；但這種本能的作用不大可能伴隨著感覺。即便在動物複雜的本能作用中，至少在某個方面仍然是無意識的。然而，我們這裡必須指出，過去人們不大注意在兩種無意識之間也存在著差異；也就是說，一種是沒有意識，或者說是意識的缺席，另一種是意識的消除。兩種都等於零，但第一種零表現一無所有這樣的事實，而另一種零則意味著我們本有兩批數量相等、方向相反的東西，它們彼此互相抵消，所以結果也沒有剩下什麼。石頭由高處落下的情景屬於第一種無意識，因爲石頭感覺不到自己的落下。在一些極端的情況下，本能是無意識的，那麼，落石是否與這類情況相同呢？當我們機械的做出習慣的動作時，或者當夢遊者自動的展現其夢中的經歷時，這類無意識是絕對的；但是，這類無意識乃起因於行爲的表象爲行爲的進行過程所阻斷，兩者之間沒有供意識產生的餘地。結果是，**表象被行爲所阻止**。下這樣的結論的證據是，如果那些「自動化」的行爲在完成的過程中因爲碰到什麼障礙物而停止下來，此時意識就可能重新出現。

由此可知，意識曾經存在過，只是被完成表象的行爲所中止了。中止這種行爲的障礙物，並沒有創造出什麼肯定的東西；它只不過造就一個空隙，或者說產生一種疏通的作用。對於表象而言的這種行爲的短缺或不足，正是我們這裡所謂的意識。

仔細考察這點即可發現，意識只不過是內在於可能的行爲或潛在的活動領域的光圈，它圍繞著生物實際完成的行動運轉。意識也意味著遲疑不決或選擇的過程。當客觀上明擺著眾多都有可能出現的行動、卻沒有任何行動付諸實施（比如說某一周密的計畫工作尚未完成）之時，意識的強度最大。而當付諸實施的行動是僅僅可能的行動（如夢遊或更一般的自動化類型的行動），則意識便幾近於無。在這種情況下，表象的和認知的活動依然存在，因爲我們可以發現那是一個完整系列的系統化的運動，其開頭已經預見了結尾；此外還因爲在遇到某種障礙物的衝擊時，意識會立即閃現出來。由此可知，**生物的意識即潛在的行爲與實際的行爲之間的算術差額；它是測量表象與行動之間的間距的尺度**。

從這裡也可以推想到，智能很可能是指向意識這個目標，而本能則趨向於無意識。在本能占主導地位的情況下幾乎毋須選擇，因爲所用的工具是由自然所安排的，加工的對象（或材料）也是由自然所提供的，所得到的結果也是自然所預期或本有的；於是，在表象中所固有的意識每每想出現卻出不來，因爲它已經被與表象相重合的行動抵消了，也就是說類似的自動化的行動構成了意識反面的對等物。即便是在意識出現的地方，它也不是爲了啓發本能的作用，毋寧說它是本能受到阻礙的結果；總之，本能的**缺陷**，行爲與觀念之間的差距，都會變成意識，所以這裡所謂的意識僅僅是一種偶發的事件。從本質上來說，意識僅僅強調了本能的出發點，即一系列自動化的無意識運動開始的一點。與此相反，缺陷則成了智能的正常狀態。智能的本質就是與層出不窮的困難拼搏。因爲，它原初的功能就是選擇合適的地點、時間、形式與材料來製造無機物的工具。而且，它本身不可能有完全滿足的時候，因爲每當滿足一回，就會帶來新的一種要求，簡而言之，本能與智能固然都牽涉到認知的問題，但在本能中，知毋寧說是**當行**、本色（無意識作用）的，必須在行動中見之；而在智能中，**思維**和意識對於認知產生關鍵的作用。不過，從認知的角度來看，這兩種方式與其說存在種類上的差別，不如說只是存在程度上的差別。假如我們所關心的只是意識方面的問題，我們就不會從心理學的觀點來觀察本能與智能的主要差別。

爲了了解它們本質的差別，我們必須深入到本能與智能所直接呈現的、彼此截然不同的兩種對象中，而不是停留於觀察這兩種內在的認知活動方式的浮光掠影。

當馬蠅產卵於馬的四肢或肩部時，似乎知道幼蟲會在馬舔身時被帶進馬的腸胃裡，並且在那裡發育成長。當膜翅類的胡蜂捕獲獵物時，先以具有麻痺效果的針刺螫到對象的神經中樞，使其動彈不得，卻未即死，這種行爲方式活像博學的昆蟲學家和熟練的外科醫生兩者集於一身。至於有一種號稱西達利（Sitaris）的小甲蟲，人們也常常談論到它們的本事。於這種昆蟲把卵產在一種叫作安特弗拉（Anthophora）的土蜂所挖的地下通道的入口處。於是，孵化爲幼蟲的西達利伺附著於雄蜂身上，直至後者的「蜜月飛行」與雌蜂交尾時才轉移到雌蜂，靜待雌蜂產卵。然後，西達利幼蟲就在帶蜜的蜂卵上駐足，不幾天就把蜂卵吞食乾淨，將身子支撐卵殼上，經歷了第一次的變形。現在西達利幼蟲可以漂浮在蜂蜜中，消耗掉土蜂爲後代所準備的營養液，化爲蛹，再化爲成蟲。所發生的一切**似乎**顯示，西達利幼蟲剛孵化出來不久，就知道雄蜂會從通道口經過；蜜月飛行會將它轉移到雌蜂，並因此可以獲得足夠的蜂蜜營養供其發育成形，於是還可以逐個吃掉蜂卵，既可以養身並浮在蜂蜜的表面，又可以殺死可能孵化出來的對手——幼蜂。同樣的，這一切**似乎**顯示西達利小甲蟲知道它們的幼蟲會知道這些事情。如果其間存在認知的環節，那種認知也只能說是潛藏的。它只是外向的演化爲實在的行動，而不是內向的表現爲意識。不管怎麼說，昆蟲的行爲確實含蘊或演繹了特定事物如何存在或者如何在特定的時空裡表象出來，這一切，昆蟲毋須學習就知道怎麼做。

如果我們現在以同樣的觀點來考察智能，便會發現智能對某些事物也可以不學而知。但是，這兩種不學而知，具有非常歧異的特點。我們在此必須注意不要再去復活哲學上關於天賦問題的爭論，而是要限於探討大家都會認可的問題。例如：幼兒可以立即理解動物將永遠也理解不了的事物。因此，智能在這種意義上跟本能一樣，是一種可遺傳的功能，也就是說，是先天的功能。但是，這種先天的智能固然也是一種認知的功能，卻認識不了任何具體的對象。當新生兒第一次找向媽媽的乳頭時，可以說明他（她）對從未見過的東西有所認知（無疑是無意識的），應該說這正是因爲在這種情況下的先天知識是屬於本能的而不屬於智能的某種特定的對象。這就是說，智能對任何對象都不會有先天的認識。如果智能從本性上說不認識事物，它也就沒有任何先天的東西。那麼，既然它不認識任何事物，還能說它知道什麼，或者有什麼認識功能嗎？當然可以，因爲我們的世界除了**事物**之外，還有**關係**。新生兒即便非先天智障者，依然既不知特定的對象，亦不識任一對象的特定性質；但是，稍後，當他聽到有人以某種性質修飾某一對象，即在名詞上添加形容詞時，他會立即明瞭其意義。因此，幼兒可以很自然的掌握定語與主語的關係，對於動詞所表達的整體關係也是如此；語言本身可以讓這種關係直接被人所心領神會，在沒有動詞的原始語言中也可以找到這樣的例證。因此，智能很可以自然而然的利用某物與某物的等價或異同的關係，所含的與含有的關係、原因與結果的關係等；這些關係都體現於每一句子所包含的主語、表語和動詞謂語之中，不管你是用它們來表達自己的還是來理解別人的意見。那麼，智能是否可以先天的認知這些具體的關係中的每一個呢？應該讓邏輯學家去探討這些關係究竟能否還原或化約為更一般的關係。不過，無論採用什麼方法來分析思維，我們最後總能得出一個或數個普遍的範疇；由於我們的心智會很自然的應用這類範疇（即分類的概念——譯者），所以說智能擁有對這些範疇的先天知識。**於是，我們認為，不管在本能方面還是在智能方面的先天的知識是什麼，本能總是立足於事物，智能總是立足於關係**。

哲學家們將我們的認知的內容與認知的形式加以區分。認知的內容是根據在原始狀態中獲取的感覺功能來確定的。認知的形式則是為了形成系統的知識而在這些感覺材料之間建立起來的關係的總和。認知的形式可不可以沒有認知的內容而成為認知的一個對象呢？當然可以，因為認知不同於我們對某一東西的占有，而是更接近於我們所養成的某種習慣；它與其說是一種狀態，不如說是一種趨向：我們也可以說，它是某種自然的注意傾向。當小學生知道接著要聽寫分數時，他會在老師念出分子和分母之前就劃一條線；這就表明，在他的頭腦裡存著分子和分母這兩個術語的一般關係，儘管還不知道它們分別的數值；他知道其形式，而不知道其內容。我們的經驗也是如此，在未詳之前，我們往往先知道其範疇，後來再充塡經驗。現在讓我們以日常習慣用詞給智能與本能的差異性下一個更精確的定義：**智能就其先天性而言，是在於對形式的認知；本能則意味著對內容的認知。**

至此，從這第二觀點，即從認知的觀點，而不是從行動的觀點，來看內在於生命之力，可知它一般也是呈現出一種在局限中發展的原理，因此，原先兩種不同的、甚至存在明顯的分歧的認知方式就在這種限制中共存，並纏繞在一起。第一種認知方式可以立即掌握特定的對象所固有的物質性，又似朦朧又似明白的告訴自己：「這就是那個東西。」第二種認知方式不掌握任何特定的對象；它僅僅是一種將此物與彼物、或者這一部分與那一部分、或者這一方面與那一方面，聯繫起來的自然力量。簡而言之，是從前提引出結論、從已知走向未知的自然力量。這種認知方式不說：「這是……」；它只說：「**如果**條件是這樣的話，這樣的結果就會理所當然的出現。」簡而言之，第一種認知屬於本能性質的，哲學家稱之爲**直言命題**；第二種認知屬於智能型；往往以假設的形式表現出來。在這兩種能力中，乍看起來，第一種似乎遠比第二種更爲可取。如果能夠引申到數不勝數的客體，那麼第一種認知能力確實會被看好。但是，它事實上都只用於某一特殊的對象，而且還是限於該對象的特定部分。它至少對此有切近而充分的認知；這種認知蘊涵於已經完成的行動之中，是不言自明的。智能與此相反，它僅僅天生的擁有一種外在的、空虛的知識；但是，它也因此具備一個長處，那就是提供了一個框架，可以讓無數的客體逐一置放進去。以生命形式出現的進化力量是一種受到內外環境局限的力量，它似乎也不得不在兩種有限的天生的或先天的認知領域中翻來覆去的選擇，其中的一種適用於**外延型**的認知，另一種則適用於**內涵型**的認知。在第一種情況中，所獲的知識可能是非常充實的，但它也因此被局限於某一特定的對象方面；在第二種情況中，所獲的知識不再受其對象的局限，不過，這是因爲這種認知不包含什麼，它只是無內容的形式。這兩種趨向開頭互相蘊涵，爲了成長壯大，它們就必須分開。它們都想在這個世上走運，於是就有了本能和智能這樣兩種稱法。

也因此，上述的兩種歧異的認知模式，必須從知識的角度，而不是從行動的角度，被定義爲智能和本能。但是，知識與行動在這裡僅僅是同一種能力的兩個方面。的確，我們不難看到第二個定義不過是第一個定義的改頭換面，在形式上的翻新罷了。

如果本能首先是利用有機的天然工具的能力，那麼它就必須同時包括關於這種工具的先天知識和關於所適用的對象的先天知識（當然是潛在的，或者是無意識的）。因此，本能是對於某一**事物**的先天認知。然而，智能卻是構造無機物的，也就是人爲的工具的能力。由此看來，如果大自然沒能賦予生物可以爲自己所用的必備工具，智能的作用就是爲了使生物能夠根據環境的要求而改變自己的構造物。也就是說，智能的功能是，在任何環境下都要找到擺脫困難的出路，找到最合適的和最切合自己的框架的東西以及解決所存在的問題的最佳答案。因此，智能在本質上關涉和處置所遇的情景與採取的手段之間的種種關係問題。智能先天性的內含就是建立種種關係的趨向，這種趨向蘊涵著對於某些非常普遍的關係的天生知識，個別的智能活動都從這種普遍的關係中取材來建立更專門的關係。可以這樣說，行動的目標是製造，而知識必然注意到關係。不過，智能的這種完全形式化的知識，比起本能的物質化的知識，更具有極大的優越性。正因爲形式是空虛的，它才能一一裝進難以計數的事物，甚至包括那些無用的事物。形式化的知識雖然也注視著是它自己將之推薦於世的那些實用性的東西，但是它並不局限於實際有用的東西。智者本身就擁有超越自我本性的手段。

然而，智者超越自我的能力同樣是有限的：他不能像自己所希望的那樣超越自我，而且對自我的實際超越也不像他所想像的那樣到位。智能的純形式特點，使自己失去必要的壓載內容，因此不能安心思考最值得關注的對象。本能與此不同，它具有自己所要求的物質對象，但是，它不像智能那樣可以另找自己的對象；它不進行思考。這裡已經接觸到本書研究的重點。我們現在將要點明的本能與智能之間的差異，就是全書所要分析的內容。我們可以以如下的格式表示之：**有些事物唯獨智能能夠尋找它們，但是，僅憑智能永遠也找不到它們。而這些事物唯獨本能能夠找到它們；但是，本能永遠不去尋找它們。**

九、智能的自然功能

這裡必須探討有關智能機制的若干基本細節。我們說過，智能的功能在於建立關係。現在我們就仔細考察智能所建立的關係的性質。在這一點，我們還處於含糊不清的境地，或者失之於武斷，因爲我們總把智能看成一種純粹的思考能力。在這種情況下，我們免不了要把理解力的一般框架理解爲：無人能說清楚什麼是絕對的、不可還原的、無法解釋的東西。知性有自己天生的形式，就像我們每個人從娘胎生下來就有自己的面貌一樣。我們或許可以定義這一形式，但我們能做的僅此而已；我們無法探討出它爲什麼具有這種形式，而不是其他東西。於是，有人宣稱智能本質上是統一化的工作，它的全部動作都是爲了這個共同的目的，即：在各種現象的多樣性中引進某種統一性等，但是，「統一化」一詞的意義十分含混，不如「關係」甚或「思考」等詞來得明確，而且，它除了「統一化」之外便無更多的意思。而且，我們是否可以這樣思忖：智能的功能與其說是統一，不如說是分割？還有，如果說智能活動的目的是爲了要統一，同時，它尋求統一化的結果僅僅因爲它需要統一化的結果，那麼我們的認識便與過去的某些心靈要求相聯繫，而這類要求很可能完全不同於現在的要求。因爲，換一種方式形成的智能，所取得的認識便有所不同。如果智能不再依賴於任何東西，那麼一切東西就要依賴於智能。這樣一來，由於把理解力抬得太高，將導致我們過於低估它所給予我們的知識：儘管智能被認爲是一種絕對的東西，它所取得的知識卻無疑是相對的。然而與此相反，我們堅持認爲人類的智能是相對於或從屬於人類的活動的必要性而存在的。只要您開始活動，總有某種形式的智能從中演繹出來。因此，這種形式的智能既非不可還原的，也非無法解釋的。而且，正因爲智能本身不是獨立自足的，因此我們不能再說認識依存於它。由於認識從某種意義上說已成爲現實不可缺少的組成部分，認識便不再是智能的產物。

哲學家們都會這樣解說：活動總是在**有序**的世界中完成的，而這種秩序已經屬於思維，因此我們便犯了一個預取未經證明的論據（即「丐詞」）的邏輯錯誤，即用必須以智能爲必要條件的活動來解釋智能。如果我們在本章所取的觀點必定是最終具有決定性意義的觀點，那麼前面的說法理由何在呢？要是那樣，我們將與史賓賽犯同樣的錯誤，即認爲，用物質的一般特性留給我們的印象，即可充分解釋智能的底蘊；似乎物質所包含的秩序並不就是智能！但是，我們要把如下的問題留給下章來討論，即：對於智能以及物質的眞正起源的問題，哲學究竟能用什麼方法來探明？結果可以達到什麼樣的程度？現在我們所關心的是心理學的秩序問題。我們尋思著：物質世界中哪一部分是我們的智能特別容易與之互相適應的？不過，回答這個問題完全不必選用任何哲學體系，只要立足於常識的觀點便綽綽有餘了。

現在先從活動談起，並將「智能首先旨在製造」這一點作爲原則提出。製造總是僅僅在一般無生命的素材的基礎上進行的，也就是說它處理的是無生命的物體；儘管其中有一部分本爲有機物也被利用，這時製造者並不在乎它們原是生命所賦予的一些基本形式。就是在一般無生命的素材中，製造者也幾乎專門注意固體物，因爲其他物質會因它們的流動性而難於駕馭。如果已可肯定智能都趨向於製造，我們就能預見到在實在之物中，流體只有一部分從製造者那裡逃脫，而生物中健全的生命會完全逃脫被製造的厄運。**我們的智能，只要擺脫自然的控制，就要以固體的無機物爲主要對象**。

如果我們瀏覽一下智能的功用，就會發現智能在處理一般無生命的素材，尤其是固體物時，最爲容易，會將它們完全當作「家常便飯」一樣。那麼，究竟什麼是物質世界的最一般的性質呢？那就是它的廣延性：這種性質使得它所給予我們的東西都是在其他東西之外，而且在所給予的東西裡面，某些部分又是外在於其他部分。爲了有利於我們後面的論述，我們可能也會主張一切東西都可以任意分割成許多部分，每一部分還可以照我們的意思再分割下去，以至於無窮。但是，爲了方便眼前的研究工作，我們首先必須將手頭的現實東西或者它所分解出來的現實要素，視爲**暫定的目標**，而且把它們當作眾多的**單位**來處理。當我們談到物質連續的廣延性時，就已經暗示這種隨意分解物質的可能性；但是，關於這種連續的廣延性，我們心裡都明白，它無非是我們的能力所致，這種能力使我們也可以選擇物質中不連續的模式。事實上，一旦選擇了不連續的模式，往往就只有這種模式在我們看來可以說實際上是引起我們注意的眞正的模式，因爲正是這種不連續的模式在我們的行動中占據統治的地位。於是，不連續性便被當作專題來研究，從它的本身來說，不連續性也的確值得研究；我們透過自己正面的心智活動就可以形成非連續性的觀念；然而，連續性的智能表象則是負面的心智活動，因爲，從根本來說，我們的心智拒絕將現有的任何分解系統視爲唯一可能的系統。**智能僅僅能清晰表現非連續性的事物**。

另一方面，我們所關注的對象肯定都是一些動態的對象，重要的是如何去了解某一活動對象的**去向**以及它在任何時刻的活動**軌跡**。換句話說，我們的興趣首先直接指向它現在的或未來的所在位置，而不是它從一個位置向另一個位置發展的**過程**，因爲過程本身是運動，不是我們的興趣所在。在我們所完成的作爲系統化運動的行動中，我們特別關注的是個別運動的目的或意義，是該運動的總體設計，簡而言之，是如何處置這種運動的固定計畫。只有在整體上可以因中途發生什麼事故而向前推進、減緩或者停止的運動，才能在實際的行動過程中使我們感興趣。智能遠離動態的環境，因爲它從中得不到什麼。如果我們的智能竟然是純粹理論性的，它就會投身於運動之中，因爲運動本身是實在的，而靜止不動則往往只是表面的或相對的。然而，智能卻意味著完全不同的東西。除非它強制自己投身於運動，它一般都是反其道而行；它總是從固定性出發，似乎這是它終極的實在：當智能試圖表現運動時，它一般透過若干靜止不動之物的累加來建構運動。這種動作方式在思辨領域裡，既不恰當且又危險（它會導致思維的「死結」，而且人爲的產生一些難以解決的哲學問題），我們將在以後對此細加說明；但是，從這種方式本身的目的來說，我們不難找出它的理由。自然狀態中的智能均以實用爲目標。當智能以靜止不動之物的累加來代替運動之時，這說明它並沒有按實際的運動情況來重建運動，而是僅僅以一種實際的等價物來代替運動。當哲學家們將一種爲行動而設的思維方法引進思辨領域時，他們就要犯錯誤了。關於這點，以後還要細說。現在我們暫且終止於提出這樣的見解：智能出於它自然的性向而依戀於靜止不變之物。**智能僅僅能清晰的表現靜止不動的事物**。

須知製造就是從物質材料刻畫出事物的形式。最爲重要的是取得那種形式。至於物質材料，我們一般都選取最方便易得者；但是，要以眾多的物質材料中選取所需要的東西，我們至少必須想像每種材料賦予想要製造的那一事物的形式。換句話說，旨在製造事物的智能，就是不斷尋求事物的形式、而且不把它當作最終的形式的智能。相反的，這種智能將一切材料都看作似乎可以任意加以刻畫的東西。柏拉圖曾將優秀的辯證論者比喻爲熟練的廚師，他可以根據自然形成的關節來宰割動物，使其骨骼仍保持完好的形狀。⑯總是以這樣的方式展現的智能，便可能是眞正的趨向思辨的智能。然而，行動，尤其是製造，需要的是相反的心智傾向：它可使我們把事物的每一種形式，甚至自然物的形式，都看成是人爲的、暫時的形式；它還使我們的思想從可以察覺的事物（甚至有機物和生物）抹去從外部顯示其內部結構的線條；簡而言之，它促使我們將事物的材料與其形式截然分開，而且認爲兩者風馬牛不相及。因此，物質材料整體而言對於我們的思維來說就像是一塊無邊無際的布料，可以讓我們任意裁剪和隨心所欲的縫製。這裡人們要注意到，當我們說到一種**空間**的存在時，我們所肯定的就是這種能力，即：它具有均質的、空虛的、無限廣闊的和可以無限分割的中介物質，而且絲毫不受任何分解方式的影響。這種中介物質絕不可以被感知，它只能被設想。可以被感知的東西只是它有色的、有阻抗作用的延伸物，這種延伸物可以沿著實在的物體或實在的部件的輪廓線加以分割。但是，當我們想到這種中介物質的可操作的能力，即：我們可以將它任意的分解和重建的能力時，我們已經對襯托在實在的延伸物背後的均質的、空虛的和不受分割影響的空間存在，編制可能的分解和重建的總體規劃了。因此，也可以說，這種空間的存在，十分突出的規劃了我們對事物可能採取的行動，當然，事物本身也有進入這種框架的自然趨向，這點容我們以後細說。這是取之於心的看法或觀念。動物對此

---

⑯ 柏拉圖，《斐德羅篇》，265E。

便可能毫無認識，即使它也像我們一樣見到延伸物。這種空間存在的觀念，也象徵著人類智能的製造趨向。不過，我們不必反覆說明這點。我們只要強調如下的設想就可以了：**智能的特點是它具有按任何法則分解中介的物質、並且將之重組成任何系統的無限能力**。

我們現在已經列舉了人類智能的一些主要特點。但是，我們至今在考慮個體的孤立狀態時還沒有將社會生活估計在內。事實上，人類是活在社會中的生物。不錯，人的智能是旨在製造，但是，我們還必須添加一點：為了製造以及其他的目的，個人的智能一般都與其他人的許多智能結合在一起。於是，我們很難想像有這樣的一個社會：其中的成員不靠符號來相互交流。昆蟲社會可能也有自己的語言，而且像人類一樣，這種語言必須適應它們共同生活的需要。只有透過語言，才有可能**共同行動**。但是，聯合行動的需要表現在蟻群中與表現在人類社會中完全不同。在昆蟲社會中，勞動分工一般決定於天生的不同體形，而且每一個體都因其特定的結構而固定不變的扮演某種角色，或者說被局限於自己所分擔的那一功能上。不管具體情況如何，這類的昆蟲社會都是基於本能，因此也是基於多多少少依賴於器官形態的某些行動或製造方式。因此，如以螞蟻為例，它們就有語言，構成這種語言的符號在數量上也必定很有限；而且，蟻種一旦形成，每一符號必定即與特定對象或特定動作相結合，永不變更，因為它們的符號總是附著於所指的事物上。人類社會則與此相反，製造和行動都具有複雜多樣的形式，而且每一個體所扮演的角色都不是由其結構所預定的，因此必須各自學會一套自己的本領，才能參與社會的分工合作。因此就需要有一種語言來為人類鋪平不斷從已知通向未知的道路。這種語言所包含的符號的數量不可能是無限的，但必須能夠隨著事物的無限性而自我擴充起來。符號本身會從一個對象轉移到另一個對象，這種趨向是人類語言的特點。這種現象可以從牙牙學語的幼兒身上看到。幼兒能夠很快的、而且很自然的將他所學的語詞的意思引申開來，轉移到他所聽到偶爾結合在一起的或者僅有些微近似的另一對象上。「任何事物可指任何其他事物」，這是幼兒語言的潛在原理。這種趨向已被概括能力所混淆，當然，這是不對的。至於動物，它們自己也在普遍化或概念化；而且，一個符號，甚至一種本能的符號，在某種程度上也總是代表一個類別。但是，人類語言的眾多符號與其說是以它們的普遍性為特徵，不如說是以它們的變動性為特徵。**本能的符號是固定的，智能的符號是變動的。**

於是，語詞的這種變動性使得本身可以從一物傳到另一物，從而使自己從事物延伸到觀念。如果智能完全是外向化的，不能反躬自省，語言無疑的就不會賦予智能反映和思考的能力。從事思考和反映的智能，原本就具有多餘的能量要散發藉此君臨和超越實際有用的種種努力。這是潛在的返回自身的一種意識。但是潛在的意識必須變為顯在的意識。如果沒有語言的疏通，智能很可能一直被固定在它所關注的物質性的對象上。它將處於一種夢遊症患者的狀態中，也就是說，失去自省的意識，渾渾噩噩沉迷於自己的工作。語言對於智能的解放有過重大的貢獻。語詞從本性上說就是可移動的、自由的，所以能夠從一物傳到另一物。因此，語言不僅可以從某一可感知的事物延伸到另一可感知的事物，而且還可以從可感知的某一事物延伸到對該事物的記憶，同時，從確切的記憶延伸至較為飄忽的形象，最後，從飄忽但仍具象的形象延伸至藉以表現此形象的表象，即觀念。於是，整個內在世界便敞開於原本著眼於外的智能之前；而這一內在世界也就是智能展現的景象。智能一直等待著這一機會。智能也利用語言的滲透性，由語言引導來產生自己的內在功能。智能的第一職責的確就是製造工具，但要採用某些手段來製造這些工具並非完全切合於它們加工的目的，而是會超越那些目的。因此，智能可以從事額外的工作，也就是說跨越利害關係的工作。由於智能可以反思自己的步驟，並覺察到自己具有創造觀念和產生普遍的表象的能力，即使與實際行動沒有任何直接聯繫的對象也都有了觀念。因此，我們說過：有些事物只有智能才能加以探討。事實上，也只有智能才會關心理論的問題。智能所關心的理論不僅是它原本可以自然支配的一般非生命的無機物質，而是也要涵蓋生命與思維。

智能究竟要以什麼手段、什麼工具、或者說什麼方法來解決這些問題呢？這方面我們只能推測而知。智能原本適應於一般非生命的物質形式。智能藉助語言擴充了自己的動作範圍，而語言只是爲了指稱事物而創設的，除了事物別無他指。正因爲語言游移不定，可以從某一事物轉移到另一事物，所以在語言**尚未定格**於某一事物時，早已被智能所捕獲。智能會把它運用在尚非事物的一個對象上，這一對象直到這時候還隱而不現，只等待藉助語言，從暗昧走到明處。可是，語言卻將這一對象遮蔽起來，並再度把它轉化爲事物。因此，智能即便不再利用一般物質，仍舊遵從過去在利用物質的過程中養成的習慣，即：使用尚未有機化的物質形式。智能是在爲這類物質的工作中創造出來的。只有爲這類物質的工作才能使智能獲得充分滿足。也只有如此，智能才能達到**清晰**與**曉暢**的地步。

因此，爲了清晰曉暢的思考自己，智能必須以不連續的形式考察自己。事實上，概念如同空間中的物體一樣，彼此分別存在於其他概念之外。而且，概念也有像空間中的物體那樣的穩定性，因爲概念原本就是以空間中的物體爲原型創造出來的。這些概念彙集而成一個「智能世界」。從基本特性來看，這一世界類似於實在事物的世界，但是構成這一世界的因素要比具體事物的單純形象更輕盈透明，對智能而言也更容易處理。事實上，概念已非對事物單純的知覺，而是智能對事物的凝注的表象。因此，概念已不再是形象，而是象徵符號。邏輯學便是處理象徵符號時所必須遵從的總體規則。由於這些象徵符號是來自對實在事物的考察。而且這些象徵符號彼此間所構成的規則僅僅反映實在事物間最普遍的關係，我們的邏輯學已經成功的樹立在以物體的實在性爲對象的科學，亦即取得在幾何學上的成功。正如後面一章將會談到的，邏輯學和幾何學原本相互依存：實在事物的普遍性質可透過直接的知覺來了解；由這些普遍性質所提示的自然幾何學再加以延伸便產生了自然邏輯學。結果，由這種自然邏輯學又產生出科學的幾何學，這種幾何學可以無限擴大對實在事物外部性質的認知。⑰幾何學和邏輯學都可以嚴密的運用於物質世界。在物質世界中，這兩門學問都可以得心應手的分別發揮其作用。然而，一離開物質世界，純粹的推理就必須接受與這兩者完全不同的常識的檢驗。

因此，智能的一切基本力量趨向於將物質改變成行動的工具，也就是變爲語源意義上的

---

⑰ 見本書第三章。

器官。生命不會僅以產生有機體而滿足，它還要將無機物作爲附加東西送給有機體，無機物則藉進入生物體內部之機轉化爲龐大的器官。這是生命賦予智能的首要任務，因此智能還依舊擺出一副受無生命物質魅惑的姿態。智能是一種眼觀六路耳聽八方的外向的生命。它採用了無機界的自然法則，再以此支配無機界的動作。一旦智能轉向生物，面向有機界時，它便要驚慌失措。這時，智能不管效果如何，都要把有機物分解爲無機物，因爲智能如果不從自然的方向轉向自己，就不能領會眞正的連續性、眞正的運動和相互的滲透等。簡而言之，也就是不能領會生命這一創造的進化過程。

這裡有必要先討論一下何謂連續性。在生命的形相中，最容易進入感覺、甚至進入感覺所延伸的智能中就是支配我們行爲的那種東西。我們要改變某一對象，就必須把這一對象當作可以分割的非連續體。從實證主義的科學觀點來看，將有機組織分解爲細胞時，便可以說已經達到無與倫比的進步。但是，一深入研究細胞，便發現細胞也是一種有機體。而且，愈深究這種有機體，就會愈發現它的複雜性。科學愈進步，則旁生並出的生物的異質因素便愈多。那麼，科學是否會愈來愈靠近生命呢？或者，與此相反，愈是細緻研究這些旁生並出的部分，生命中眞正有活力的因數卻要愈往後退。有些學者已經把有機體的實質看作是連續的，認爲細胞是一種人爲劃分出的實體。⑱然而，這一見解即便最後取得優勢，也無非是給

---

⑱ 本書第三章將再討論這一點。

我們提供一種生物分析的新方法，因此也是用來展示新的非連續性，儘管與生命的眞正連續性的距離略爲接近一些。事實上，這種連續性無法從智能獲得，因爲智能僅僅關注自己自然的運動。這種連續性包括許多因數，而所有因數又是相互滲透的。這兩種性質在我們的製造業中是不可調和的矛盾，因此在我們的智能活動中也不可能予以調和並確認。

而且，我們既在空間中分離，又在時間中會聚。智能本質上不是爲了思考眞正意義上的**進化**，即作爲純粹動態的連續變化。這方面現在不打算多談，後面一章將深入探討它。這裡只想說明：智能把演化或者變成（le devenir）看成一系列的**狀態**，其中每一狀態本身都是同質的，因此被認爲不發生變化。而我們的注意力是否應該集中到某一狀態的內在變化呢？我們會立刻將這一狀態分解成另一系列的狀態，並認爲這一系列的狀態集結起來而構成新的一系列內在的變化，而這些新的各個系列狀態又全都不變。如此迴圈，直至永遠。這裡所謂的思維無非是重建，但重建的是已知的因數，因此也是穩定的因子。於是，只要我們無限添加那些因數，我們就可以模仿演化生成的動態，但演化生成本身還是較難把握的，就在我們以爲已經捉住它了，卻已不經意從我們手中滑落。

正因爲智能總想用已知條件來重建，它反而掌握不了歷史每時每刻所出現的**新事物**。智能不接受不可預測的東西、智能排斥一切創造。只要從一定的前提引出可以作爲這些前提的函數計算出來的一定結論，我們的智能就會滿足，一定的目的可以產生實現此目的的一定手段，這點我們也能理解。在這兩種情況下，我們所關心的是以已有的知識構成的已有的知識，簡而言之，即往事的迴圈反覆而已。我們的智能在這種情況下會十分愜意。對於任何客體，我們的智能都會加以抽象、分割、消除，必要時還會用與事物實際發生方式近似的等值物來代替這一客體。但是，每個時刻都有新生的事物不斷出現；新形式的事物一旦產生，即便可以說成是原因所決定的結果，我們仍無法預知它會成爲什麼樣子，因爲這裡原因都是獨一無二的，它們已形成結果的一部分，與結果同時存在，既決定結果，又爲結果所決定。我們既可以在自身之內感知這些現象，也可以借共感（Sympathie）在自身之外推測到，但不能透過純粹的理解力來表現，也不能用狹義的思維來傳達。只要考慮到我們理解力的任務，上述情況就不足爲奇了。我們的理解力所探求和發現的因果性已表現在我們製作活動的機理上。在這種活動中，我們以同樣的因數無限的組成相同的一切東西，並且不斷重複相同的運作來獲得相同的結果。就我們的理解力而言，完美的結果就是我們製作活動的最終目的性。這裡，我們按照預定的模式來工作，也就是說，按照舊的模式或已知的因素構成的模式來工作。至於所謂的發明，它可是製作活動的起點，不過我們的智能不可能在它產生的關鍵時刻——亦即在它還處於與舊事物不可分的時刻掌握它，也不可能在它的天才層面——亦即在它的創造層面上掌握它。發明是不可預知的全新事物。在通常解釋發明時要將它分解成已知的因素或舊的因素，並把這些因素排列成不同的順序。智能既不承認全新的事物，也不承認劇烈的演化。也就是說，智能在這裡依然掌握不了生命的本質方面的東西，它似乎從來就不是爲了思考生命這一對象而設立的。

所有的分析都會給我們帶來這個結論。但是，智能活動的機理一點也不需要這樣的長篇大論；只要考慮其活動的結果就可以了。我們不難知曉智能固然能夠如此巧妙的處理無生物，但是一碰到生物便暴露出自己的無能。不管是處理肉體的生命還是心智的生命之時，智能都一概費力、笨拙而粗暴的使用了很不相應的手段。在這一方面，衛生學與教育學的歷史早已向我們做了充分的顯示。當我們想到的最切要和恆常的關懷就是保護身體，提升心靈的時候，想到誰都能輕易的以自己或他人作爲實驗對象的時候，想到醫學與教育實踐的缺陷已變成明顯的禍害，而我們卻依然身受其害的時候，我們不禁會被人們的愚昧、尤其是對謬誤的固執所驚呆。我們不難發現這一謬誤的根源乃基於我們人類智能的偏頗：我們經常把生物也當作無生命的東西來處理，並把一切實在，不管是多麼流動的實在，都當作完全靜止不動的固體來看待。我們只有在非連續性中、在非流動性中和在死物中才會覺得心安理得。**智能原本的特徵就是不能理解生命**。

十、本能的性質

與智能相反，本能是根據生命本來的形式而造就的。智能以機械的方式處理一切事物，而本能則採取有機的方式。只要沉睡於本能中的意識一旦覺醒；只要本能內化爲認識，而不是外化爲行動；只要我們知道怎樣詢問本能，本能又能回答我們，本能就會向我們提供最貼近於生命的祕密。因爲，本能的功用僅僅在於繼續生命對一般材料的有機化工作。就像人們常說的那樣，本能的功用可以達到這樣的程度：我們不可能說清楚有機化的工作在什麼地方結束，和本能從什麼地方開始。當小雞以喙啄破包裹著它的蛋殼時，它的動作是出自本能；它只不過是隨從使它經歷胚胎生命的運動罷了。相反的，在純粹的胚胎生命的過程中（尤其是在這胚胎以幼蟲的形態自由的生活時），它要完成許多動作，這些動作都必須歸功於本能。由此可知，在種種的原始本能中，最重要的一系列本能實爲生命過程。與這個過程相伴的潛在意識大多只在生命的最初階段產生作用，後來的生命過程則不依賴潛在意識而完全獨自發展。實際上，潛在意識只要更廣闊的自我擴展，並且充分自我深化，就可以與生命的創造力完全貼合。

人們可以在一個生物體內看到無數的細胞爲一個共同目的齊心努力，並且分工合作，爲自己而工作，同時也爲他者而生活，保存自己、營養自己、再生或繁殖自己，透過適當的防禦或反應方式對付險情等。當我們看到這些現象時，又怎能不聯想到有這麼多的本能呢？但是，這些工作不過是細胞的自然功能，是細胞生命力的組成因素。由此可知，一窩蜜蜂事實上構成了一個關係密切的有機組織，每一個體即使給予住所與食物，也不能孤立的生活。我們爲何不能認爲在作爲單一的有機體的一窩蜜蜂中，每隻蜜蜂都是由一條看不見的繩索與其他蜜蜂聯結在一起的一個細胞呢？在這裡，使蜜蜂生存的本能，已經與使細胞活命的力量融合爲一，或者說，是那種力量的延伸。在這類極端事例中，本能與有機組織的作用已經重合在一起。

當然，在同一本能中，其完善程度也有很大的不同。例如：在土蜂與蜜蜂中，其本能的差異便極爲明顯。它們兩者之間有許多過渡階段，這些階段均與它們的社會生活的複雜程度相對應。同樣的差異也出現於不同組織的各組成因素的功能中，雖然這些組織多少都有些近親的關係。無論是本能還是組織的組成因素，都是根據同一主題而演化出來的許多變奏曲。但是，主題的恆定性始終都很明顯，而變奏曲僅僅使主題適應於環境的不同。

不管是動物的本能還是細胞的生命特質，這兩者都已顯現出同樣的明智與同樣的無知，似乎細胞對於其他細胞只知道與自己相關的東西，動物對於其他動物只知道可供自己利用的地方一樣。其他一切便都被遮蔽。看來，生命一旦以一定種屬的面目出現，除了與剛出生的這一種屬有一點利害的關係之外，即與生命的其他部分失去聯繫。這還不明白嗎？生命在這裡與一般的意識和記憶的行爲相當接近。我們不知不覺中已把自己的整個過去都置於身後。然而，記憶現在只把可以彌補我們現狀的兩三件值得紀念的事情回憶過來。因此，某種屬對於其他種屬的某些特殊面所具有的本能上的認知，是來自生命的統一體。用古代某哲學家的話來說，生命的統一體是與自己發生共感的整體。動植物的某些特殊本能顯然是在異常環境中產生的。如果考察這些本能，就難免要把它們與那些記憶相對照。那些記憶表面上可能已被遺忘，但在緊要的關頭還會突然湧現。

或許，許多次要的繼發本能以及原始本能的種種樣態，都可以用科學來解釋。但是，就現有的解釋方式而言，科學能否成功的解釋本能，值得懷疑。因爲，本能和智能是出自同一原理的兩種分歧的發展過程，而其中的一個過程停留於自我之中，另一個過程則自謀外化，沉浸於對無生命物質的利用之中。這種同源異途的現象足以說明兩者基本上的不協調，也說明智能爲何不能兼併本能；由於本能的本質特徵無法用知性的語詞來表現，因此它也不能被分析。

天生的盲人如果生活在一群也是天生的盲人之中，除非親自處身於遠處的各種事物之中，否則便不可能知曉遠處有什麼事物。但是，視覺卻可以創出這種奇蹟。當然，人們可以告訴這盲人視覺的道理，比如說：視覺是光線振動視網膜而產生的，所以它終究也是視網膜的一種觸覺。然而，這種解釋只是科學的解釋，因爲在這裡科學的任務只是以觸覺的用語來表現一切知覺。我曾在另一著作裡說過，知覺的哲學解釋（即使也可以稱之爲解釋）在性質上與上述的科學的解釋完全不同。⑲不過，本能也能認知遠方之物。本能與智能的關係就像視覺與觸覺的關係一樣。科學只能用智能的術語來表現本能；然而，這種科學的解釋並未深入本能的核心，只不過對本能進行了模擬性的說明。

人們在這裡只要研究生物進化論的那些精緻的解說，便會深信我所說的不假。那些解說可歸納爲彼此常互相干擾的兩種類型。其一是：根據新達爾文主義的原理，本能是在自然選擇作用下保存下來的偶然變異的總和。換句話說，胚胎偶然的有益傾向由個體自然的加以選擇，再由胚胎代代相傳，也是藉偶然之力，經過同樣的程序，把新的改善加到原有的傾向上。其二，則將本能視爲退化的智能。也就是說，當某一行動被該種屬或其部分成員認定爲有益的傾向之後，逐漸形成一種習慣；這種習慣再經遺傳便成爲本能。在這兩種理論體系中，第一種不會引起太大的爭論，它可以有力的說明遺傳的理由，因爲它認爲本能所起源

⑲ 見《物質與記憶》第一章。

的偶變，不是由個體獲得，而是內含於胚胎中。然而，這一體系完全無法解釋大多數昆蟲所體現的那種機敏的本能，當然，這種本能肯定不是一朝一夕就能發展到目前這樣複雜的程度，它們是一點一滴進化而來的；據新達爾文學說，本能的進化是新品質僥倖與舊品質相適應，從而不斷添加和累積而成的。但是，一般來說，本能的完善不是靠單純的添加和累積所能達成的。在每次加入新品質之時，實際上都要求對整體進行重新的調整。否則難免要搞亂一切。類似的這種調整怎麼可能期待於偶然的機會呢？我同意，胚胎的偶變會經過遺傳而傳播開來，也會等待新的偶變來促使它趨於複雜。我也同意，在較複雜的形態中，那些沒有生活能力的形態會被自然選擇所排除。因此，生命中的本能必須出現複雜而又有生活能力的形態才有可能進化。這種有生命力的複雜化過程在某種情況下只有在新因素加入後引起全部舊因素的相應變化的條件下才會產生。這類奇蹟沒有人會堅持說是偶然之力造成的，因此只好以某種方式訴諸於智能。一般認爲，生物之所以能在自我之中發展出如此高級的本能，多多少少與有意識的努力分不開。若眞如此，我們就不得不承認習得的習慣可以遺傳，而且它們會以很有規則的方式遺傳，以確保進化的進行。這種說法至少值得懷疑。我們即使可以把動物本能的獲得歸因於智能，並且承認其獲得性遺傳的作用，也無法把這種解釋方式擴充到植物世界。因爲，在植物世界裡，就算它們可能有些意識作用，但它們的作爲絕非出自智能。然而，藤蔓可以非常精確的使用卷鬚攀援而上，蘭科植物會很巧妙的讓昆蟲來授粉，[20]這類現象怎能不視爲全出於本能呢？

我們這樣說並非要完全否定新達爾文主義學說或新拉馬克主義學說。前者也許比較正確的認爲進化與其說是從個體傳到個體，不如說是從胚胎傳到胚胎。後者認爲本能源於一種努力，也不特殊（不過，我們認爲，這種努力與**知性**的努力完全不同）。但是，前者認爲本能的進化是一種偶然的進化，後者認爲出自本能的努力即個體的努力，這些便可能都不對。某一物種既能修改自己的本能，又能達到自我的進化，這種努力必有十分深刻的意義，因爲它不只依賴於環境，也不只依賴於個體。這種努力即使含有個體合作的因素，那也並不完全出自個體的主動性；即使不排除偶然性在其中會占有很大的比例，那也不能說全是偶然。

現在就讓我們實際比較各種膜翅類昆蟲所展現的同一本能的種種不同的形態。我們所得的印象並非總是只要各種因素連續不斷添加之後，物種就會日趨複雜化；也不是說它們會沿著一個階梯形的級差，排列成逐漸上升的譜系。不過，我們所得的印象至少會讓我們想起一個圓周，各類變種都在圓周的各點上顯現出來，而且都凝視著同一中心，並朝這個方向努力。但是，每一變種都只能按照自己的方式接近中心，也只能按照中心開放給每一種屬的程

⑳ 見達爾文以下兩著作：《藤蔓》，戈登法譯本，巴黎，一八九〇年和《蘭科植物藉昆蟲的受粉作用》，雷洛爾法譯本，巴黎，一八九二年。

度接近中心。換句話說，本能無論在哪裡，無論在什麼物種上都是完整的，只是多少有點單純化；其單純化的方式又是變化多樣的。另一方面，我們還可以看到，本能就像攀登一級一級的階梯，只朝一個方向複雜化，呈現一種有規則的等級化現象；然而，那些種屬如果按本能加以直線的排列，彼此卻未必都有親屬關係。因此，根據近年來對各種蜜蜂的社會本能的比較研究，我們有了這樣的結論：美利坡寧蜂（Méliponines）的本能在複雜性上，居於邦賓土蜂（Bombines）的原始傾向與蜜蜂圓熟的智力之間。但是，美利坡寧蜂與蜜蜂並無親屬關係。[21]這些不同的昆蟲社會複雜化的程度很可能跟所添加的因素的多寡無關，倒是與我們聆聽某一**音樂主題**很相似：一開始這一主題完整的轉到協調的一些音調上，接著以這些音調爲基礎，奏出這一主題的種種變奏曲，有的極爲單純，有的十分嫻熟。

原先的主題似乎還縈繞在耳際，但又讓人無處可尋，簡直無法用表象的語言來表現。當然，它從根源上來說只能感受，而不能思考。觀察某些胡蜂類昆蟲的麻痺本能，也可以得到同樣印象。我們知道，有麻痺能力的膜翅類昆蟲產卵於蜘蛛、獨角仙和螟蛉等身上。它們先接受胡蜂的精巧外科手術，故而能夠好幾天不動而活著，成爲胡蜂幼蟲的新鮮食物。各種膜翅類往往僅螫獵獲物的中樞神經，使之不能動彈，又不致於死，然後可視獵獲物的種

---

[21] 布特爾—里朋（Buttel-Reepen），〈蜜蜂王國的種系起源〉，〈生物學中心雜誌〉，第二十三期，一九〇三年，第一〇八頁。

類，以決定自己餌食的方法。土蜂襲擊玫瑰甲蟲的幼蟲時，只刺一點。這一點便是運動神經節的集結處，此外沒有螫其他的運動神經節。如果螫其他神經節，甲蟲的幼蟲免不了死亡和腐爛，因此這種攻擊方式不被土蜂所採用。㉒黃翅的地籠蜂選擇蟋蟀爲獵物，它知道蟋蟀有三個神經中樞來活動三對腳。地籠蜂先刺蟋蟀的頸下，接著刺前胸的背後，最後才刺胸腹之交，從而麻痺所有的運動中樞。㉓安摩菲拉蜂（Ammophile）接連螫螟蛉的九個神經中樞，最後輕輕咬住螟蛉的頭，使螟蛉麻痺，卻不致其於死地。㉔普遍的主題是「必須讓獵物麻痺，又不致於死」；變奏曲則從屬於手術對象的結構。當然，手術未必都完全成功。最近研究顯示，安摩菲拉蜂有時不讓螟蛉麻痺，直接螫死；有時只將它麻痺一半。㉕雖然本能也與智能一樣容易出錯，而且本能也會出現個體間的差異，我們仍不能同意有人說地籠蜂的本能是由智能在暗中的摸索中獲得的，因爲事實並非如此。即使地籠蜂經過長期的摸索，逐漸知道螫什麼地方會使獵獲物癱瘓，向腦部施行什麼特殊手術會使獵獲物麻痺卻不致命，我們也難以設想如此精細的認知所包含的一些特殊因素會經由遺傳而規則的傳衍下去。假如在我們

㉒ 見法布爾（Fabre），《昆蟲記》，第三系列，巴黎，一八九〇年，第一－六十九頁。

㉓ 同上，第一系列，巴黎，一八九四年，第九十三頁。

㉔ 法布爾（Fabre），《續昆蟲記》，巴黎，一八八二年，第十四頁。

㉕ 佩克漢姆（Peckham），《胡蜂的單獨生活與社會生活》，西敏寺，一九〇五年，第二十八頁。

現有的經驗中竟有一個這類遺傳的無可爭辯的事例，那就不會有人反對獲得性的遺傳了。事實上，後天獲得的習慣即便眞能遺傳，其遺傳方式也是不確定和不規則的。

然而，所有的難題都出在我們想用知性的語詞來表現膜翅類的玄機，這樣我們便要把地籠蜂視爲昆蟲學者，它們以認知其他一切昆蟲的方法來認知螟蛉，也就是說不帶任何特殊的切身利害的考慮，僅從外觀認知螟蛉。這樣，地籠蜂就必須像昆蟲學家一樣，逐一領教螟蛉的神經中樞位置——至少必須先下毒刺一試，以觀後效，才能實在的認識它們的位置。但是，如果假定地籠蜂與它們的獵物之間有一種共感，而這種共感會從內在教會地籠蜂該螫螟蛉的什麼地方，那麼情況可能就完全不相同了。對於獵獲物的要害部位的直覺並非得之於外部的知覺，而是得之於兩者邂逅之時。此時，地籠蜂與螟蛉已經不被當作兩種有機體，而是被視爲兩種活動。這種直覺以具體的形式來表現可以說就是兩者的交互關係。無疑，科學理論不會去考慮或求助於這類事實。科學理論一般不應該讓行動優先於有機組織或者讓共感優先於知覺和認識。但是，我們也可以這樣反問：究竟是哲學在這裡已經毫無作用？還是科學任務的結束即爲哲學任務的開始？

科學把本能稱爲「複合的反射」，或當作由智能養成的不假思索的自動化習慣，當作由自然選擇作用所累積和固定下來的偶然優點的逐步疊加。總之，科學不是把本能完全分解爲智能的種種行爲，就是把它分解爲由一件件小零件組成的機械，就像那些依靠我們的智能裝配起來的機械一樣。這裡，我確實希望科學能發揮它的作用。科學即便不能如實的分析對象，它也要把對象翻譯成智能的語詞再提供給我們。但是，我們不得不注意到科學本身已促使哲學換一個角度來觀察這些事物。如果現代的生物學還停留在亞里斯多德的時代，即仍把生物系列看成單一的線性的發展現象，認為生命已朝智能進化，因此必須透過感性與本能來實現這一進化的目標，那麼我們這樣的智能生物就有權利轉向以前低級的生命形態，並且即便把這些形態嵌進我們的智能框架中也不會使其變形。但是，生物學最顯著的成果之一就是顯示：進化是沿著歧異不一的路線發展的。我們在其中兩個主要的路線的末端，發現幾乎達到純粹程度的智能與本能。因此，我們要提出以下幾個疑問，本能為何會分解為智能的種種因素？它為何甚至完全用智能的語詞來表現？人們在這裡難道沒有想到，訴諸智能的事物或絕對可知的事物，就是回到亞里斯多德的自然論嗎？或許回到那裡去也比停留在本能之前而不知所措要好，因為那就像面臨高深莫測的神祕深淵一樣。本能固然不屬於智能的領域，卻也不出精神領域之外。在一些純屬情感的現象方面和在未經反思的共感與反感中，我們也在自己的意識中體驗了昆蟲依本能行動時所發生的事情，那種意識很模糊，而且有過多的知性滲透其中。進化使那些從源頭開始便互相滲透的因素互相分裂，並向極端發展。更確切的說，智能是一種能力，能使空間上的這一點與那一點聯結起來，也能使這一物體與那一物體產生聯繫。智能可以運用在任何事物上，但它只是停留在事物之外；在探求某深邃的原因時，智能也只能看到這種原因演化出來的重重結果。無論有什麼力量作用於螟蛉神經系統的產生過程中，我們的眼睛和智能都只能看到神經和神經中樞並列或重疊在一起。確實，我們就是這樣了解那種力量的所有外部作用。地籠蜂可能只掌握一些與自身利害相關的東西，至少有內在的直覺認識；這種認識方式與一般的認知過程完全不同。這與其說是表象的直觀，不如說是體驗的直覺。它也許與我們所謂的心有靈犀的共感相似。

關於本能的科學理論一直在**知性**（l' intelligent）與單純的**可知性**（le simplement intelligible）（前者是主動去了解，後者則被動得知——譯者）之間搖擺；也可以說，不是把本能視爲「退化的」智能，就是把本能還原爲純粹的機械現象，這是很值得注意的問題[26]。這兩種解釋體系處於誓不兩立的立場上。前者的取勝之道在於批評對方，將本能看作單純的反射作用。後者則穩操勝券的指出：智能即使墮入無意識之中，也與本能完全不同。說穿了，這兩種解釋都只是象徵性的，所以從某些方面來說兩者都可以得到認可，但從其他方面來說，又都與其對象不相吻合。具體的解釋必須尋求完全不同的學術路線，也就是說，只能進行形而上學的解釋，而不是科學的解釋；或者說只能循著「共感」的方向，而不能求之於智能的方向。

十一、生命與意識

本能即同感。如果這種同感既能擴展其對象，又能自我反省，它就能幫我們解開生命運

㉖ 在最近的著作中，下列作品尤其值得參閱：貝特（Bethe），〈能將心智歸於蟻、蜂嗎？〉，《生理學文叢》，一八九八年，及弗雷爾（Forer），〈比較心理學概論〉，《心理學年鑑》，一八九五年。

行之謎，正像智能加以發展和整理之後可以指引我們通往物質之路一樣。因爲，智能與本能處於相反的方向（這點怎麼強調也不爲過）：前者趨向對無生命物質的認識，後者則趨向於生命的意識。智能以它的創造物——科學——爲中介，愈來愈全面的向我們提供物理學過程的奧祕；至於生命，智能只能、也只打算用無生命的方式解釋它。智能圍繞著生命運動，透過各種各樣的視角從外部觀察生命這一對象。不過只能逼近對象而無法深入到對象之中。但是，直覺卻能將我們的意識導向生命幽深的內部；所謂的直覺就是演變成無功利心而又自覺的本能，它能夠反映和無限擴大它的對象。

這種能力並非不可能努力達到的，人們除了正常的知覺之外，還有審美能力，就是一個證明。我們眼見的生物形象都只是組合的，而不是彼此有機的聯結在一起的。生命沿著各條路線作單純的運動，其意向在於將這些路線集合一處並賦予它們意義，但又不自覺這種意向。藝術家想要重新抓住的就是這種意向，與此同時透過某種共感使自己置身於對象的內部，並透過直覺的力量消除介於自我與對象（比如模特兒）之間的障礙。當然，這種審美的直覺，像在其他地方的外部知覺一樣，僅僅到達個人。但是，我們可以設想有一種探討方式與藝術方式所取的路數或導向相同，它也以一般的生命爲對象，像物理學一樣，緊跟著外部知覺所指示的方向前進，將個別人的感受或接受的事實擴充爲一般法則。或許這種哲學從來就沒有從它的對象獲得什麼可與科學從它的對象獲得的認知相比較的東西。智能依然還是由本能環繞著的光輝的核心；本能雖然也已擴展、純化爲直覺，卻沒有形成比模糊的星雲更清晰、確定的實體。但是，直覺固然缺乏只有純粹的智能才有的那種可以明明白白說出來的認識，卻能讓我們領會到當前智能的有關資料或已知條件的不足，同時讓我們了解清楚對此的補救辦法。實際上，直覺一方面甚至利用智能的機制來顯示：爲何知性框架在這裡沒有找到自己恰當的應用場合，另一方面透過本身的作用，暗示我們必須以什麼取代知性框架，至少讓我們對此有種模糊的感覺。這樣一來，直覺將引導智能去認識生命過程既不能完全以「多」或「一」的範疇來框定，也不能用機械的因果關係或目的性加以充分的解釋。再者，直覺透過在我們和其他生物之間建立共感的交流關係，以及透過擴充我們的意識，將我們引進生命的固有領域，即相互滲透和連續不斷創造的領域。直覺固然藉此超越了智能，但是，其衝擊仍舊來自智能，正是這種衝擊才把直覺提升到它現有的地位；如果沒有智能，直覺將以本能的形式停留在被特殊的對象外化的空間運動上，即被局限在只與自己的實際利益相關的特殊對象上。

認識論必須如何考慮智能和直覺這兩種能力呢？還有，由於沒有在直覺和智能之間做出足夠明確的區分說明，認識論又是怎樣不可自拔的陷入爲鬼影幢幢般的問題所糾纏、同時也自造鬼影幢幢般的觀念的困境中呢？這些問題我們要在稍後做解說。從這個角度來看，我們認爲認識的問題與形而上學的問題是合而爲一的，而且兩者都與經驗聯繫在一起，受到經驗的牽制。從某一方面來說，如果智能適宜於面對物質，直覺適宜於面對生命，則我們的確必須壓縮兩者，從中擠出它們的對象的精華；因此，形而上學將被認識論所左右。但是，從其他方面來說，如果意識就此分裂爲直覺和智能，那是因爲它既要適用於物質，同時又要追隨生命之流而前進。因此，意識的雙重性是基於實在的兩種形式，而且，認識論必定受形而上學的支配。實際上，這兩個方面的探討彼此相通，從一方可以通往另一方；兩者已形成圓圈，圓圈的中心是對物種進化的經驗式研究。這便是單純觀察意識是如何穿越物質的，在向前飛跑中又是如何失去自己和找回自己的、如何自我分裂又如何自動組合；經過這種觀察，我們才能從中形成這兩種因素既對立又可能存在共同的起源的觀念。不過，從另一方面來看，這兩種因素的對立和它們的共同起源，大概也使我們更清楚的認識進化本身的意義。這將是我們在下一章要涉獵的對象。然而，我們剛才所考察的事實已經揭示了一種觀念：生命現象不是跟意識本身結合在一起，就是跟類似意識的東西結合在一起。

我們在前面假設過，在動物界的整個領域裡，意識的發達程度似乎與生物能夠自由選擇的能力成正比。意識照亮行動邊緣的潛隱地帶，也測度出已做過的和可能做的行爲之間差距。因此，從外部著眼，意識不過是行動的輔助手段，是行動點燃的火光，或者說，是現實行動與可能行動兩者互相摩擦所迸發的火花。然而，這裡還必須指出，即使意識不是結果，而是原因，情況也完全一樣。我們不妨設想，甚至在最原始的動物中，意識也有權利覆蓋廣大的領域，但事實上均受一種現實力量的箝制；然而，神經中樞愈進步，有機體也就愈能從許多行動中進行選擇，從而愈能喚起包圍並抗拒現實的潛力；於是，箝制之力得到緩解，意識可以更自由的通過。在後面這種假設中，也跟前面那種假設一樣，意識都被認定是行動的工具；但是，反過來說，行動又是意識的工具，則似乎更爲確切，因爲，行動與行動之間的糾纏以及行動與行動之間的對立，正是受困的意識謀求自我解放的唯一手段。在這兩種假設中，應該做出怎樣的選擇呢？如果認爲第一種假設是眞實的，則意識在每一瞬間都會準確描繪出大腦的狀態。心理狀態與大腦狀態之間，在可知的範圍內，存在嚴格的並行現象。反之，在第二種假設中，大腦與意識彼此的確已緊密結合、互相依存，但不存在並行的關係。大腦愈複雜，有機體可以選擇的行動就愈多，意識也就愈容易從它的物質附屬物中解脫。因此，當狗和人用肉眼看到同一景象時，如果知覺相同，則狗腦與人腦對於這一景象的記憶必會產生同樣的變化。然而，記憶在人的意識與狗的意識中卻完全不同。就狗而言，記憶仍依附於知覺；只有當類似的知覺重現同一景象從而喚起那一記憶時，它的記憶才會甦醒。這時，狗的記憶不是表現爲記憶本身眞正的「甦醒」，而是表現爲當前知覺的重新認識，而且，它的重新認識不是憑**思考**，而是憑**復現**（jouée，原義爲「遊戲」、「演出」、「模仿」等——譯者）。反之，人類在任何時刻都能離開現在的知覺去隨意地喚起記憶。人類不局限於復現過去的生活，而且也回顧它、夢見它。與記憶聯繫在一起的人腦和狗腦的局部變化都相同，因此可以說，兩者記憶的心理差異並非產生於腦部機構的局部差異，而是產生於兩者大腦整體的差異。在兩者之中，較複雜的大腦由於能夠使更多的機構出現對峙的狀態，所以才使得意識脫離了各機構的牽制，贏得獨立的地位。我在自己的前一著作已經設法證明情況確實如此，還有在這兩種假設中務必選取第二種。因爲，我們已研究過最能凸顯意識狀態與腦部狀態彼此之間關係的事實，也就是正常的重新認識的事實；在病態的重新認識中，尤其重視失語症。㉗不過，在以事實證明之前，這也可以用單純的推理方式來認知。我已在一篇文章中說明，腦部狀態與心理狀態等同的假說，是根據自相矛盾的前提而來的，而且混同了這兩種互不相容的話語象徵體系。㉘

從這個角度來說，生命的進化儘管不能涵蓋於眞正的理念之中，它也已具有比較清晰的意義了。因爲，這一切就像一股意識洪流已經滲透進物質之中，如同任何意識一樣，具有巨大而多重的、彼此互相滲透的潛力。這股意識洪流把物質帶進有機組織之中，但是其運動的速度既無比緩慢，運動的流體又不斷分裂。一方面，意識像蠶蛹沉睡在繭中，另一方面，意識所含的種種不同的趨向持續分化爲許許多多各種系列的有機體；而且，這些有機體與其說內化這些趨向，使之成爲自己的表象，不如說將這些趨向外現於運動。在進化過程中，有的有機體愈來愈沉浸於睡眠狀態中，有的卻已完全甦醒；而且，一方面的植物化有助於另一方面的物化。甦醒有兩種不同的形式，生命，也就是投入物質之中的意識，一方面將注意力集中於自己的運動，另一方面又眷顧自己所穿越過的物質。於是，生命或向直覺方向前進，或向智能方向前進。自有生命開始，直覺看來要比智能遠爲優越而且可取，因爲在直覺中，生命與意識總是停留在自己的內部。然而，生物的進化情境告訴我們：直覺不可能走

㉗ 柏格森，《物質與記憶》，第二章和第三章。
㉘ 柏格森，〈心理－生理平行論〉，《形而上學評論》，一九〇四年十一月。

得太遠。從直覺的方面來說，意識已被逼進自己狹窄的包膜之中，因此迫切要求把直覺拘限爲本能；也就是說，意識只能擁有生命中與利害攸關的極小部分，而且幾乎可即不可見，只能在黑暗中擁抱它。從這一方面來說，內向的意識之門很快就關閉了。反之，定型於智能的意識，也就是首先關注於物質的那種意識，好像因此愈來愈外向化，並終於走出自己的囿限；然而，正因爲這種意識奮力適應外面的對象，所以往往在各種對象中間周遊，避開那些對象設在意識之前的障礙，無限擴充自己的領域。而且，這種意識一旦得到解放，還能折回自己裡面，喚醒尚沉睡於自己內部的直覺的潛力。

十二、人類在自然界中的顯在地位

從這個觀點來說，意識不僅成爲進化的驅動性原理，而且在有意識的生物中，人類又占了特權的地位。人與動物之間的差別，不再停留在程度上，而是在本質上。下一章將聚焦於這點進行論說，現在先讓我們說明以前的各種分析所提示的內容。

值得注意的是，某項發明的結果與該項發明本身極不相稱。我們說過，智能是以物質爲模子塑造出來的，而且智能的首要目的也是製造。然而，智能究竟是爲製造而製造，還是在不自覺中，甚至在無意識中，追求與原來完全不同的事物呢？製造的含義包括給予事物一定的形式，讓事物隨順從和屈服於己，以及將事物轉變成爲自己服務的工具等。這種駕馭事物的行爲給人帶來的好處，要比製造或發明本身的物質成果大得多。我們固然也像任何具有智能的動物那樣，從所製造的對象提取直接的好處，甚至這種好處就是我們所追求的一切，但這種好處無法與我們的製造或發明從各個角度產生的新觀念和新情感相比擬，因爲製造或發明的主要效果似乎還是在於使我們在現有的基礎上有所提高，而且由此擴大我們的眼界。在這裡，由於在效果與動機或者結果與原因之間，存在如此不相稱的現象，因此我們很難再將後者視爲前者的**製造者**。原因**啓動**結果，並且確定了結果的方向，這是不假的，所有這一切似乎都說明，智能之所以抓住物質，其主要目的是釋放物質中所關閉的**某種東西**。只要比較人腦與動物之腦的不同，我們也可以得出上述的印象。人腦與動物之腦兩者的不同，首先在容量和複雜性上。不過這裡還有其他的問題要考慮，假如從判斷兩者的功能的角度出發的話。在動物的方面，其腦體已經建立的驅動機制，換句話說也就是它們所自願養成的習慣，無非是要完成存貯於這些驅動機制中的習慣所指定的動作，除此之外便無其他的目的和作用。然而，人的驅動性的習慣力量可能產生次要的效果，它與其首要的效果不能相提並論，首要效果在於抑制其他驅動性的習慣力量，使其轉化爲自動的反應，從而解放意識。人所共知，語言在人腦中占有多麼重要的地位，並且控制了非常廣闊的領域。因此，與語辭相應的那些人腦機構尤其具備上述的作用；同時，它們還能偕同其他的腦體驅動機制，比如說與事物本身相應的腦體驅動機制一起作用；甚至還能形成各驅動機制之間的相互牽制的關係。因此，意識這時可以從完全沉浸於完成動作的習慣中恢復過來，得到了動物所無法想像的解脫。[29]

因此，我們可以說，兩者的差異一定會比表面所見的更爲懸殊。我們可以發現，最主要的差異就在於動物的腦體驅動機制只專注於某些動作的進行，而人腦的機制則可以分散它的注意力。正如紐康門（Newcomen）所設想的那樣，原始的蒸汽機需要一個人專門負責開關進汽閥門和冷卻水閥門。據他說，有個被雇來做這件事的小孩由於非常不耐煩這種重複性的勞動，就想出了用繩子將閥門的手柄與蒸汽機的配重捆在一起的辦法。從此，蒸汽機本身就可以自動開關各個閥門了；它開始獨立的運轉。現在若有技術考察者要把第二代蒸汽機的結構性能與第一代作一比較，他就不需要派遣兩個小孩來監控這兩臺機器了；他會發現兩臺機器在結構性能的複雜程度上只有微小的差別。如果所看到的只是那兩臺機器，實際上我們能夠覺察到的也就是這些。然而，假如我們留心去觀察一下雇傭那兩個小孩進行的監控工作，就可能看到一個注意力非常集中的工作，另一個則自由散漫、隨便的玩耍；從這個角度來看那兩臺機器的差別就會很大，因爲第一臺照嚴格的操作規程運行，第二臺則放任散漫。我認爲，動物的腦與人腦之間的差別也是屬於這種性質的。

總之，假如人們要用目的論的術語來表達這一切的話，就應該這樣說：意識爲了自我解

㉙ N. S. 夏勒（Shaler），這位我以前提過的地質學家，說得好：「談起人類，似乎我們就會發現心智從屬於肉體的古老觀念已經作廢，因爲，人類在智力方面異常快速的發展，而身體卻基本上保持原樣。」見夏勒《自然的解釋》，波士頓，一八九九年，第一八七頁。

放或得到自由，不得不將有機體分爲植物與動的這樣互補的兩部分，於是便尋找到既向本能、又向智能這樣的雙重方向發展的解決辦法；單憑本能，意識不可能找到這樣的出路；就是從智能的角度來看，也只有當動物突然一躍而進人間世界時，意識才終於走上兩全齊美的自由之路。這樣歸根結底來說，人類可能就成爲我們星球上一切有生命的有機體的存在依據。然而，這只不過是一種說法而已。事實上，這個世界只有一種特定的「存在流」和它的「對立流」；生命的全部進化歷程便是從中而來的。現在我們必須更加深入的探討並掌握這兩股生命流的對立情形。或許我們這樣努力的結果將會發現它們是同出於一個源頭的。同時，我們還可能因此而深入到更加隱晦的形而上學領域。不過，由於我們所追蹤的兩個方向已經被清晰的確定：一個方向爲智能，另一個方向爲本能與直覺，我們已無迷失方向之虞。透過對生命的這一進化格局的概覽，我們產生了某種的認知概念（即「知識論」——譯者），還產生了某種的形而上學，這兩者是互相指涉的。一旦弄清這種形而上學和這種知性的批判理論，它們反過來便可能照亮整個進化的歷程。

第三章　關於生命的意義：大自然的秩序與智能的形式

研究方法

一、生命問題與認知問題之間的關係

我們已在本書的第一章劃分了無機體與有機體之間的界限。但是，我們還指出過，將無機體一類的物質加以區分一事，與我們的感覺和智能的作用有關；如將物質看作不可分割的整體，則物質便應該是一股合流，而不是某一種事物。這樣，我們便爲無生命物質與生物之間的互相接近開闢了一些道路。

另一方面，我們還在第二章說明了在本能和智能之間同樣也存在著對立的情形。本能與生命中的某些決定因素相呼應，而智能則由無生命的物質來定形的。但是，我們也補充過，本能和智能雖然彼此分開，卻建立在同一個基礎上，這個基礎缺乏更適當的名稱，我們不妨稱之爲整體上的意識，它必定是與普遍的生命現象共存共榮的（coextensif，直譯爲「同外延的」——譯者）。我們就是這樣從蘊涵智能的意識出發，揭示了智能產生的可能性。

於是，同時探討智能的起源和物體的起源的時機便已到來——如果我們基本的智能發展路線確已描繪出我們的行動在物質上的普遍形式，而物質的細節又受我們行動的要求制約，那麼兩方面的探討顯然是相關的。智能性和物質性詳細的考究是通過相互適應而自行構成的。彼此都從一個更廣闊、更高級的存在形式中派生出來。我們必須把這兩者放回到那裡，而後才好觀察它們從中產生的情形。

這種嘗試初看起來似乎比最大膽的形而上學思辨還要大膽一些。它要比心理學、宇宙起源論和傳統的形而上學走得更遠，因爲後面這三門學問的出發點都從本質上把智能當作既成的事實，而不是像這裡一樣從形式到內容的考究智能的產生過程。事實上，我們所從事的工作是十分可靠、有把握的，這一點後面將會進一步顯示出來。現在先來看一看我們這門學問與其他那些學問區別在哪裡。

二、哲學方法

先從心理學說起。我們不應該認爲這門學科經過動物系列探索其智能的逐步發展過程就可以找到智能的**起源**。比較心理學告訴我們，某一動物的智商愈高，它就愈能反省自己利用外界事物的行爲，從而更加接近人類。但是，它的這些行爲本身已經採用人類行爲的主要管道，並且也已經弄清我們在物質世界中所弄清的那些普遍方向，同時還都依賴於因相同的關係而結合在一起的相同的對象。因此，動物的智能固然尚未形成可以恰當的稱爲概念的東西，但已經進入概念的氛圍。動物的智能無疑是在具體的行爲中體現這些概念的表象，而不是思考這些表象，因爲它每時每刻都沉浸於自身亮出的行動和姿態之中，都被這些賦形於外的事物所吸引，因此與自身完全構成一種「外化」的關係；這種外向性的表現至少粗略的勾畫出人類智能的基本圖式。①這樣，我們透過動物的智能來解釋人類的智能，從而簡便的提供了從人類的胚胎到完整的「人」的發展過程。我們顯示了某一特定的方向如何不斷的被愈來愈聰明的一些生物努力向前追索，從而愈來愈臻於佳景。於是，只要你擇取這個方向，你就賦予自身智能。

在諸如史賓賽所主張的那種宇宙生成論中，正像物質被認爲是我們原本就賦有的一樣，智能也被這樣認爲。這些機械論的進化論者告訴我們：物質遵循著一定的法則，作爲客體的對象與對象、事實與事實之間都依一定的關係而存在，意識在接受這些關係和法則的蛛絲馬跡之後，便取大自然的一般形態以塑造自身的智能。但是，在我們提出作爲客體的對象和事實之後，爲什麼仍然看不見有人設想過其中智能的存在呢？這是因爲物質的性質除了假設上所有的存在之外，還有先驗的存在，物體的物質性顯然並非停留於我們感官所接觸到的那些東西爲止：物體存在於其影響可以被感覺得到的任何地方；僅就它的引力而言，它就必然作用於太陽，各個星球以至於整個宇宙。物理學愈進步，便愈益消除物體的個別性；甚至於微粒子的個別性也開始被科學的想像所分解了：也就是說，物體和微粒子都趨於消解爲普遍的互動關係。我們的知覺主要反映著我們對事物所產生的某種作用，距離認識事物本身的

---

① 此觀點已在作者的《物質與記憶》，一書中有所闡述，詳見該書中的第二、三章。尤其是原著的第二五六—二七六頁、二八四—二九六頁。

眞相還相當遙遠。至於我們所見到的對象的概貌，只是我們能夠獲取及改變的那些東西。我們必須沿著物質所提供的發展線路繼續探索通往物質本身的途徑。這種概貌和途徑已顯示在對無機物的作用過程中意識的參與和逐漸進展的情形，也就是說，顯示了智能的逐漸形成的過程。值得懷疑的是，動物與人的智能建構是否有差別？比如說，軟體動物或昆蟲是否也會像人類一樣將物質分解得如此精細？它們甚至根本毋須將物質區別爲各種物體。因爲，它們毫無必要去認知對象，光是順著本能的指示就足以分辨對象的性質。相反的，有智能的生物，不管其智能程度如何低下，都已力求弄清物質與物質之間的相互作用的關係。物質本身從某種角度來看都可以區分爲積極的和消極的成分，或者說得更簡單明白一些，都是由共存的與分立的各種不同斷片所構成。智能就是從這種角度來看事物的。智能愈致力於此區分，則它就愈能了解物質以重重疊疊和環環相扣的方式在空間的展開。物質毫無疑問具有向廣度擴展的趨向，但它們仍然處於一種互相涵蘊、互相滲透的狀態。心靈正藉著這種涵蘊滲透的擴展活動來形成它的智能，也就是說，藉此形成一系列清晰的概念，將物質區分爲彼此完全外在化的對象。意識愈智能化，則物質就愈空間化。因此，進化論哲學由於設想空間的物質都依照我們人類行爲可以施加影響的路線來加以切分，實際上已經預先完整呈現智能的內涵，並且認定智能即由此而產生的。

形而上學雖然更爲精細和自覺，但依然擺脫不了進化論的這種影響，因其仍是由一些先驗的思想範疇所演繹出來的。它將智能的內涵做一壓縮，歸納出其精華，實際上僅把智能與一種空洞的原則聯繫在一起，根據這種原則再規劃出我們的實際行動。依此方式，我們或許可以提出連貫統一的智能理論和界定它的公式，但卻不可能得知其眞正的產生根源。比如，像費希特的那種理論固然比史賓賽的理論更爲哲學化，但也只是在尊重事物的眞正秩序方面功夫比較到家，實際上卻無法帶給我們更深一步的知識。費希特認爲思維是處於一種集中的狀態，而後將之擴展而成爲實在；史賓賽則從外面的實在開始，而後將之凝結而成爲智能。但是，這兩種說法——不論是凝結式的還是擴展式的前提都是將智能視爲先驗的存在，而且都認爲必須透過直接的觀察來掌握眞相，或者透過像鏡子一樣的反映來認知其本質。

許多哲學家之所以同意這一觀點，是因爲他們已經認可自然的統一性，並且以抽象的幾何的形式表現這種統一性。他們看不到而且也不願意看到有機物與無機物之間截然的區別，而是認爲有些東西起源於無機物，而後經由自身的化合作用從而形成生物；而另一些原本就是生物，憑藉著微妙的逐漸減弱過程而變爲非生命的物質。不過，這兩種說法都只認爲有機物與無機物性質的區別僅在於程度上的不同，第一種情況在於複雜化的程度，第二種情況則是強度的問題。一旦接受這一原則，智能的領域便與實在的領域一樣寬廣，因爲，不論事物的幾何性質如何，毫無疑問都完全可以爲人類的智能所接受與理解；而且，如果幾何事物與非幾何事物之間具有完好的連貫性，則那些非幾何事物亦能爲智能所接受與理解。這就是大多數哲學系統的推理方式，透過這一方式來比較費希特與史賓賽，我們可以很容易了解他們兩者從表面上看雖然沒有任何共通的觀點和共用的方法，但是在這一基本前提上則也是相同的。

這一類學說基本上基於兩種相輔相成的信念：其一，自然萬物是一體的；其二，智能的功用即在於融會自然萬物於一體。由於人們假定了認知的能力是與整個經驗與外延的，因此它不可能產生比經驗更多的東西。於是，我們只能使用已經預先賦予我們的東西，就像我們的視覺作用不超過視覺領域一樣。不錯，對於智能作用的價值，看法是不同的：有些人認爲智能能夠了解實在的眞相，有些人則認爲智能只能了解實在的幻象。但不論了解的是現實還是幻象，智能所把握的東西都被認爲就是我們能夠把握的一切。

由此可知，一般的哲學對於個人的精神力量的估計都過分的自信。不管那種哲學是教條獨斷的還是批判性的，也不管它是主張人的知識是相對的還是絕對的，凡是哲學一般都只不過是哲學家的個人作品，或者說是他們對宇宙萬物的獨特見解。我們或採取、或撇開，此類個人的學說，確實都無關宏旨。

本人則要提出更爲謙謹、更能自圓其說的哲學。我們所說的人類的智能，完全不同於柏拉圖在其洞穴的寓言中所演示的那樣。②智能的作用既不在於回顧那些正在消逝的空虛的影子，也不是轉過身來冥想耀眼的天體。智能還具有除此之外的其他作用。我們好比拉犁的耕牛，正擔負著沉重的工作，我們感覺得到的分量和泥土的阻力，同時也感覺得到肌肉和

---

② 柏拉圖在他的《理想國》中講述囚於洞穴的人久而久之便，將映於岩壁上的人畜的影子視爲眞人眞畜的故事，以此說明原始人類的認識水準。——譯注

關節的活動；人的智能的作用即在於從事這類的活動並且知道所從事的活動，從而貼緊實在，甚至生活在實在之中，但是，它的涉獵能力則限定在我們所能完成的和所能操作的範圍之內。然而，我們沐浴在幸運的生命之流中，我們從中汲取賴以工作和生存的最基本的力量。我們從自身沉浸其中的生命之海中不停企求著什麼，因此，總感覺到我們的存在，或者至少那股正在指引著我們的存在的智能，已被其中的一種凝固力所定形。哲學只能是重新融進生命之海中的一種努力。智能也因此再一次回歸到那裡去重溫自己的起源。而此項大業並非一蹴而成的，它必須是積累的和漸進的。它的完成是基於諸多印象的互相修正和增益，而且最終將導致我們的人性的發揚及其對自身的超越。

三、這裡提倡的貌似循環論證的方法

但是，這種方法遭受到最頑強的心理習慣的反對，並且立即使人以爲它是一種循環論證。人們會告訴我們，試圖超越智能是徒勞無功的。他們會這樣詰問：假如憑藉智能，怎麼可能超越智能呢？在你的意識裡一切澄澈的東西都屬於智能。你內在於你的思想領域裡，絕對走不出這個範圍之外。你可以說你的智能能夠有所長進，它會隨著所經歷的世面愈來愈廣闊而變得愈來愈條理分明；但是，你卻不能說這些是你的智能之外的東西產生的，因爲依然是你的智能本身成就了這項工作。人的心靈很自然會產生上述的反對意見。但是，人們也可以採用同樣的推理方法來證明我們無法獲得任何新的習性。推理方法從本質上說就是把我們封閉在已知的事物的圈子裡，然而，行動卻可以衝破這種圈子。如果我們沒有見過他人游泳，則我們就會認爲游泳是非人力可行之事；因此，要學會游泳，我們就必須從安全的置身於水中做起，結果我們就學會了游泳。事實上，推理方法總是把我們牢牢的拴在穩定的陸地上。但是，如果我們做好安全防範工作以後毫不畏懼的投身入水，開始時需要掙扎著使自己浮在水面，漸漸地我們就會習慣於這一新的環境，於是就學會了游泳。因此，從理論上說，想要撇開智能的途徑去獲得知識，乃是一種荒謬的企圖；不過，如果我們能夠坦然接受風險，行動則可能斬斷推理方法所纏繞的、且無法自行解開的死結。

此外，隨著我們所持的觀點愈來愈被人所接受，我們心目中的風險就會顯得愈來愈小。我們說過智能是從更廣闊無垠的實在中分離出來的，但是兩者沒有明顯的界限：它們都圍繞著我們的概念思維，其間所留下的模糊不清的邊緣便足以曉示其起源。我們還要把智能比擬成一種經過凝固而結成的實心的內核。此內核與環繞於四周的流質沒有根本上的不同。四周的流質之所以能夠被吸附在它的上面，正因爲它們的實質是相同的。如果他只知道堅實的陸地的阻力，就縱身投進水中，而且，如果他又不掙扎抵抗這種新環境裡的激流，那麼，他就會立刻被淹沒；那時他迫於無奈就要在水中抓抱能夠給予他穩固的平衡感的東西。只有在這種情況下，人們才終於逐漸適應不穩定的環境中水的流體性質。當我們的思想要來一次飛越時，情況也是如此。但是，所謂的飛越就意味著必須擺脫原先的環境。而理性從它的推理能力上說，將永遠也實現不了對自身的延伸，儘管一旦實現這種延伸，其延伸的部分卻完全不是不可理喻的。你就是懂得千萬種不同的行走方法，也還是無法從中取得一種游泳技術。只有當你知道如何游泳的時候，你經常出入水中，逐漸就會感悟到游泳的機理與行走有相通之處。游泳是行走的延伸，但行走方法卻不能供你游泳之用。因此，你可以盡可能機智的思考智能的機理，但是，這方面的思考無法使你超越智能固有的領域。你可能獲得一些更爲複雜的知識，但是並非獲得更爲優越的、甚至僅僅有所不同的知識。你必須以突飛猛進的方式把握事物：即藉意志的奮發，並投向行動，來超越智能。

因此，所謂的循環論證只不過是一種表面的現象。相反的，我們認爲，就其他各家各派的哲學方法而言，它還是一種眞實的理論。對此，我們可以用簡單的幾句話來說明，當然這只是爲了證明：哲學不能也不應該接受按照純粹的智能主義所建立的關於認識論與認識之間以及形而上學與科學之間的關係。

科學和哲學

四、相反的方法才是循環論證

初看起來，將事實的探討交給實證科學去進行，似乎比較穩妥可靠。物理學和化學擔負普通物質的考察。生物學和心理學則研究生命現象。於是，哲學家的工作範圍受到了嚴格的限制。他必須從科學家手中取得事實和法則，而且，不管他是否想超越這些，從而探討其中的奧祕，還是認爲繼續深入下去已不可能，並且以同樣的科學知識和分析來證明這點，在這兩種情況下，他對於科學所提供的事實和關係，都必須像人們對待有定論的事情一樣，給予同樣的尊重。有鑑於此，他只能對人們的認知功能略加批評，還有就是在時機成熟時提出某種形而上學來，至於認識本身的物質性，他認爲那是屬於科學的，而不是哲學的研究對象。

然而，爲什麼他就看不到這種所謂的工作分工最終把一切事情都搞混淆、搞糊塗了呢？哲學家留給自己進行的形而上學研究或思想批判工作，他都必須從實證科學借取現成的東西。因爲，哲學家早已把這些東西交給有關的學者去描述和分析了。由於哲學一開始就無法直接介入事實，所以它的工作便可能限於原理方面的探討。即：運用更加簡明的術語去單純的建構一些在科學上對於那種實在尚未自覺、因此未能達成一致看法的形而上學和批判系統。然而，我們還是不要被自然事物與人間事物間表面的類同所迷惑。因爲，此刻我們不是處於受立法者發布的法律所制約的狀態下，也就是說，不必像司法領域那樣，把描述事實與判斷事實截然分開；這種分開的理由很簡單，法律高於事實，事實要依法律的準則來判斷。然而，這裡所謂的法則，卻內在於事物之中，而且與將實在分割爲不同的事物所依據的方針原則有關。我們不可能只描述事物的表象，而不對其內在的本質及其組織加以判斷。形式也並非完全獨立於物質之外。如果有人要把原理性的問題歸屬於哲學，並且企圖將哲學置於科學之上，好比最高法院是在重罪法庭和地方法院之上一樣，那麼，哲學家就會漸漸變得像是法院裡的書記一樣，僅將科學所提供的事物加以簡明而忠實的記錄。

實際上，實證科學是純智能的大作。不管人們對我們的智能的概念接受與否，但有一點則是大家都會同意的，那就是智能的作用迄今主要在無機物的領域裡游刃有餘。機械性的發明使這類物質被運用得愈來愈多、愈來愈好；而且，機械性的發明從智能角度來說進行得愈得心應手，智能就愈把物質設想爲機械性的。智能在其固有的邏輯形式中，有一種潛在的幾何玄機，它可以隨著智能對惰性物質的進一步滲透而大顯身手。智能與這類物質堪稱珠聯璧合，這就是爲什麼研究惰性物質的物理學與形而上學彼此之間是如此接近的原因。而今，當智能進入生命領域的研究之時，它必然會將活物當作死物來看待，而把應用在惰性物質方面的規範同樣應用在新的對象上，同時將原先給它帶來如此之多的成功的那些習慣也照搬到這個新的領域。當然，僅以這一歷史條件而言，由於生物也會提供給我們與處理惰性物質相同的方法，智能採取這樣的「用舊瓶裝新酒」的措施也沒有什麼大錯。但是，這樣我們所能得到的眞實性，對於我們的行動能力而言，便只有相對的象徵性的意義了。這種眞實性不可能具有與物理的眞實性相同的價值，因爲我們原本就同意僅限於觀察研究某生物對象的一些外在性質，其結果，無疑的只能是它的物理眞實性引申。因此，哲學在這裡應該義不容辭的積極介入對生命現象的考察，而毫不考慮其實際的效用問題，並且擺脫各種本屬於智能範疇的規範和習慣的束縛。哲學特有的目的原在於去思辨，也就是說去了解；它對生命現象的態度，應該不會等同於科學對生命現象的態度。科學的目的只是在於作出反應，而科學不經過惰性物質的中介就無法反應，因爲科學只能從這個單一的方面觀照實在的其他方面情形。如果我們將生物學和心理學的事實，就像對待物理學的事實那樣，都只留給實證科學單獨去處理，那麼會產生怎樣的結果呢？其結果必然會是先驗的接受對所有自然事物的機械論的概念，那是可以不假思索的、甚至是無意識的概念，原本產生於物質方面的需要。而且，這也是先驗的接受認知領域裡簡單的一元論和對自然世界的抽象一元論的一種表現。

一旦如此，哲學的命運就被註定了。那麼，哲學家除了在形而上學的獨斷論和形而上學的懷疑論之間擇一從事之外，就無其他的選擇餘地了，因爲上述兩種理論本質上都基於同樣的科學推理和假設，而且都沒有在實證科學之外另增益什麼內容。有人主張自然的統一性，也有人主張科學的統一性，但其結果則都一樣：也就是說，在個體的存在方面，無所作爲即是不存在；在無爲的上帝，祂僅僅名義上集合了既有的萬物；或者，在永恆的物質方面，有人認定是祂孕育了萬物的性質與一切自然規律；或者，還有人主張，世界統一於純粹的形式，比如說，自然的形式或者思維的形式，因爲祂努力去把握那些無法把握的萬物造化。主張上述各說的哲學家們以其不同的方式告訴我們：科學把生命當作惰性物質來處理是有道理的，不論智能是將其種種範疇應用在惰性物質的研究上，還是應用在生命的研究上，所產生的結果並沒有什麼兩樣，這裡也不存在理論價值上的任何差異。

不過，我們感到上述的理論構架在許多情況下都是搖搖欲墜的。特別是由於我們沒有始於區分惰性物質與生命物質之間的不同，前者已預先納入我們給它創設的理論構架中，後者如不按約定俗成的規程去除其本質因素，則不可能適應於這種理論構架，因此我們只能認爲這種理論構架中所包含的一切東西都同樣值得懷疑。就形而上學的獨斷論而言，它將人爲的科學統一性奉爲絕對的理念，如今，繼之而起的懷疑論和相對論，又將前者中的一些人爲的特性普遍化並且擴展到科學的所有結果中。於是，哲學從此便游移在兩種學說之間：一種認爲絕對實在是不可知的，另一種在關於實在的觀點方面，所告訴我們的東西未越出科學的雷池一步。這樣一來，爲了避免哲學與科學發生抵觸，我們即便專注於科學，從而放棄了哲學，也不會在科學的方面有所作爲。問題來了，如果避免憑借智能來超越智能的這種看似循環論證的「錯誤」，我們就會發現自己陷入眞正的循環論證中；這種循環論證形而上學苦苦追求再現一種先驗的統一性。我們所認可的這種統一性實乃盲目的、無意識的產物，其突出的表現，就是將我們的全部經驗委諸科學，將整個實在委諸純粹的理解力。

反之，可以從追溯無機物與生物之間的分界線來開始我們的探索，我們將會發現，惰性物質很自然的就進入智能的框架裡，而生物僅藉人爲的努力才總算被納入這種框架。因此，我們必須對生物採取一種特別的態度，並且以不同於實證科學的眼光去考察它。於是，我們可以說哲學開始侵入了經驗的領域。它忙於諸多迄今均與之不關痛癢的事物。科學、認識論和形而上學三者都被置於同一場合，得到同樣的待遇。這樣三者之間難免就會出現某種的混淆。首先，這三門學問都會被認爲各自丟失了什麼，但是，其結果它們將從彼此的貫通和切磋中各得其利。

實際上，不加分析的肯定科學知識在整個經驗的領域裡無不應驗的、始終如一的價值，必定導致這種知識的僵化與專斷。尤其是，如果把一切都置於同一水平線上，那麼，這一切就都會沾上同樣的相對主義的汙濁。但是，如果我們一開始就將哲學與科學做一區分（在我看來，這種區分是勢在必行的），就不會出現上述的情況。理解力在無機物的領域裡如魚得水。人類的活動主要便施加於這種物質上，而如上面我們所說的，我們的活動在非實在的領域裡是無法進行的。為此，從物理學來說，只要我們僅僅考慮無機物的普遍形式，而不考慮實現這種普遍形式的細節，我們就可以說它已經觸摸到「絕對」了。反之，如果科學從生物方面發現的一條線索，可以與從無生命的物質上面發現的線索進行類比，那只能算是偶然的現象，你要說那是機緣或者是慣例，都可以。這裡所用的可以反映我們的理解力的概念框架已經不再是自然的了。我不想從科學含義上說這是不合法的。如果科學必須把我們的行動延伸到一切事物，而且，如果我們還只能作用於作為工具用的無機物，那麼，科學就能夠也必須繼續處理生物，就像它過去處理無機物一樣。但是，如果這樣做的話，我們必須知道，科學愈是潛入生命的縱深地帶，則它所提供給我們的知識就變得愈是一種象徵性的代碼，並且愈和偶然的行動有關聯。因此，在這種新的處境下，哲學應該跟上科學，以便在科學的眞實性上添加我們可稱之為形而上學的另一類的知識。這樣一來，我們所有的知識——科學的以及形而上學的知識，就可以都得到提高和拓展了。於是，我們就在絕對領域裡活動，在那裡交流，在那裡生活。也許我們對絕對的境界的認知還是不完全的，但可以肯定它不是外在的，也不是相對的。它實質上是存在的本身，我們經由科學與哲學的相互結合和相互促進的發展過程，就可能深入了解「絕對」的底蘊。

因此，拋棄那種人為的統一性，亦即理解力由外部強加於自然的統一性，我們將可能從自然找到內在的、生機蓬勃的、眞正的統一性。因為，我們超越純粹的理解力的努力，將導致我們進入已與我們的理解力剝離開的更寬廣的事態中去。由於物質是由智能所規範的，且兩者之間又有很明顯的共同性，我們不可能單獨創立一個而不創立另一個，因此，我們經過同一的程序，就可以從一塊包含兩者的材料上同時裁剪出物質和智能。我們愈是迫使自己更進一步超越純粹的理解力，就愈有可能更加全面的回歸到這個實在中。

智能和物質性

五、物質和智能同時創生的可能性

現在讓我們集中注意力於我們所有的東西中最遠離外在性又最不受知性浸濡的一面。讓我們在自身的最深處，尋覓我們感覺得到是自己生命中最具有內在性的所在。它就是我們此時全身心投入的純粹的綿延；在這種綿延中，過去總是向前發展，並且不斷擴充到嶄新的現在中。但在同時，我們又感到了自己的意志力量無限的延伸，直到達到它的極限爲止。這時必須透過對我們內在自我的強有力擠壓，來蒐集我們意識中即將逃逸的過去，同時將這種緊湊而且不可分的過去驅送到現在；過去在進入現在之時也就創造了現在。但是，我們要使自己鎭靜自若到自身行動都達到眞正自由的程度，這樣的時刻是非常罕有的。即使在這樣的時刻裡，我們依然沒有完全把握住我們自己。我們的綿延感覺，也就是說我們的自我與綿延之間的一致性，允許種種級別的存在。不過，這種綿延的感覺愈深刻，其一致性就愈完全，以此代替我們自我的那個生命，透過超越自己而吸收的知性也就愈多。因爲，智能的本質作用就是將相同或相似的東西聯結在一起，而且，只有可以重複出現的事實才適合完全納入智能的框架中。不過，智能在這之後估計會把握住眞實綿延的眞實時機，憑藉從外部得來的一系列觀感，在刹那間重建新的意識狀態，這種新狀態將盡可能相似於已知的狀態；我們從這種意義上可以說，該狀態包含著潛在的知性。然而，意識狀態超出潛在的知性之外；由於意識狀態總是嶄新而又不可分割的，它的確是知性所難以估量的。

現在讓我們放鬆一下，亦即暫時中止從過去盡最大可能驅送到現在的那一份量很沉的努力。如果這是完全的放鬆，那也就不會有記憶或意願了。這也就是說，我們絕不至於陷入這種絕對的被動性之中，就像我們也不可能賦予自己絕對的自由一樣。而是，在這有限的瞬間內，我們可以瞥見由現在所構成的存在。所謂現在，就是意味著不斷重新開始——不再有眞實的綿延，一切都處於方死方生的不定狀態中。物質是否就是如此存在著呢？很可能並非全然如此，因爲經過分析，我們可以將物質化爲基本的振幅，最短的振幅也就是最微弱的綿延，它接近於消失，但並非虛無。因此，我們可以做這樣的假設：物理的存在，趨向於意志放鬆的不定狀態，而心理的存在，則趨向於意志張力的綿延狀態。

後者是「精神性」的，前者則是伴隨著知性的「物質性」；因此，在這兩者的背後應該存在著方向相反的兩個過程。我們可以透過回溯的方法從一個過程進入另一個過程，甚至可能透過簡單的中斷法達到這個目的，如果「回溯」和「中斷」在這裡應該當作同義詞來理解的話。這點稍後我們將會細說，當我們以延伸的觀點，而不再僅僅以綿延的觀點去思考事物時，則上述的假設即可被確認。

我們愈能在純粹的綿延裡意識到我們行動的進程，我們就愈能感覺到我們的存在的各個不同部分彼此相融合，而且感覺到我們完整的個性都集中在一個點上，或者更確切的說，感覺到它以尖銳的棱面不停的向未來掘進。在這種情形下，生命與自由的行動相伴隨。反之，讓我們還是走著，但是，與其行動，不如代之以夢想。與此同時，我們的自我即被放鬆和分散開來；此前我們的過去聚集在一起而成爲內在不可分割的驅動力量，這時就被分解成數以千萬計的互相外在聯繫的記憶。隨著它們進一步的固著，終於彼此變得無法互相貫通了。於是，我們的個性又降格爲空間性的一維。而且在知覺上，它不斷沿著空間的物質打轉。這裡，我們不想太過強調在其他地方已經深入探討過的一個觀點。僅讓我們再回顧一下心態中的廣延所許可的程度問題：所有的感覺在某種程度上都是廣延的，認爲感覺沒有廣延性的那種觀念（即，感覺被人爲的定位於空間），其實只是一種心靈的簡單的景觀。這種景觀與其說是由心理學的觀察所啓示的，不如說更主要的是產生於一種無意識的形而上學。

儘管我們願意盡最大努力去做，我們可能也只在廣延的方向上邁出了最初的幾步路。但是，只要設想一下，如果物質也同樣在這個方向上運動；並且向更遠處推進；還有，如果物理學也僅是心理學的倒影，那麼，我們或許會有所感悟。當物質總在那裡向我們提示更加清晰的空間觀念時，我們就更能理解爲什麼我們的心靈會感覺到在空間的自然活動是如此的自如。這樣的空間在我們的感情深處已隱含著我們心靈可能的伸展之謂，也就是說，它是我們心靈自身可能的鬆弛。心靈在事物中找到空間；但是，如果心靈所具備的想像力強烈到足以自終至始反向回溯自身的自然活動時，則它可以不必透過事物而找到空間。另一方面，我們由此即可以解釋爲什麼物質就是在心靈的觀照下，依舊著重在它的物質性方面。首先，物質會幫助心靈向下朝著自己的方向回溯，物質對心靈產生了驅動作用。但是，一旦被驅動，心靈就會沿著既定的方向繼續前進。它所形成的純粹空間的表象，僅僅是心靈朝向物質的回溯進程中的極限的設想。一旦具有了空間的形式，心靈就能夠讓它如網一樣的籠罩物質，網眼可大可小、可設可不設，於是物質便依照我們的行動所需的形式加以分合。因此，我們心目中的幾何空間與事物的空間性實乃透過彼此間的相互作用與反作用而產生的；它們本質上是相同的，但是它們的活動方向卻是相反的。空間對於我們的本性來說，並不像我們所想像的那樣陌生；物質在空間的延展情況也不像我們的智能和感官所認爲的那樣完美無缺。

對於上述的第一點（空間問題），我們已討論過，至於第二點（物質在空間的延展情況），我們僅限於呈現如下的事實：完整的空間性存在於物質各部分相互間完整的外在關係中，也就是說，它存在於完全相互獨立的狀態中。然而，沒有一個物質粒子的運動能夠不作用於其他的物質粒子。假如我們注意到事物眞正的存在於它產生作用的地方，我們就會接著說（如法拉第所說的那樣）③：所有的原子都是互相滲透的，而其中的每一個原子都充滿整個世界。在這種假設裡，原子或者更一般性的說是物質的粒子，都變成一種心靈的簡單的景觀。在這種景觀中我們會繼續進行更大規模將物質細分爲各種物體的工作（這一工作與

---

③ 法拉第（Faraday），〈關於電傳導的思考〉，《哲學雜誌》，卷二十四，第三系列。

我們的行動能力密切相關）。毫無疑問，物質自有進行這種細分的傾向。在假設物質可以分解爲相互外在聯繫的許多部分時，我們也就建構了足以表徵這一實在世界的科學。不可否認的是，如果尚未存在一個完全孤立的系統，而科學爲此尋找方法，欲將自然世界分割成彼此相對獨立的各種系統，這樣做並沒有什麼明顯的失誤。然而，這樣做豈不是意味著：物質在空間裡延展自己，卻沒有在裡面絕對延展開來嗎？而且，既然將物質視爲可分解的孤立的系統，同時又認爲它是由十分不同的元素所構成的，這些元素彼此間的關係會發生變化，但元素本身不會改變（我們稱之爲「位移」，而不是「變換」）。簡而言之，既然要賦予物質那些純粹的空間性，這是否就表示我們全神貫注於設想物質的運動含義，在這種含義中，物質僅僅用來說明運動的方向？

康德在他的《先驗感性論》裡似乎對廣延有特定的說法，他認爲廣延與物質的其他屬性不同。我們不能將之與熱、顏色、重量等列爲同類，因爲對於那些物質屬性我們無法進行抽象的推理，對於重量或熱，我們必須借助於經驗才能知道它們的狀態，而要得到空間的概念則不必如此。就算我們也是透過視覺與觸覺等經驗性的途徑而得知空間的概念的（康德從未質疑過此事實），但在我們的心靈中很顯然仍有一些獨有的專事觀照物質的力量，它們可以先驗的將物質切分爲具有物質本身所先天決定的那些性質的形象：我們的經驗並不總緊貼著我們的心靈，但是透過我們無限深化的推論以及堅定不移的爲這些推論辯解，經驗總是緊隨其後。這是一個事實。康德已經對它做過清晰的解說。但我們相信，對於這個事實的解說，還必須從與康德有所不同的方向來繼續尋求。

就像康德告訴我們的那樣，智能浸泡在一種空間性的氛圍中，它與空間不可分離的結成一體，就如同生物體離不開所呼吸的空氣一樣。我們的各種知覺只有在穿越過這個氛圍之後才能產生。它們預先的在我們的幾何方位觀念中孕育，以至於我們的思考能力也只能在物質中重新發現我們的感覺能力已經印證的那些數學性質。於是，我們就很有把握的認定物質一概都按我們的推理路線演化，並提供了有力的證據；但是，我們分內的工作僅僅是，物質方面所有可理解的部分；對於作為「物自體」④的實在，則我們就毫無所知了，而且永遠無法認知，因為，我們只能透過我們知覺能力的形式感來抓住實在的某種折射。因此，若我們自以為是的肯定實在的某種東西，則立刻就會出現與之相反的、但同樣既可證明、又可信賴的實在的另一種東西。空間的理想性已經被知識的分析所直接證明，而且也被對立的論題所匯出的二律背反的原理所間接證明。這就是康德批判哲學的主導思想。它促使康德對於所謂的「經驗主義」的認識理論進行了斷然的駁斥。以我的看法，康德所做的批判和否定，無疑是正確的。但是，在他所肯定的東西裡面是否真給我們帶來解決問題的積極性的答案呢？

康德認為，空間是我們知覺能力的固有的形式——道道地地的先天性的形式，我們既不知道是怎麼來的，也不知道它為什麼會是這樣獨一無二的。既然他提出「物自體」的結論，

---

④「物自體」：原文為「en soi」，前面應加「choses」才符合康德「自在之物」的獨特說法；這裡用「實在」（réalité）代替「物」，故採取這一更切近的譯法。——譯注

斷定我們對它們了無所知，那麼他又如何得知它們的存在，即便是「成問題」的存在呢？如果不可知的實在能夠在我們知覺能力上投射某種準確而合適的「感覺的複影」，那麼僅就這一事實而言，是否應該認定它們有一部分是可知的呢？而且，當我們對這種「感覺的複影」在我們的心靈中準確而恰當的嵌入加以考察時，至少在某一要點上我們禁不住會去設想在事物與我們的心靈之間存在著一種預設的一致性或默契——這是懶人僥倖的假說，康德有理由對此避而不談。從根本上來說，康德之所以不得不承認空間既有的先天性，這是因為他沒有辨析和弄清空間性中的程度問題——「感覺的複影」是如何與之相適應的這個問題也是由此而引起的。出於同樣的理由，康德認為物質已全部發展成為各自絕對獨立的、相互間只有外部聯繫的許多部分；由此提出了二律背反的命題，我們可以清楚明白看出，正題與反題都以假定物質與幾何空間的完全一致為前提；但是，當我們終止眞正的純粹空間在物質中的延展時，這種一致性也就消失。由此而來的結論是，在認識論方面只有三種途徑可供選擇：一種是心靈被事物所決定，另一種是事物被心靈所決定，第三種則須在心靈與事物之間設想有一種神祕的共同關係。

但是，除了上述的三種之外，事實上還有第四種途徑，只是康德似乎沒有想到，首先，由於他不認為心靈能夠超越出智能的囿限，其次（從根本上說是一回事），由於他不把綿延作為一種絕對的存在，而是把時間與空間先驗的置於同一地平線上。因此，第四種認識途徑就只能是先將智能當作心靈的一種特殊作用，這種作用主要施加於無機物質上；如此則既非物質決定智能的形式，亦非智能將它的形式強加於物質之上，同時也不是在物質與智能相互作用之間存在某種預設的、說不清的共同關係，而是由於智能與物質逐漸互相適應而達成的一種共通的形式。不過，**這種適應的過程是十分自然實現的，因為它是由既創造心靈的知性又創造事物的物質性的同一種運動的同時逆轉所促成的**。

從這一視角來看，對於物質，我們一方面具有知覺認識，另一方面是我們的科學認識，但兩者所給予我們的東西可能是近似的，而不是相對的。我們的知覺具有對我們行為的指導作用，它經常將物質分析得過於精細，經常將物質附屬於實際的需求之下，而且經常本身需要靠結果來加以修正。我們的科學企望取得數學的形式，為此往往過分強調物質的空間性；一般來說，它的範式這麼刻板，因此經常需要加以改造。要使某一科學理論成為決定性的行動指標，則心靈必須完整涵蓋事物的整體；而且將它們準確安置於一定的關係中；但是，實際上，我們不得不逐一提出各種具體的問題，所採取的描述方式甚至都是暫時性的，因此每一個問題的解決辦法都要經過不斷修正、解決，下一個問題便是對前面問題的答案的修正；而科學從整體上來說，就與個別問題偶然提出的次序有聯繫。從這個意義和方法來說，我們應該把科學看作是習俗規約性的。不過，這種習俗規約性是就事實而言，而不是就法則而言。原則上，假如沒有超出無機物質這一自身的範圍，實證科學是建立在實在自身之上的。

這樣看來，科學認識固然有相當高的水準，但反過來說，以超越純粹的智能之力而建構起來的認識論仍是困難重重的事業。事實上，即憑藉謹慎的分析，它仍不足以決定思維的各種範疇，因為這裡涉及這類範疇的創立問題。至於說到空間的問題，我們必須依仗心靈的不懈努力，同時按照超空間性如何降格爲空間性的這種進程（更確切的說是回溯）來了解其所以然。當我們首先使自我意識處於盡可能高的層次，隨後再一點一點讓自己落下，那時我們即可獲得延伸的感覺：我們會感到自我在彼此獨立的外在的無機紀念物中延伸，而不是在不可分割的行動意志中延伸。但是這不過是一個開始。我們的意識概略描繪出這種延伸活動，並且向我指示出其方向，同時爲我們呈現繼續將這種活動進行到底的可能性；另一方面，如果我們認爲物質似乎一開始就與空間合二爲一，我們會出現，我們愈把注意力集中在物質上，則我們說過的物質的許多部分原是各自獨立地並列在一起，現在卻互相融會貫通起來，其結果使得每一部分都以某種方式經歷著整體性的活動。因此，不管物質在空間的方向如何展開，它卻未能完全達到充塞空間的目的，由此我們可以下這樣的結論：物質只能將它的運動繼續往更加遙遠的地方推進，意識無論如何，也能在我們的心裡勾畫出此運動的初生狀態。因此，我們不難掌握鏈子的兩端，儘管我們無法把握此外的其他環節。中間那些環節我們就永遠無法把握住嗎？我們必須考慮到，就我們所定義的現存哲學而言，它尚未完全的了解我們意識的眞相。當物理學將物質從空間性的意義上推進時，物理學理解並發揮了自己的作用：但是，形而上學只知道單純的跟從物理學的步伐前進，甚至期望與物理學合而爲一，這樣做是否有忘掉本身的角色之嫌？假如反其道而行，形而上學的任務難道不是要力挽物理學順從物質的趨下之勢，透過回溯，把物質重新帶回到它起源之處嗎？也就是說，形而上學難道就不想逐步建構一種宇宙論，我們不妨稱之爲一種逆向的心理學嗎？從這一新的觀點來看，所有被物理學家和幾何學家視爲**實證的**（positif）東西，都反要干擾、阻斷或挑撥眞正的實證性，眞正的實證性必須用心理學的術語來加以定義。

幾何學秩序

六、物質固有的幾何學特性

的確，當我們考慮到數學上令人驚嘆的秩序，它所研究的對象無比和諧，數字和圖形內含的邏輯性，還有就是確定性，即：無論在同一命題上的推理多麼紛繁歧異，我們總是能夠得到相同的結論等，我們就會恍惚迷惑，弄不懂負面性質的系統也會呈現正面性質的表象，更理解不了眞正的實在與其說在場，不如說不在場。我們不應該忘了正是憑藉我們的智能，我們才能覺察出這種秩序，並且對之讚嘆不已；但是我們的智能的導向原則卻是與運動物體的物質性和空間性相一致的。智能在分析其物質對象時所取的原理和方法愈複雜，它所發現的該對象的秩序也就愈複雜。既然實在性與知性具有同樣的意味，上述的那種秩序和那種複雜性對於智能來說必然表現爲一種實證的實在性。

當某位詩人對我朗誦他的詩作時，我會很感興趣的進入他的思維天地裡，沉浸於他的情感海洋中，再現他用短語和詞彙渲染的單純的狀態。於是，我與他的靈感發生共鳴，並以一種與靈感本身相似的、連續不可分的身體動作跟蹤他的靈感。可是，只要我的注意力略爲鬆懈，內在的張力旋即消失，朗讀之聲還清晰盈耳，但僅聞一字一句之物質性的音調而已。這時我沒有什麼內在的東西可融入；進入此情此景，我只要撤走某些東西即可。到了我的心意更加鬆懈時，就會感覺到音調不相連貫；此時，短語拆散成單詞，單詞分開爲音節，我只孤立的抓住這些隻字片語了。如果心意鬆懈到極點，則如同進入夢鄉，此時，一切都顯得模糊了，字母一個個從那奇異的書頁上站立起來，牽著手，在我的眼前魚貫而過。此時，我的內心一定會暗暗稱羨：字母聯結得如此精妙，佇列的秩序如此井然，音素組合成音節，音節組合成單詞，單片語合成短語，這一切都環環相扣，如天衣無縫。我愈是順著這種消極的鬆散心意行進，我就會愈多的創造延展性和複雜性；反過來說，複雜性愈增加，各種元素之間嚴絲合縫、井然有序的關係便愈令人羨慕。然而，這種複雜性和伸展性不代表任何肯定性；它們只表現了意志的渙散與不足。從另一方面來說，事物之間的秩序必定會隨著複雜性的增長而增長，因爲秩序只是事物的複雜性中的某一方面：對於一個不可分的整體事物，我們所覺察到的它的各部分數目愈多，這些部分之間的相關性就必定愈繁複，因爲在注意力分散時，同樣不可分的整個實在便君臨於無數具象的獨立部分，這些部分實際上都是被我們的注意力分解出來的。透過這種比較，我們可以在一定程度上理解：物質在空間的延展性以憑藉數學發現的它在空間所呈現的令人稱羨不已的秩序性，都完全由實證的實在性受到同樣的壓抑以及某種原發性的活動發生同樣的逆轉所造成的。在以上兩個例子中，理所當然存在著這樣的不同：字詞是透過人類的積極努力而發明的，而空間則是自動產生的，猶如任意的兩數相減必生餘數一樣。⑤但是，無論是在哪一個例子中，各個獨立部分的無限複雜性以及它們彼此之間完美的協調性，都是在回溯過去或者從現在逆轉的過程中猛然創造出來的。逆轉終究是消極的干擾或中斷，也就是說它是實證的、實在性的減弱。

⑤ 上述我們的比較只不過發展了普羅提諾（Plotinus，約二〇四—約二七〇）所理解的 λόγος 一詞的含義。因為，這位希臘哲學家所謂的 λόγος（即通譯的「邏各斯」——譯者）的一部分內涵，可歸結為「創生與告知的力量」，也就是 ψυχή（靈魂）的某個方面或某個片斷之意；另一部分內涵，普羅提諾有時將它當作「話語」來提出。我們在本章中更一般的在「延伸」與「鬆懈」之間建立聯繫，這在某些地方類似於普羅提諾所假設的那種聯繫〔拉韋松先生（M. Ravaisson），肯定從中得到某些啓發〕，普羅提諾不是將延伸當作原先存在的實際倒退，而是只把它當作其本質的一種削弱，即處於發展過程的最後幾個階段中（特別是見於普羅提諾《九章集》第四章第三節九—十一和第三章第四節一七—一八七）。然而，古代哲學沒有看到這會給數學帶來什麼結果，因為普羅提諾也像柏拉圖那樣，將數學的本質確立為絕對的實在。古代哲學免不了要被綿延與延伸之間純屬表面的類似性所迷惑，將它們兩者等量齊觀，從而把變化看作一種不變性的貶損或退化，同時把可感性看作為可知性的失落。因此，正如下一章我們將要說明的，這樣一種哲學無法真正認識智能的作用和範疇。

七、智能的基本功能

我們智能的全部運作都趨向於幾何學，到達此目標，智能就得到最完美的實現。但由於幾何學必須先於智能運作（因爲此類運作絕無可能以重建空間爲目的，只能把空間當作既成的事實來接受），所以，顯然是那一內含於我們的空間表象中的潛在幾何學終究成爲我們智能的巨大動力，促使智能發生作用。人們只要探討智能的兩項基本功能：演繹能力和歸納能力，就會深信不疑上述的見解。

現在先談演繹。我在空間描畫一個圖形，這個動作同時也產生了圖形的性質；這些性質在動作的進行過程中是看得見、摸得著的；我既感覺到，也看見了，空間中設定與後果、前提與結論的關係。所有憑藉經驗讓我想到的的其他概念，只有一部分可以先驗的重建；因此，這些概念的定義是不完整的，它們的演繹也是不完整的，不管結論與前提之間的聯繫是多麼的嚴密。現在，我在沙地上試畫一個三角形。我肯定知道，如果它的底邊兩角度數相等，則其鄰邊也必定相等；就是將這個三角形顚倒過來，情況也不會有任何的改變。我在尚未學習幾何學之前就懂得這個。因此，在幾何學未發明之前，已存在自然的幾何學，其明確清晰程度都超過其他的演繹結果。其他的那些演繹法，關注的是事物的性質，而不再是量值。但是，量值已潛藏於性質之中，透過性質我們可以約略推知其量值。我們必須注意到，數量與位置的問題在我們的人生活動中是要首先考慮的，人們早已在其反思性的智能未開發之前就已透過外化於行動中的智能解決這些問題：對於距離的測度、方向的決定、歧路的辨識以及捷徑的選擇等，野蠻人常比文明人更內行。⑥如果說動物既沒有清晰的演繹功能，也形成不了清晰的概念，當然也就沒有均質的空間的概念。至於人，則一開始便有空間的概念，所以同時產生了潛在的幾何學；因有潛在的幾何學，所以在它的降解過程中又形成了邏輯學。但是，歷來哲學家不願意這樣迂迴的看問題，他們多以爲邏輯是智能的產物，是出於人的心靈的奮勉。但是，如果我們認識到，人的心靈或精神的運作過程先行於日日新的創造，亦即先行於雖然有前提以及其他有關的不確定因素、但卻無法斷定其結論的各種科學探討，我們就必須談到這樣的一種表象：它透過預先包含著結論的各種前提，不斷呈現於各種必然的決定性的關係之間；它追隨的是逆反的方向，也就是回溯到物質的方向。從智能的觀點來說，那些事情看起來是人的心靈的奮勉，其實它們本身不過是一種撒手不管的放棄智能運作的表現。如此看來，從智能的觀點來說，這裡存在著「預期理由」（une petition de principe，亦稱「丐詞」——譯者）的邏輯錯誤，即認爲幾何學是從空間自動產生的，而邏輯學又是從幾何學派生的；相反的，如果空間是人類最大限度的心靈伸展運動的標誌，我們在提出空間這個概念之時，就必須同時提出邏輯學和幾何學，因爲它們兩者皆以探討空間的純粹直覺性的實質爲其目標。

---

⑥巴斯蒂安（Bastian），《腦》，巴黎，一八八二年，卷一，一六六—一七〇頁。

八、幾何學與演繹法

我們都沒有充分注意到，演繹法在心理學與道德倫理學方面的效用甚爲微不足道。因爲，只有達到一定程度，並採取一定措施，才能從某種有事實依據的邏輯推理中取得經得起考驗的結論。爲了修正推演出的結論，使之符合生命的曲折經驗，這方面的學問必須儘快訴諸常識，也就是說，訴諸實在事物的連續經驗。因此，可以說，演繹法之於道德倫理學，只能當作一種比喻法；而這種演繹法只有在看準道德與物理可以互換之處時才能適用，我的意思是說，在道德可以用空間的圖像來表徵時。比喻永遠也達不到十分透澈圓融的地步，正如集切線不能成曲線一樣。因此，怎麼可能使人不對演繹法的疲軟無力感到驚訝，甚至認爲當中有些怪異呢？人大多以爲演繹法純是心靈的作用，只有透過心靈的力量才能完成其運作。從某種意義上說，似乎演繹法只有在精神的領域、並且用於心靈的現象中，才最爲妥當貼切、得心應手。殊不知事實完全不是這樣。演繹法一用於精神領域，便立見其窮拙困窘之態。反之，若將之用於幾何、天文、物理等外在於我們的現象則無所不能！在這裡，透過觀察和經驗來求取某種原理或原則的步驟，無疑是不可或缺的，也就是說，這是爲了發現在什麼情況下就要對事物進行考察；但是，嚴格來說，我們可能很幸運的立刻就已達到這個目的；而且，一旦我們擁有那一原理或原則，我們就可能綽綽有餘的從這一原理推匯出總能由經驗加以證明的結果。因此，我們只能得出這樣的結論：演繹法是受物質性的慣規所制約的一種運作，並且被物質的靈活的結構特點所塑造，歸根結底還是暗含著物質基本結構裡的空間因素。只要這種演繹法被用於空間或空間化的時間，它就可以完全自行其是。只有綿延才會剎住演繹法的運作。

九、幾何學與歸納法

所以，演繹法如果沒有以空間的直覺爲背景，就無法進行下去。對於歸納法，我們也可以這樣斷言。當然，如果企望從同一條件中重複出現同一事實，則毋須按幾何學方法來思考，甚至不需要思考。動物的意識就是如此運作的。而且，生物體的構造本身，就是不依賴於一切意識也能從自己所處的持續變化的境況中抽取使其感興趣的類似，並藉此對當前的刺激作出合適的反應。不過，這只是生理機能的自然反應，遠不是可以恰當的稱作某種智能作用的歸納法。歸納法基於以下兩種信念：一是有果必有因，二是相同之果尾隨於相同之因。現在，假如我們深入探討這兩種信念，我們就會發現這裡存在著假定之說。首先就是，它假定：實在性可以分解爲各個部分，我們在實際操作中可以將這些部分視爲孤立和自爲的東西。比如，我置壺於爐上煮水，從實在的方面來看，沒有一件事物不與整個的太陽系相關聯，但自個別的情景和動機而論，則不妨將水、壺、爐三者視爲一個小世界，而且在這個小世界裡所發生的現象，都有一定的道理，就像水必定經過若干時間才能沸騰，也就是說，這個小世界能夠獨自自動完成一定的工作。以壺盛水置於爐火上，經過若干時間必定沸騰，我昨天親自經歷過此事，便相信這種經驗也可以適用於明天、後天乃至於永遠。這種信念的基礎建立在哪裡呢？我們必須注意到，根據可能發生的情況，這種信念多多少少是有保證的；當我們所探討的那個小世界只包含那些量值時，這種信念便具有絕對肯定的性質。事實上，假如我提出兩個數字，我就不能隨意選擇它們的相差之數。再如三角形若已知其兩邊之長及其夾角的角度，則必能推知其第三邊，整個三角形便自動完成了。不管我在何時何地畫出另外一個三角形，並使其兩邊之長及其夾角與此相同，則其第三邊也必定與此相同，並且可以推知兩個三角形能夠完全重合。不過，此種推論只有用於純粹的空間方面的測定方爲確切，我們是否能夠假定在其他情況下也能像這種條件有限的例子那樣確切呢？甚至還可以再問下去：這種條件有限的例子難道不是從所有的其他事物中脫穎而出的、⑦並且讓其他事物根據其不同的透明度也映射出不等的「幾何學的必然性」的色彩的嗎？其實，當我說今日我置於爐上的水，一如昨日，必沸無疑，我不過是含混的感覺到有這種絕對的必然性。我是把兩個三角形的重疊之理移用在這裡。我認爲今日的水壺與昨日的水壺沒有什麼不同，今日的水與昨日的水也都一樣，則今日煮沸的時間綿延必定與昨日煮沸的時間綿延一致；正如以一個三角形加諸於另一個三角形之上，其兩邊與夾角一一重合，則可推定它們的第三邊也一定重合一樣。但是，我之所以有這種推想是因爲自己忽視了以下兩個要點：一是忽視了時間，歸納法意味著，在物理世界中與在幾何世界中一樣，時間因素是不算什麼的，所以認爲

⑦ 柏格森，《論意識的直接材料》，巴黎，一八八九年，第一三四－一三七頁。

今日的事件可以重合於昨日的事件之上，而沒有考慮到它們發生的時間的先後，只有在幾何學中才允許我們把一切都視爲同時發生的，除此之外，在其他領域中這種推想都是不正確的；二是忽視了事物的性質，以爲不同事物的性質也可以重合，乃至於相同，如同數量一樣可以相等。實際上，當我在想像中認爲今日的爐子和水與昨日的爐子和水一樣，我不過在指它們的外形輪廓一致而已，哪能因爲它們的外形輪廓一致便認定其性質也相同呢？這種推想完全是將事物的量值上的一致，延伸到它們的性質上。爲此，有的物理學家便以爲性質的相異不過是量值的差別而已；因爲，在科學出現之前，我們大多有將性質看作量值的傾向，似乎事物的性質透明得可以看到它們背後所具有的幾何學的機理一樣。⑧事物的性質的這種透明度愈完全，我們就愈會認爲在相同的條件當中，必定會重複出現相同的事件。在我們的心目中，歸納法可以讓我們十分肯定和精確的將性質的差異融化於作爲它們依據的空間均質性之中，因此歸納法如同演繹法一樣都以幾何學作爲它們理想的極限。物質的運動是空間性的存在依據，在這種運動的過程中，作爲知性的整體結構的兩個主要組成部分——歸納能力和演繹能力——便積澱而成了。

---

⑧ 柏格森，《論意識的直接材料》，巴黎，第一、三章。

十、物理法則

運動在心靈中創造了這些能力。然而，它還在事物中創造了我們在演繹法的協助下用歸納法所找到的「秩序」。我們的行動依靠這一秩序，我們的智能在這一秩序中得到自我的確認，因此這一秩序在我們看來是非常奇妙的。不僅相同的整體性原因總是產生相同的整體性的結果，而且，隨著我們更深入的分析，我們的科學在有目共睹的因果關係之下，發現了無數極其細微的變化，這些變化彼此間的關聯也顯得愈來愈精確嚴密。於是，從分析的終極結果來看，物質似乎就是幾何學的化身。當然，智能在這裡有理由讚賞秩序在不斷增長的複雜性中得以增強：秩序和複雜性既然具有與智能相同的意味，它們從智能的角度來看無疑也是一種得到實證的實在。但是，既然整個的實在像我們所認為的那樣，不可分割的順應著生生不息的造化之勢前進，事物的面目也必定不斷變化更新。因此，在我們看來，以上所謂的物質因素方面的複雜性以及物質因素中的數學秩序，都必定自動出現於宇宙萬物內部運動的中斷或部分的逆轉之時。像其他方面一樣，智能也是透過與此同類的中斷或逆轉的過程而從心靈中分化出來；而且智能由於趨向於物質的活動，在物質的複雜性與數學秩序之中，發現與其自身相切當之性，所以不禁對之讚賞不已。但是，自身眞可嘆服的，並且值得引起驚訝的，實則在於不可分割的實在總體在前進過程中永無休止的創新；因爲數理不論如何精微淵博，卻一點新東西也創造不出，而一旦被賦予這種創造力（至少在我們行動自如之時，我們當可意識到自己身上存在此創新之力），便只有分散自己的注意力以放鬆自己，放鬆自己以延伸自己，延伸自己以顯示那些人爲的產物的數學秩序和它們所基於的呆板的決定論，對於創造活動的中斷作用。此外，它們（數學秩序和呆板的決定論）本身就構成這種中斷作用的一個組成部分。

正是這種完全消極的趨向表達了物理世界的特殊法則。對這些法則的抽查結果表明它們皆非出自客觀的實在。它們不過是學者所立之法：學者自一特定觀點去觀照那些事物，將某些參數剝離出來，然後採用某些約定的單位以便於測量。不過，在物質的內在因素中的確也隱藏著接近於數學的秩序，這是客觀的秩序，科學在它的發展過程中，只能逐漸逼近這種客觀的東西。因爲，假如物質只是從非伸展性的東西向伸展性的東西方面弛張，並因此從自由走向必然，那麼它肯定無法與純粹的均質空間完全趨於一致；實際上，它是由導向純粹的均質空間的運動所組成，因此可以說趨向於幾何學。然而，千眞萬確的是，構成數學的法則永遠也不會完全適用於物質。若果眞如此，那就意味著物質必須變成純粹的空間，而且要與綿延脫離關係了。

在以數學形式出現的某種物理法則中，一般都有一些人爲的成分在內，因此我們對事物的科學認識也難免有種種的偏頗，但是，我們從來對此就沒有足夠的重視。⑨比如，爲了測量工作的需要，我們就確定了一些度量單位，它們不過是約定俗成的，並不切合自然的意

---

⑨ 這裡尤其是引用了勒・盧瓦（Ed. Le Roy）先生發表於《形而上學與道德學雜誌》上的幾篇有深意的研究文章。

圖。以受熱的變化爲例，我們能說一定量的水銀的膨脹與同量的大氣氣壓與溫度的變化有完全契合的關係嗎？沒有充分的理由這麼說。可見所謂**測量**一般來說都屬於人爲的，不過是透過事物的重複和並列的出現來歸納而成的。這種重複和並列的出現，並非自然的眞相。自然是不可測量的，更不可計量的。但是，物理學卻對它加以計算、測量、並描述彼此間的數量變化關係，從而總結出法則，並且獲得成功。如果構成物質性的運動並非就是我們將它延伸直到它的終點（即實現均質的空間）的那一運動，物理學所取得的那些成功便難以被解釋；須知那一運動導致我們進行計算、測量以及跟蹤那些互爲函數的各個變數。由於物質性與智能具有相同的本質，並且以相同的方式產生，智能必定會很自然的趨向空間、趨向數學。正因爲如此，要實現上述的延伸，我們的智能除了先延伸自己之外別無他法。

假設數學秩序眞是內在於物質的、並可以得到實證的東西，假設其中眞有可與我們的法律相比的法則存在，那麼科學的成功眞可謂近乎奇蹟。因爲，究竟我們有多少機會去找出自然界的規範、去精確的剝離自然界可能選擇的變數，進而測定其中的各種相關性呢？很難說。假如我們所發現的數學形式並不完全符合於物質的本來面目，則將難以解釋這一門科學何以成功了。因此，只有下面這一假說比較易爲人所接受，即：數學的秩序都不具實在性，它僅是某種中斷的行爲所趨向的形式，而物質性正是包含在這種中斷的行爲之中。我們因此可以理解，科學也許不過是在探求某些可能性，它與它所選擇的參數有關聯，也與它連續不斷提出問題的次序有關聯，它的成功祕訣可能也在於此。科學的作用，在它的總體之中，可能有很大的差異，然而它還是成功了。這正是由於在自然界的根基中，實不存在任何特定的數學法則系統，數學一般來說僅僅代表物質的下趨之勢。比如，腳上灌鉛的不倒翁，不論平放、倒置還是投諸空中，一定都會自動站立起來。物質也是這樣：不論我們從何種角度入手、用何種方法來處置它，其結果必能與我們預設的數學框架之一有所相合，因爲我們早已爲它灌上了幾何學的「鉛腿」。

十一、關於分析無序觀念的認識論簡介

然而，哲學家可能會拒絕將認識建立在這類的數學分析的基礎上。他們之所以對此表示反感，是因爲數學秩序既然作爲秩序，在他們看來就要包含某種可以實證的東西。儘管我們解釋這種秩序是自動產生於「反秩序」（L' ordre inverse）的中斷，或者說它就是中斷這件事的本身，仍然毫無用處。一般的觀念仍然是這樣：很可能**根本就不存在什麼秩序**，而事物的數學秩序，作爲對於無序狀態的一種征服，具有一種可以實證的實在性。在深入探究這種觀念之時，我們將會看到無序觀念在與認識論有關的問題上扮演著怎樣的主要角色。這種觀念在那裡似乎並非顯而易見，因此常爲我們所忽視。然而，一種認識論必須開始於對無序觀念的批判，因爲我們首先必須知道實在的世界爲何和如何遵從某種秩序這個大問題，而提出這個大問題的背景就是：有人相信，似乎有可能不存在一切種類的秩序。實在論者和唯心主義者彼此都努力思考這一無序的問題。實在論者談到「秩序化」的方法，即在無序的自然現象上有效的賦予「客觀的」法則。唯心主義者假定我們存在一種「感覺的分歧」，無序

觀念便是由此而來的，經過理解力的組織和綜合，然後我們對外界才有一個整體的認識。因此，我們首先必須分析其含義爲「秩序缺席」的無序觀念。哲學是從日常生活借用了這個詞組。毫無疑問當我們談到無序觀念時，我們通常是在思考著什麼。但是，到底我們思考什麼呢？

在下一章裡，我們將會知道要確定一種否定觀念的內容是多麼艱難，因爲它會引起我們的種種錯覺，使我們的研究工作陷於不可挽回的困境中。這裡所說的錯誤和難處通常指的是，人們往往會誤將主要是暫時的表達方式當作確定的東西來接受，將實用的考慮與思辨混爲一談。就如這時我從書架上任取一本書，僅於一瞥之下便放回架上，並說道：「這不是詩」。對於這本書，我果眞一一檢視過每頁都沒有詩嗎？顯然不是。我沒有看到，也絕不會看到那裡沒有詩，我只是看到了散文。但因我此時所要讀的是詩，我便根據這種期待來表述我所找到的東西，所以不說：「這是散文」，而是只說：「這不是詩」。反過來說，假如這時我很想讀散文，而我碰巧從書架上取下來的卻是一本詩，我就會說：「這不是散文」，同樣是用適合於我所期待和關注對象的語言來表現實際所見的東西。因爲，此時我的念頭非散文莫屬。如果儒爾丹[⑩]先生聽到我上述的兩種說法，他一定會發表這樣的看法：詩和散文

---

⑩ 儒爾丹是莫里哀的戲劇《貴人迷》中的一個角色，此人非常富有，一心想擠進上流社會，卻爲此出盡洋相。——譯注

是書面語言的兩種形式，但在這兩種典雅的語言之外，豈無既非詩又非散文的粗放的形式嗎？實則他又想說，非詩非散文只不過是一種虛假的概念罷了。由這一虛假的概念更進而可能產生出一個虛假的問題，即；假如儒爾丹先生問他的哲學老師，散文形式與詩的形式怎麼可能疊加於既無詩也無散文的東西上？他還可以要求我們拿出將這兩種形式揉合於這種無形的簡單物質上面的理論來。他所提出來的問題可能是荒謬的，其荒謬的原因出自於他在詩與散文的共同基質中注入既否定詩又否定散文的東西，忘記了否定其中的一個必定包含著肯定其中的另一個的排中律。

不過，我們不妨假定有兩種秩序，這兩種性質相反的秩序即處於同類事物之中。我們還假定，所謂的無序觀念即每當我們在尋求其中的一種秩序之時，不料卻逢見另一種秩序，因此，它是我們的心靈在失望之餘所產生的觀念。因此，無序觀念在現行的生活實踐中具有清晰的意義：爲了便於語言的表達，我們可以說它客觀的表現了、或者對象化了，我們心靈上的受騙感覺，因爲出現在我們面前的其他種類的秩序並非我們所求，這時它在我們意念中還十分陌生，從這個角度來說，它不存在於我們的心靈中。但是，這種觀念不容許作任何的理論應用。如果不顧一切將之引入哲學的思辨，則不可避免的要失去對它眞正意義的認識。我們所謂的無序觀念，乃是表示此種秩序雖缺而他種秩序尚存的意思，只不過我們對他種秩序並不在意而已。只有當這種無序觀念往來於兩者之間而皆適用，宛如織布機上的飛梭，不停的一往一來時，我們才會產生似乎此種和他種秩序均不存在的感覺，於是我們會認爲無序觀念徒有詞語體式，而非實有其事，因爲對它我們既無法知覺，也不能想像。但是，由此會產生出這樣的疑問：究竟秩序是怎樣加於無序之上，形式是怎樣加於物質之上呢？經過這樣細緻分析無序觀念之後，我們不難認識：這個觀念根本不代表什麼事物，圍繞著這個觀念而提出的疑問也隨之煙消雲散了。

想弄明白這層意旨，我們首先必須區分清楚通常容易混淆的兩種秩序，辦法是將它們彼此加以對照。因爲這種混淆會產生認識論上的原則性的難題，所以下一節有必要再次思考區分這兩種秩序的標誌何在。

十二、兩種相反的秩序形式；種類和法則

從一般的情況來說，實在世界的秩序化程度與它滿足我們的思維程度準確的相應。因此，所謂的秩序，實際上指的是主體與客體的某種一致性，也就是心物的交融。但是，我們可以說，心靈會有兩種相反的趨向：一種是順其自然的趨向，即趨於在張力狀態下的奮進、創造不息和自由行動；另一種是逆於自然的趨向，這種逆轉到達極端即出現延伸現象、各種外在獨立的元素間必然的相互聯繫，以及最終導致的幾何學機制。不論遵循哪一種趨向而進展，從經驗上來看，在兩種趨向中均有秩序在；這是因爲我們的心靈均能融會貫通於這兩種趨向中。正因爲如此，這兩種趨向極易混同。爲了避免它們的混同，理應各定一名稱，只不過這兩種趨向的形式複雜多變，給它們定名確實也不容易。這裡不妨將第二種秩序稱爲幾何學的機理，因爲推向它的極致，必定是幾何學所假定的均質空間：更有普遍性的特

徵在於，凡是具有必然的因果決定關係的事物都涉及幾何學的機理。它體現了惰性、被動性、自動性等諸種觀念。至於第一種秩序很可能總圍繞著目的性上下波動：但是，人們不會以此來定義它，因爲它有時在目的性之上，有時在目的性之下。從它的最高形式來說，它要比目的論優越，因爲我們可以說某種自如的表演或某一藝術作品顯示出一種完美的秩序；然而，它們只能在塵埃落定之後用差強人意的觀念性的語言來表達。如果將生命的整體視作一種創造性的進化現象，那麼其中便寓有這種秩序：實際上它超越了所謂的目的性。因爲，目的性意味著可以按預定的或設想的計畫來實現客觀事物的進化或發展。顯然，這種理論框架對於從整體性的角度來看的生命來說，則覺得太狹隘；但將某樣的個別生命現象納於其中，又覺得太廣泛。不論如何，目的論涉及了我們這裡探討的生命現象，只是現有的這類研究都傾向於認定生命是沿著一定意願的方向發展的。總之，我們可以說，第一種秩序是生命的或意志的秩序；相反的，第二種秩序是惰性的、自動化作用的秩序。我們一般從常識上至少對這兩種秩序的極端個案做了直觀的區分；也是從直觀方面來看，這兩者彼此很接近，因此很容易混同。例如：我們會驚嘆天文現象所顯示的奧妙之理，其實這裡可以用數學的方法來預測。再如，我們聽貝多芬的某一交響樂也會感嘆其美妙無比，然而，這是天才的創新，因此本身是不可預見的。

但是，第一種秩序與第二種秩序相混淆的情況純屬例外。一般來說，只是因爲第一種秩序也出現使我們感興趣的一些特點。例如：假如我們從生命進化的整體觀之，毫無疑問，生命運動的自發性及其過程的不可預測性，都會令人歎爲觀止。但是，我們日常所經歷的事物卻往往與此有別；我們見到的是某種特定的生物，某種生命的特殊表現，它們差不多都是我們已知的形式和事實的重演：甚至可以說，我們到處所見的兩代生物間相似的結構，都相似到允許我們將難以計數的一大批個體生物劃歸到同一種群，在我們看來，那與同屬一種「品彙」或類型沒有什麼不同；無機物的種類似乎就是拿生物的種類作為樣板的。因此，我們在日常生活中所經歷和見識的生命的秩序，不僅與物理的秩序性質相同，而且也完成了相同的功能作用；它們兩者都讓我們產生重複的經驗，一點一滴的，而且都使我們的心靈形成概括的能力。但是，實際上，兩者這種相似的性質有其完全不同的起源，甚至其含義也是對立的。根據幾何學的必然性規律，相同組成部分必定產生相同的結果；在上述的物理的秩序中，這種必然性規律反映於這種相似性的類型、理想的範圍以及有關的基礎中。但是，在生命的秩序中，這種相似性則意味著某種能夠取得相同結果的東西的介入，儘管其根本的原因極為複雜，而且可能完全不同。在各自獨立的不同的生物進化鏈中會出現相同的有機體結構，這點我們在第一章中已詳述過了。但是，即使不提這點，我們也能推測而知，單是生物的下一代繁衍出與上一代相同類型的組織器官這一現象，就已經與物理中重複出現的同一合力必定產生相同的結果這件事完全不同。因為，生物體是由無數極小的元素與無數極小的因數聚合而產生的；有時只要缺一兩種元素或因數，便會功虧一簣。但從總體上觀之，心靈的首要活動功能就像一個幹練的領班，他監督著一大批極小的工人，依據生命的原則補救它們因疏忽而造成的損失，同時讓事物復歸原位。因此，第一種生命的秩序與第二種物理的秩序相異之處即在於：根據第二種秩序，有一定之因必產生一定之果；而第一種秩序則保持著結果的不變，而原因方面則可以有所波動。當然這只是比較而言的，在生命領域既無工人的操作，也無領班的指揮。一旦有機組織遭到瓦解，物理—化學分析所發現的原因和要素，或許便都是眞實的；這時，那些原因和要素皆陷入數理分析的範疇。但是，不折不扣的生命現象，或者說有機創造的事實，當我們加以分析時，就會在我們面前展現無限的前景；這裡眾多的原因和要素只不過是心靈的擬象，其用意在於盡可能接近模仿自然的運作，然而所模仿的運作卻是不可分割的動作。因此，同一種屬的個體之間的相似，從意義到起源都完全不同於透過相同原因的相同組合所產生的複雜結果之間的相似。但是，這兩種相似的情況有其相像的地方，因此有可能加以總結和概括。這種總結和概括全是出於實用方面的考慮，因爲我們的日常生活必然期望著觸類旁通的同樣事物和同樣情況，所以從我們具體行動的觀點來看，具有根本意義的這一共同特點，很自然的會成爲拉近兩種秩序的橋梁，儘管這裡還存在著只有思辨哲學感興趣的、純屬內在的歧異。由此產生了**自然的普遍法則**的觀念，它既適用於生命，也適用於物質。由此形成了我們以同樣辭語和同樣的方法來表現一個法則的習慣，這個**法則**既統轄著無機物，也統轄著生命領域的各**種屬**。

古往今來，大部分知識的難題都起因於這種混同。因爲，這裡將法則的普遍性與種類的普遍性通通包含於同一觀念之內，甚至以同一語辭來指稱。於是，幾何學秩序與生命秩序合而爲一。根據人們所取的視角，有時以種類的普遍性去解釋法則的普遍性，有時以法則的普遍性去解釋種類的普遍性。前者具有古代思想的特點，後者則屬於近代哲學的範疇。但是，不管是古代思想還是近代哲學，「普遍性」這一觀念都是一種模稜兩可的觀念，在它的內涵和外延中都將原本互不相容的各種對象和因素雜糅在這一觀念之中。古今哲學爲了方便日常的應用，取其外在的相似之處，將這兩種秩序置於同一概念之下，固無不可，但在思辨領域，切不可用同一種的界說來混淆兩種不同的法則。

實際上，古代思想家所提的問題，不是探究爲何自然界受到種種法則的支配，而是探究自然界爲何可以概括爲若干類。在生活領域中，類的觀念尤其可由一種客觀的現實得到有力的證明，這就是遺傳性。我們不難揣想，必先有個體，然後才有種類。然而，有機物可以透過它本身的有機組織從物質總體中分裂出來，這點不難理解；但就無機物而言，對於它們的分析解剖，則都是在我們知覺的支配下的所有作爲，是知覺將它們分成獨立的個體。所以，無機物之所以有獨立分散的個體，既與人類的知覺有關。同時也與人類活動中的利益考慮有關，而且還與我們的身體所顯示的「新生反應」有關，也就是像我們在其他地方所說的那種力求自立的潛在種類屬性在產生作用；[11]也就是說，在這裡，種類與個體彼此都受到半自然半人爲的運作所操縱，即完全決定於我們未來的行動將如何作用於這些事物。但是，那些古代思想家，沒有了解這點，他們毫不猶豫的把不論什麼種類都同等並列，認爲它們是同等的絕對存在。於是，實在的世界便成爲一個種類的系統，讓各類事物整齊排列其間。正因爲如此，種類的普遍性（總的來說，也就是生命秩序所表現的普遍性）必定帶來法則的

⑪ 柏格森，《物質與記憶》，第三、四章。

普遍性。有趣的是，這裡可取亞里斯多德的隕石說來與伽利略所做的解釋作一比較。亞里斯多德十分別致的設想了「高低」、「上下」、「本位與客位」、「自然運動與被迫運動」等概念。⑫他認爲石頭落地，地是石頭的「自然位置」，所以落地正好回歸了自然，石頭若不是處於這種正常的位置，就不能算是完全的石頭，猶如生物的成長一樣，只有回歸自然的位置，才能算實現了自己。⑬如果這種純屬物理法則的概念是準確的，那麼，法則就不再是透過心靈的作用而建立起來的一種簡單的關係。而且，物質的種類或科目的劃分也不再是出於知覺的分析作用。這種物理法則主張無機物本有各自之體，與生物無異；而物理世界的法則乃是存乎各實在的類別之間現實的親緣關係。我們知道由此而產生了什麼樣貌的一種物理學，以及由於古代哲學以爲科學是獨一無二的事業，包括了實在世界的全體，亦即包括生物與非生物與絕對存在相吻合，那些思想家們事實上不同程度的將物理法則轉移用於生命的領域。

然而，在近代哲學家方面仍然存在與此相同的混淆，區別只在於將兩個詞語的關係顛倒而已，也就是說不再以無機物的法則來歸納生物的種類，而是反過來將種類歸納爲法則；而且，仍以科學爲獨一無二的事物，這點與古代哲學家的看法相同，只是將這一切都視爲相對

⑫　亞里斯多德，《物理學》，第四、五、八章；《天論》，第一、二、四章。

⑬　亞里斯多德，《天論》，第四章，310a34：「物體都向著自己的位置運動，即向著形成自己的形式運動。」

的，而不像古代思想家那樣，視之爲絕對的。因此，近代哲學竟不討論到種類的問題，這是很值得注意的。近代的認識論幾乎全是關於法則的研究，即使有涉及種類的，也一定是歸納於法則之中。因爲我們的哲學是以近代天文學和近代物理學的巨大發現爲出發點的，只注重法則而忽略了種類。克卜勒與伽利略法則已成爲整個知識界唯一的理想型式。法則是事物之間的一種關係，更確切的說，一種帶有數學形式的法則通常就是選擇一變數以求其函數。而且，變數代表著大自然的各種要素在事物和物件中的分配，它們的選擇已將某種應急的和規約的東西包括在內。但是，變數的選擇，必定要訴諸經驗，經驗不外乎來自比較，只有大家見之皆作如是觀，即同時體現多方面的智能，才談得上有客觀的實在性。所以，注重法則的近代科學可以說是一種客觀的科學，在我們的經驗中早已包含著這些科學觀念，我們所做的只不過是將它們從經驗中梳理出來。但是，這裡確實需要大家（並非個別的人）來進行某種非個人化的比較；再說，由法則所構成的經驗，也就是將某些語詞術語或項（terme，亦指邏輯學上的「項」——譯者）與另一些語詞術語或項**聯繫起來的**經驗，原本就產生於許多的比較。我們作爲個人在接受這種經驗之前，它已經穿越過知性的氛圍。因此，完全與人類理解力有關的某種科學和某種經驗的觀念，都隱含在一個由法則所構成的整體性的科學的概念之中；康德不過將之揭示出來罷了。但是，這種概念無非是混淆法則的普遍性與種類的普遍性之間的界限的一種獨斷性的結論。智能固然對於調節各種語詞術語或項之間的關係是必不可少的，但是我們也不妨設想在某種情況下，各種語詞術語或項本身也有獨立存在的可能。而且，如果除了各語詞術語或項之間的關係之外，經驗還提供我們獨立存在的語詞術語或項。比如說，生物種類與法則系統完全是兩碼事，那麼，我們的認識中至少有一半是基於「物自體」，即實在的本體上。這種認識可能很難爲人所理解，也許這恰恰是因爲它不再建構自己的對象，反而必須被動的接受自己的對象的緣故；但是，儘管它很少切入對象之內，它卻是緊緊咬住了絕對的本體不放。再往前邁進一步我們就可以看到：另一半認識的相對性並不像某些哲學家所說的那樣嚴重、那樣肯定。當然，實際情況究竟如何，就要看我們能否確定它是針對基於反向秩序的一種實在，而這種實在總是以數學的法則呈現於我們的面前，也就是說，總是顯示出隱含著比較的種種關係；然而，只有將空間性以及由此而來的幾何學秩序作爲這種實在的「壓載物」或穩固的基礎，比較工作才能進行下去。不論如何，在近代哲學的相對主義的背後掩蓋著這兩種被混淆的秩序，而在古代哲學，這種混淆則是出於獨斷論。

關於這種混淆的根源，我們已做過很多的分析，總的來說，我們之所以分不清這兩種秩序，主要是因爲作爲創造力的本質的「生命秩序」，在我們看來，更多表現於模仿物理和數學秩序的某些偶發事件中，而很少表現於能體現它本質的場合；這些偶發事件就像「生命秩序」本身一樣，呈現在我們面前的只是重複的現象，可供概括與歸類，此外便無其他重要的意義。無疑，生命總體上來說是一種進化，也就是說，是一種變易的過程。但是，生命的進化只能依仗生物體這一中介，即由無數的生物堆砌而成。它們於形體的重複中，漸出新奇，以成就變化之功。就像印書、初版、再版、以至於無數版。但是，生物的形體重複又與出書有所不同：書版可以不變，而同一種類的生物體，由於所處的空間位置不同，所在的時間背景有別，其歷代的個體代表並不完全相似。所以，遺傳不只是性質特點的遺傳，性質特點賴以形成的衝動亦可遺傳，這種衝動也就是生命力的體現。爲此，我們認爲，重複是我們進行概括工作的基礎，它主要運用於物理的秩序中，在生命的秩序中的運用，則是偶然的。由此可知，物理的秩序是機械性的「自動的」秩序，而生命的秩序固然並非任意而行的，但是，我認爲它類似於「意志性」的秩序。

而今，我們既已分辨清楚「意志性」的秩序與「自動化」的秩序，則所謂的「無序」的觀念必然因此而消失。於是，認識論上主要的難題之一，亦隨之迎刃而解。

十三、無序和兩種秩序

認識論上有一重要的問題，那就是：究竟科學是如何變成可能的，也就是說，從整體上來看，爲什麼事物皆有秩序，而不是「無序」？秩序的存在，是事實。但是，從另一方面來說，**在我們看來不如有序那麼普遍的無序**，似乎也有理由存在。無論如何，首先要解決或澄清關於秩序的存在這一神祕性問題。事情很簡單，當我們著手尋找秩序時，我們視其爲偶然的，即使不存在於事物之中，至少從心靈的角度來看是這樣的：事物如不被斷定爲偶然的，就沒有加以解釋的必要。如果秩序在我們看來並非是對某物的征服，或者並非是對於被認爲「缺乏秩序」的某物的額外附加的東西，那麼，既不會有古代的實在論來告訴我們附加於一種「物質」之上的理念，也不會有現代的唯心論來提出什麼理解力在自然中產生的「感覺的雜多」等。事實上，現在所有的秩序，無疑的都是出於偶然，我們的心靈也是如此去設想它。但是，所謂的偶然又是與什麼有關聯才成其爲偶然的呢？

其答案在我們看來是確定無疑的。只要與反秩序相聯繫而言，一種秩序即是偶然的，或者在我們看來是偶然的；就像與散文聯繫起來看，詩就是偶然的，或者與詩相聯繫而言，散文就是偶然的一樣。再者，就像不是散文的文辭都是詩，並且必定被認爲是詩，不是詩的文辭都是散文，並且必定被認爲是散文一樣，宇宙萬物中的所有的存在方式，如果不是兩種秩序中的某一種，便是另一種，並且必定被認爲是另一種。但是，我們也可能沒有考慮自己實際在想什麼，因爲我們的心靈如果不是透過朦朧的動情狀態就不會覺察到眞有什麼念頭出現在那裡。我們可以從考察無序觀念在日常生活中的使用情況方面來證實上說。當我進入一室，說道：「室內雜亂無章」時意味著什麼呢？我必定指屋內的陳設凌亂不堪而言，但是，實際上，器物各有自身的物理秩序，一切仍完好如初，略未改變本來的面目。可見我所求的原是第一種秩序，即陳列井然、符合意志性的秩序，不期未遇那種秩序，便認爲該室無序。實際上，無論某物是由知覺而知還是因想像而存，皆有秩序，不屬於此秩序則必歸於彼秩序，但我們只對第一種秩序感到興趣，對於第二種秩序則常視與己無關；這時談第二種秩序所依據的卻是第一種秩序，而不是依據它本身的情況，於是便稱之爲無序。反之，當我們說到渾沌的狀態時，也就是指自然界沒有法則行乎其間的那種狀態，意味著什麼呢？在我們的想像之中，渾沌意味著事物肆意無度的產生與消滅。這是因爲我們先假定有因果相關、比例均衡的自然界，其有序的情形正如我們所認識的那樣。後來，一系列的倒行逆施，隨意增減或刪除，於是便造成了我們所說的無序。實際上，我們這是以意志取代自然的自動化的機理。我們是以諸多基本的意志取代「自動化的秩序」，就如我們想像中的種種現象的來去出沒便是證明。無疑，這些微末細小的意志要集合成「意志性的秩序」必須接受其高級意志的指引。但是，進一步審視之後，卻發現我們的意志已物化或物件化於這些肆意無度的意志的每一細小的部分之中，並且小心的不使相似的與相似的聯結，不使結果與原因相當，終於聽讓一種簡單的意旨凌駕於基本的意志力的總體之上。因此，這再一次說明，兩種秩序之中若有一種不存在，就存在另一種秩序。在分析與無序觀念極爲接近的偶然觀念時，我們也可以在那裡找到同樣的基本因素。比如，當輪盤停在下賭注的號碼上，使我大贏一場時，則以爲有善良的精靈在照顧我；又如，當風吹落屋瓦擊中我的頭，則以爲有惡鬼在作弄我。在這兩個例子裡，我都發現了事物的機巧，但其中之一是我所期望和尋求的，另一則是不期而遇的意外，這種機巧似乎是一種意旨；這就是談到偶然性時，我所要表達的。關於各種現象紛至遝來的無人作主的實在世界，我還要說這是偶然性的王國，我的意思是，這裡我面對著諸種意志，更確切的說是諸種意旨，而我自己卻在期待著某種機巧。因此，這就說明了當我們試圖定義偶然性時，我們的心靈則是在微妙搖擺著。既非動力因，也非目的因，可以提供我們所要的關於意外的定義。心靈在目的因和動力因的關如之間擺動，永不休止於任何一方。但事實上，只要把意外的觀念當作純粹的觀念，不與感情相混合，這個問題就無法解決。但是，實際上，意外只是在某人期待此種秩序卻碰到彼種秩序時，他的心智狀態的具體化。因爲此，意外與無序必須被認爲是相關的，也是相對的。因爲，如果我們要將它們視爲絕對的，我們就會發現自己像織布機上的梭子一樣，不由自主的在兩種秩序之間不停穿梭，剛到了這邊，頃刻間又到了那邊；而且，若有人斷然以爲不存在任何秩序，實際上即說明同時出現了兩種秩序，而他的心靈無法認同其中的任何一種，因此處於虛懸的中間平衡狀態。不論在事物中，還是在我們對事物產生的表象裡，都不存在將無序作爲秩序的基質的問題，因爲無序包含著兩種秩序，它們兩者結合在一起便成爲「無序」。

但是，我們的智能不滿足於此。它不假思索提出了無序這一觀念，並定義爲「沒有秩序」。殊不知此爲空論。因爲，如果說無序即秩序的否定，這種否定已暗示了肯定有一相反的秩序存在，但由於這個相反的秩序引不起我們的興趣，我們對它視而不見。因此，所謂的無序無非是：我們的心智遇到它所不感興趣的秩序時的失望；或者是，我們的心智在兩種秩序之間的搖擺；或者說，無序純粹是空洞的語辭、沒有內容的觀念，是我們以一個否定詞放在一個有意義的語辭之前所組成的語辭。然而，人們都不經心於進行這種分析。人們省略掉這種分析，正因爲他們沒想到要去區分彼此都不能化約或縮減的兩種秩序。

因此，我們認爲，所有的秩序都必定是以偶然的形式出現的。如果確定有兩種秩序存在，那麼秩序的這種偶然的形式便同樣得到了肯定的說明；相對於彼種形式的秩序來說，此種形式的秩序便是偶然的。幾何學秩序與生命秩序是互生的，見到一種秩序存在，另一種秩序也就可能存在；現在見到的是生命秩序存在的地方，可能曾經同樣是幾何學秩序存在的場所。但是，我們也不妨假設無論何處的秩序都是同一種類的，並且都只包含著從幾何學秩序走向生命秩序的級差內容；也就是說，如果假設幾何學秩序與生命秩序只有程度上的差別，這種假設能否得到確證呢？如果有一種確定的秩序在我看來仍舊是偶然的，並且它不能再以與其他種類的秩序的相對關係來說明它的偶然的根源所在，那麼，我必定認爲這種秩序之所以說是偶然的，與它自身的闕如有關，也就是說，與事物處於「可能根本沒有秩序」的狀態有關。對於事物的這種狀態，我很想加以思考，因爲這種狀態似乎就包含在秩序的無可爭辯的偶然性之中。因此，我要將生命秩序置於秩序等級系統的最上部，接著安置不如生命秩序高級或複雜的幾何學秩序，最後是完全在底部的「秩序的闕如」，儘管後者與前面兩者毫不連貫，秩序也就建立在這三者之上。可是，「毫不連貫」一詞在我看來它的背後一定隱藏著某種如果不是已經實在化的東西，至少也是思維中的東西。但是，假如我注意到事物的這種狀態固然帶有某種確定的秩序的偶然性，卻僅僅是相反的秩序的出現；假如就在那裡我提出了彼此相反的兩種秩序，我就會發現人們想像不出在這兩種秩序之間會有中介性的級差存在，而且人們也不會進一步從這兩種秩序出發去下探「不連貫」的東西。「毫不連貫」如果不是毫無意義的空話，如果我可以賦予它一種意義，那就是要將它置於兩種秩序的中途，而不是置於它們兩者的下面。首先不存在「不連貫」的「秩序的闕如」，然後也不存在單獨的幾何學秩序或者單獨的生命秩序；存在的只是幾何學秩序和生命秩序，然後是兩者之間我們的心靈所加予的平衡狀態，也就是所謂的「毫不連貫」觀念。因此，秩序不可能是附加於一種不相協調的多樣性之上的東西，如果認爲可能，便無疑犯了「預期理由」（丐詞）的邏輯錯誤，因爲在想像其不相協調之時，我們其實就是在提出一種秩序，或者更準確的說，在提出兩種秩序。

十四、創造與進化

以上所做的必要的長篇分析，顯示了「實在」如何透過逆轉作用而從張力狀態過渡到延伸狀態，從自由過渡到機械的必然性。我們不能只滿足於證明：透過意識和感覺經驗可以立即告訴我們這兩種狀態之間的關係。還需要證明的是：幾何學秩序由於純粹是它相反的秩序的抑制，所以不必要加以解釋。爲此，不可避免的要證明：抑制始終是替代、抑制必定會被認爲是替代；甚且對之要作這樣的設想：僅僅是實際生活的需要，才不得不在所發生的事情和我們所想的一切上採取一種欺騙性的說法。現在我們必須更加仔細考察造成上述結果的那種逆轉作用。那麼，在原因的中斷等於結果的逆轉的情況下，僅僅要讓張力的狀態放鬆而變爲延伸狀態的原理是什麼呢？

由於缺乏一個更好或更恰當的語辭，我們只好將這種原理稱爲「意識」。但是，這裡的意識並非意味著作用於我們每個人身上的那種狹義的意識。作用於我們身上的那種意識是某種生物的意識，它處於空間的某點上；雖然它與它的原理都在相同的方向上很好的活動，但它又具有相反的傾向，儘管仍在前進之中，還免不了要頻頻回顧。我們前面已經說明，智能的自然作用就是向後回顧，因此才產生了清晰的意識。我們的意識爲了要與它的原理取得某種的一致，勢必要脫離既成的狀態，而與進行的狀態接軌。它必須反躬自問，扭曲自己，使得視覺功能與意志的活動合一。我們可以違反本性，即刻付出艱難的努力，但是，這只能支撐很短的時刻。當我們在自由的行動中全力以赴奮勇向前時，我們對於自己的動機和動力可能有些或明或暗的意識，甚且在比較罕見的場合中可能預知自己的動機和動力與行動相結合的後果；但是，參透物質的底細、在瞬間的流動裡將生命貫通於物質的那種純粹意志，則確實很難捉摸，至多只能在我們的心靈上忽閃而過。然而，讓我們還是想法置諸這種意志之中，即使僅僅片刻也好；不過，這時我們所把握的，仍然只是個別的和片段的意志。爲了得到全部生命以及全部物質性的原理，我們還必須向前邁進。難道這是不可能的嗎？不，當然不是。哲學史會爲我們證明這點。能夠持入存在的理論系統，總有一部分內容被直覺賦予生命力。要使直覺得到印證，須借助於辯證法，辯證法還可以使直覺散射並演化爲概念，這樣才能傳達給別人；但是，辯證法常常只能做到發展並超越辯證法自身的這種直覺的成果。事實上，這兩種運作系統具有相反的兩種意味：它們固然都致力於讓觀念與觀念相聯結，但是，觀念一旦累積起來，直覺便爲之消失。因此，凡從直覺獲得衝動的靈感的哲學家，當他滿懷信心要靠概念的推演將自己的思想活動進行下去時，他就不得不放棄直覺。但是，他很快就會感覺到自己失去了立足點；他必定要再次與直覺接觸；他必定要改造以前已經做的大部分工作。簡而言之，辯證法只保證我們的思維與它自己一致。但是，辯證法只是直覺的鬆弛，憑藉辯證法仍有可能產生許多互不相同的一致性，然而，眞理卻是唯一的。如果直覺在這方面能夠保持得稍久些，非但可以保證哲學家本人與自己的思想一致，而且所有的哲學家們彼此之間也會一致。可惜的是，每一體系中所存在的直覺都是那樣反覆無常、來去飄忽和不完全的，因此，能使一個體系續存的東西，就是這個體系中最有價值的那一直覺的成分。如果這種直覺能夠保持且普及，必能使哲學達到其目的；尤其是，最起碼可以確保外在的基準點，防止我們的哲學走入歧途。爲此，我們有必要在自然和心靈之間不斷往復迴旋。

十五、物質世界：觀念上的物質起源

當我們把自己的存在放到我們的意志中，再把我們的意志放回到它本身持續產生的衝動中，我們就可以理解並感覺到實在性就是一種在不斷增長、不停創造的事物。我們的意志早已創下了這項奇蹟。凡是有所發明的人的工作、凡是帶有自由意味的人的活動、凡是顯示自發作用的有機體的每一動作，無不引領新事物進入這個世界。誠然，這些都只是形式的創造。除了形式之外，它們又如何成就他物呢？我們並非生命之流本身；我們是已經負載了物質的生命之流，也就是說在它流經的途中已經凝聚了部分的實體。在天才所構思的作品中，就像在做任何自由的決定一樣，我們好不容易將我們的行動能力發揮到它的極致，我們由此而創造的絕不會是僅僅單純的把既有的材料加以聚合而已（將已知的曲線拼接起來絕不會等於偉大藝術家勾勒而成的筆觸）。然而，這裡毫不懷疑各種物質元素先在於、並且恆久於它們的形形色色的組織結構。但是，如果只要停止產生形式的活動就能形成那種形式的質料（藝術家所原創的線條，不也是像一種活動的凝聚或彙集一樣嗎？），那麼，創造質料的活動就不是不可理解和不可接受的了。因爲，我們活著的每一剎那，都在把握著創造形式的活動，而且，在那些情況中，形式都是純粹的，創造之流隨時都會中斷，一旦中斷就創造了質料。想想我們文字裡的全部拉丁字母好了，它們可以寫成各式各樣的文章，我們難以設想爲了創作一首新詩而去發明和添加一些新字母。由於詩人創作詩篇可以使人類的思想更加豐富，因此我們十分理解：這種創造是單純的心靈活動，假如這種活動轉化成將完整的詩句隨意割裂成一個一個的單詞，再將這些單詞割裂成一個一個的字母，然後添加到這個世上原來就有的字母中，那麼，原有的創造活動就無法繼續，所謂的新的創造活動終於也不得不中止。因此，如果說在既定的時間裡，構成物質世界的原子數量增加了，這有違於我們的經驗事實，也與我們的心靈常規相衝突。但是，切割和拼合原子，可以構成具有完全不同的秩序的實在世界，這就像詩人的思維是由字母組合成文句而構成的一樣；由於突然間的數量的增加而使原先的實在世界增長，這種情形也不是不被允許的。而且，每次的添加確實都會出現一個世界，一個我們在其他地方象徵性表述過的、由原子拼合的世界。

由於我們多傾向於認爲，宇宙的生成是一次性的行爲，或者物質的總體是永恆不變的，因此，關於宇宙存在的神祕性大部分都由此而來。不管我們說的是創造，或者只是提出一種不再生成的物質，在這兩種情形中，我們考究的都是宇宙的整體性。在下一章，我們將深入探討這種心靈常規的偏見，不管是唯物主義者還是其對手唯心主義者，他們都具有這種相同的觀念：他們認爲不會出現眞正的綿延，而且認爲在具體的時間裡，即在我們感覺自己不過是自我生命的材料時，絕對性——物質或心靈——是不會產生的。他們由此而認爲萬物是一次完成的。因此，必須將完全的永久性或者其自身物質的多樣性，或者這種多樣性的創造活動，作爲統一的整體納入神聖的本質之中。一旦破除了這個偏見，創造的觀念就變得更加清楚了，因爲它迄今仍與增長的觀念相融合。但是，我們要探討的就不再是宇宙的整體性了。

爲什麼我們要探討它呢？宇宙由無數太陽系所組成，我們有理由相信這些太陽系與我們太陽系類似。這些太陽系可能並非各自獨立存在。我們的太陽所散發的熱和光可以到達最遙遠的星球，另一方面，我們的太陽系的運行有一定的方向，似乎被什麼所吸引住。因此，不同的世界之間存在著某種的聯結因素。但是，各個世界之間的聯結力量，比起構成同一個世界的各個部分之間的聯結力量更加無限的微弱；所以，我們可以個別看我們的太陽系；這並非只是人爲的貪圖方便，自然本身的趨勢也引導我們去孤立它。作爲生物的物種之一，人類僅與所居住的星球和提供陽光熱量的太陽有關。作爲有思想的人類，我們能夠將我們的物理法則，應用到我們的以至於其他個別來看的世界上去；但是，我們無從知道這些法則是否適用於整個宇宙；即使我們對此加以斷定也沒有任何意義，因爲宇宙不是既成的事實，而是在不停創生之中。宇宙可能還在無限增長，並且不斷有新的世界添加進來。讓我們把科學上兩個最普遍的法則延伸到我們整個的太陽系，那就是能量守恆的原理和能量耗散的原理；但是，就像在其他一些相對封閉的系統中一樣，我們也要將它們限制在這個相對封閉的系統內。現在讓我們看看由此產生了什麼結果。我們首先要注意到的是，這兩種原理不屬於同一個形而上學的範疇。前者是一種數量的法則，因此部分的關係到人類的測量方法。據說在我們假定的封閉系統中，它的所有能量，包括動能和勢能的總和，總是保持不變的。然而，設若在世界上只有動能，或者除了動能就只有單一品種的勢能，那麼，人爲的測量，就不足以產生人爲的法則。能量守恆定律的確顯示了**某一物體**保持著數量的不變。但是，事實上存在著不同性質的能量，⑭為了證實能量守恆的原理，對它們個別的測量方法必然有所選擇。因此，常規慣例在這一原理中占有很重要的地位；況且組成同一系統的各種不同的能量是互相關聯的，正因為如此，才使得這一原理可以透過選擇合適的測量方法而擴大其適用的範圍。因此，哲學家若將此原理應用於整個太陽系，他至少要加以靈活的限定。所謂的能量守恆定律，在這裡不再表示特定事物的特定數量保持客觀上的恆久不變，不如說只是表示所有的變化都必定通過相反意味的變化而在某個方面產生一種相反之力以保持平衡。這就是說，儘管能量守恆定律統制著整個太陽系，它對於我們來說只是說明這個世界的這一部分與那一部分的關係，這要比用於說明整個大自然的能量變化實質更為準確可靠。

至於熱力學第二定律的情況，便與此有所不同了。能量的耗散原理實際上並不主要涉及量值的問題。當然，卡諾特（Carnot）開始產生這個觀念時，可能是源於熱動力機械上所出現的能量轉換的數量問題。而且，克勞修斯所匯出的「熵」的概念，⑮也是一種數學上可以計算的量值。也很可能一開始這個定律就與這些數理掛鉤。這類精確的計算對於應用科學來說是有必要的。但是，人們對該定律所做的表述可能仍是模糊的，在必要時，它還只能粗略

⑭ 關於能量性質的差異，見杜海姆（Duhem），《力學的進化》，巴黎，一九〇五年，第一九七頁及以下。

⑮ 克勞修斯（R. J. E. Clausius, 1822-1888），德國物理學家，一八五〇年提出熱力學第二定律，一八六五年又提出熵的概念，進一步發展了熱力學理論。——譯注

的列出公式，因爲我們過去從來就沒想去測量物理界的各種不同的能量，而且也沒有創造過能量的概念。這個定律基本上主張所有的物理變化都有衰變成熱量的趨勢，而這種熱量又會均勻的散發到各種物體之間。這一熱力學定律就是以這種不太嚴謹的方式來擺脫任何常規慣例的束縛；因爲它不用一長串的符號來演示，也沒有提出人爲的測量方法，所以可以說是物理法則中最形而上學的一種。但是，它卻準確告訴我們世界所趨的方向。它告訴我們，可見的和異質的變化會愈來愈多的融入同質的和不可見的變化；而且，在我們太陽系所發生的豐富而多樣的變化所引發的不穩定性，將漸漸轉化爲相對穩定的、反覆而持久的粒子振動狀態。就像我們人類的一樣，他們隨著年歲增長，會愈來愈多的保留自己精力，愈來愈少的將之消耗在活動方面，到了最後，它會用自己的全部力量來維持肺的呼吸和心臟的跳動。

從這個觀點來看，我們這個太陽系似乎每時每刻都在耗盡它所有的不穩定的易變之物。一開始時，太陽系擁有最大限度的可用能量——這種易變的能量在不斷減少。這類易變的能量從何而來？我們首先假定它來自某個其他的空間，但是這個難題還是會折回來，因爲這種易變性能量的外部根源也會出現同樣的問題。不錯，我們還可以再補充另外一種說法，聲稱各個世界之間的易變性能量彼此可以無限的互相交流，而且宇宙所擁有的易變性能量又是無限的，因此我們根本不必詢問它的來源，也不必預測它的完結。這類假說固然不能證明也無法反駁；但是，若說宇宙無限，就是意味著承認物質與抽象空間是完全一致的，而且因此還要承認物質的各部分彼此互不相融、具有絕對的外在性。我們在前面已經詳細討論過這種宇宙觀，並已指出這種學說很難與物質之間各部分相互聯繫、相互影響的觀念取得妥協；就在此時此刻大家都還訴諸於這種相互影響。末了，大家可能假設能量的這種普遍的不穩定性源自於它普遍的穩定狀態；而且認爲，在我們目前所處的可用能量在不斷減少的週期之前，存在過一個易變的能量不斷增加的週期；此外，這種增加和減少的週期可能總是在輪番交替變動著。這種假設就像最近已經精細證明的，是有理論上的可能的；但是根據波茲曼的計算，這種假設無論怎麼去想像都沒有數學上的可能性，這實際上就等於說是絕對不可能的。⑯其實，這種問題不是物理學所能解決的，因爲物理學家不得不把能量與廣延的粒子聯繫起來考慮；即使他只把這類粒子當作能量的貯藏所，他本人還是停留在空間裡：如果他想用空間以外的方法去探找能量的起源，那麼他就會被認爲不守本分。然而，我們卻認爲，能量的起源應當到空間以外去探找。

十六、關於生命的起源和目的

我們是否在**抽象的**考慮普遍意義上的廣延（étendue）呢？我們說過，**延伸**（extension）或鬆弛只作爲**張力**（tension）的中斷形式而出現。或者，我們是否要注意到充塡在這廣延的空間中的具體的實在性呢？當反秩序被廢除時，在這裡占支配地位的，並爲大自然的法則

---

⑯ 波茲曼（Boltzmann），《氣體理論講稿》，萊比錫，一八九八年，第二五三頁及以下。

所體現的秩序，便要自動產生；意志的鬆弛就會不折不扣的出現廢除秩序的現象。最後，在這種實在性向前進發的意義上，如今給予我們的是某事物「消解自己」這個觀念；毫無疑問，就在這裡顯示了物質性的根本特點之一。我們從這裡得到的結論只能是，此物的形成程序與物理程序的導向相反，並且因此被定義爲「非物質」。在物質世界裡，我們所看到的都是帶重量之物往下落：在通常意義上的物質裡當然不會有帶重量的反而往上升的道理。但是，如果我們更深入的把握具體的實在，上面的結論就會給予我們更有力的啓示，我們也將不只思考一般的物質，而是深入到這種物質內在的生命體中。

事實上，我們所有的分析都在說明，在生命中有一股使具有落下趨勢的物質再上升的力量。透過這些分析，我們看到了一種可能性，甚至可以說是必然性，那就是：生命是對物質性逆反的過程，生命的過程只要被中斷就又創造出物質。當然，我們地球上進化的生命都附著於物質。如果生命是純粹的意識，更不必說是超意識，則它就會是純粹的創造活動。事實上，生命被囚禁於某種有機物內，而這種有機物又使生命服從於無機物的普遍法則。但是，生物莫不努力要擺脫這些法則。雖然生命沒有倒轉物理變化方向的力量，也就是說不可能完全違背由卡諾特的原理所確定的一切，然而，至少它還能遵循本身力量的方向前進：即便不能**中止**物質變化的進程，卻能延緩這一進程。其實，生命的進化像我們已經顯示的那樣，是由於繼續了一種原初的推動力：這種推動力決定了植物方面葉綠素功能以及動物的感覺──運動系統的發展，使得生命能藉製造和使用威力愈來愈強的爆發力，發揮更有效率的活動，但是，如果這些爆發力不是太陽能的儲存，那還能是什麼呢？這種能量的衰減難道不是因爲它暫時消耗在某些用途上嗎？爆發力可用的能量在爆發的時候當然會釋放出來；如果沒有人適時阻止其爆發，從而保存並增加爆發性的能量以備後用，則其能量很快就會消耗殆盡。就像我們今天所看到的有關情形一樣，原先封存於生物體內、且具有互補趨向的能量已經在不斷分化，因此，生命完全依賴於植物體內的葉綠素的作用。也就是說，從原初的推動力來看，在未分化之前，生命有儲存能量的趨勢，尤其是像植物的綠色部分所產生的作用那樣；而動物則產生有效的消費能量的作用，某種東西就這樣不由自主地流走了。生命就像是要使落下的重物重新上升的一種努力。誠然，它所能做到的只不過是減緩落下的趨勢而已。但是，它至少還給了我們的一個世上終究還存在著什麼「精靈」在致力於提升墮落的重物的觀念。⑰

讓我們想像有一瓶子，裝滿了高壓的蒸汽，瓶子的壁上某個地方忽然有了裂縫，所有的

---

⑰ 安德列．拉蘭德（André Lalande）先生在他的一本文情並茂、觀點和論據都十分豐富的著作（《進化的解體》，巴黎，一八九九年）中告訴我們一切事物都向著死亡發展，儘管有機體好像會施予短暫的阻力。然而，就是從無機物質方面來說，我們是否有權將我們從太陽系的現狀得來的想法推廣到整個宇宙呢？除了那些正在消亡的世界之外，肯定還有正在萌生的世界。更何況在有機界裡，個體的死亡根本就不像是「整體的生命」的減少，也不像是作爲生命都很不情願忍受的必然性。我們已經不只一次說明，生命從不竭力無限制的延長個體的存在期限，儘管它在那麼多的其他領域做出了那麼多成功的努力。一切的徵象顯示，爲了取得「整體的生命」的更大的進步，這種死亡似乎是心甘情願的，或者至少是可以接受的。

蒸汽都從這個裂縫噴出。進入空氣中的蒸汽幾乎都凝成小水滴滴落下來，這種凝結和滴落無非代表耗損了某些東西，代表蒸汽的噴發受到干擾，代表一種缺陷。但是，有少部分噴射出來的蒸汽仍維持原狀，在短時間內，尚未凝結；這些蒸汽努力使滴落的水滴升起；不過，這種努力最多只能成功的延緩水滴的落下之勢。因此，從生命的碩大無比的貯藏室那裡必須不停的噴出氣流，每一噴氣團都滴落成一個世界。在這個世界裡，生命物種的進化，代表著保持原始噴射物的原初方向，也代表著持續朝著反逆物質性的方向前進的推動力。但是，我們不應把這個比喻完全當眞。這種比喻只能給予我們微弱的、甚至是虛假的實在的影像，因爲破裂、噴出蒸汽、形成水滴都是物理的必然現象，然而一個世界的創造則是自由活動，而且生命在物質世界裡享有這種創造的自由。讓我們還是以舉臂的活動爲例，聽其下垂毋須特別的努力，但是，要使下垂之手慢點落下，甚至繼續揚起，則不可缺少意志的啓動作用。我們只要深長的回味這種**透過消解自己以維持整體的生命的創造勢頭**的形象，就會對物質的眞相有了更爲準確的認識。而且，我們還會在生命的活動中看到在逆流中維持原初既定方向的運動的努力，**一個實在世界就是這樣透過消解自己而創造出來**。

如果我們習慣性的、就像是理解力禁不住要這麼做似的、把**事物**分成被造者和創造者，那麼，在創造的觀念裡的一切都是模糊不清且難以理解的。下一章我們會說明這種錯覺的根源。我們的智能本質上是實用的，其作用在於把事物及其狀態呈現在我們的面前，而不是呈現它們的變化和行動，因此這種錯覺對於我們的智能來說是很自然的。但是，事物及其狀態只是我們心靈所捕捉到的變化中的景象而已。在變化中沒有事物，只有行動。更具體的說，如果我們仔細看一看我們所居住的世界，在那裡環環相扣的一切東西，自動在受嚴格的限定條件下進化，不難看清這種進化就是消解自己的活動，而那些將生命加以分割的不可預知的形式，能使自己延伸入不可預知的運動中的形式，則代表著製造自己的活動。不過，我有充分的理由相信，其他的世界類似於我們的世界，在那裡，事情的發生、發展的方式，就如同我們這裡一樣。而且，我知道，這些世界不是在同一個時間裡構成的，因爲，甚至到今天我們還可以由觀察得知，星雲仍在凝聚的過程中。如果到處都在進行著這一類的活動，不管是消解自己還是再造自己的活動，其情景可能就類似於我們所說的，各個世界就像煙火表演時由中心向外迸射的火花——不過，我這裡所說的中心不是**物體**，而是一種連續的迸射。因此，神不應該被定義爲既成的什麼；神乃是無休止的生命、活動和自由。創造也不應該被設想爲神祕的；當我們對外界事物的反應十分自如時，就可以在自己身上體驗到創造的樂趣。認爲新的事物可以添加在已有的舊的事物上的說法，毫無疑問是荒謬的，因爲凡是**事物**都是透過我們的理解力的作用而凝固下來的，所以除了理解力所構成的事物之外沒有別的事物。因此，說什麼事物創造自己，那就等於說理解力呈現了它所不能呈現的東西——這是自相矛盾的斷言，也是空泛、無用的觀念。但是，一般的活動在進行的過程中是會不斷增大的，隨著活動的進展，某些東西也就創生了：我們每個人在自己有所作爲時都會這麼認爲。事物是由理解力在特定的時刻從這類的「物質流」中加以瞬間的識別或「分割」而構成的，其神祕之處就在於，當我們比較這些事物時，只要將之與那一「物質流」聯繫起來，所做的那些「分割」就會變得清晰。同樣的，只要我們也從這樣角度來看待與生物的有機組織形式同構的創造活動的種種樣例，我們就會發現這些樣例特別簡單明白。但是，面對一種有機體的複雜性以及由此而預設的幾乎無數的錯綜糾纏的分析與綜合，我們的理解力卻變得如同一團亂麻了。我們難以相信，憑藉物理和化學力量所搞的那種純粹而簡單的遊戲就能製造出這種奇蹟來。況且，如果認定這是一種行之有效的深刻的科學原理，我們又如何去理解由這種沒有物質的形式施加於這種沒有形式的物質上的影響呢？然而，這裡令人困惑的難題產生於，人們慣於以靜止的方式提出既成的、互相獨立的物質粒子來作證，而且也是以靜止的方式提出一種聰明機巧的有機組織之所以覆蓋在這些粒子之上的外部原因。事實上，生命是一種運動，物質性是與之相對的逆向運動，它們兩種之中的每一種都是簡單的運動；其中，構成一個世界的物質是一種不可分割的流動，而生命也是不可分割的，它只是在穿越物質時才在那裡被分割為種種的生物。在這兩股流動當中，生命流對抗物質流，不過物質流還是從生命流中獲得某種東西：兩者達成某種的妥協，那恰好就是有機組織的形成。這種有機組織，就我們的感官和智能而言，採取了完全外在於該時空中的那些部分的各部分組合的形式。我們不僅無視作為個體與個體、種屬與種屬之間聯結的紐帶的那種代代相傳的生命衝動的統一性，無視它將整個生命系列簡化為單一的某種奠基於物質的茫無邊際的潮流，而且反而將單獨的每一個體視為某種集合體，比如說多種分子的集合體或者許多事實的集合體。其中的緣由可以到我們智能的結構中去尋找：我們的智能原本就是要從外部作用於物質，它要達到這種目的就必須在實在本身的洪流中進行瞬間的快速分割，其中的每一分割的結果在它的固定不變性中又多少帶有可分解性。在一種有機體內只能看到某些部分外在於另外一些部分，理解力也只能在以下兩個解釋系統當中進行選擇：或者認爲無限複雜的（因此也無限靈巧的）有機組織不過是某種偶然或意外的聚合，或者認爲有機組織都與某種外力的不可理解的影響有著密切的關係，這種外力可能彙集了該有機組織的各種元素。但是，上述的複雜性原本就是理解力的大作，上述的不可理解性也是它的大作。然而，僅僅用智能的眼睛去看待這一切，是抓不住其底蘊的，而是只能從外部了解一些部分事實；還是讓我們想法用心靈去看吧。我認爲這種觀察能力內在於我們的行動能力，正因爲如此，這種內省的功夫若再經歷意志自身的扭曲，在某種程度上便可以迸射出耀眼的智能光芒。這時，一切都將重新放置於運動之中，一切也都將在運動之中解決。於是，理解力作用於被認爲凝固著前進中的行動的形象，並且向我們顯示了無限眾多的部分以及一種無限靈巧的秩序；我們可以從中揣摩出一種簡單的程序，一種透過消解自己的行動所造就的同類行動，如同在已經熄滅後掉落的煙火廢渣堆中又迸射出最後一束開闢新路的火花。

進化運動的意義

十七、生命過程的本質和進化運動的偶然性

如從這個觀點來看，我們以前所提出的對生命進化的一般見解就會顯得明晰而完整。我

們將能更清楚的分辨在這種進化中，存在哪些偶然性和哪些本質的東西。

總之，我們所說的**生命衝動**的根源是在於創造的需要。但是，生命衝動並非絕對的創造，因爲它會遭到物質的對抗，也就是說它自身還帶有逆向的運動。但是它控制著這種物質（物質自身也是必要的），並且努力要把該物質導入最大可能的不確定性和自由裡。它是如何做到這點的呢？

我們認爲，高等動物系列粗略的說，在消化、呼吸和循環等系統之上大多有感覺—運動神經系統。這些系統的功能在於清理、修補和保護整個有機體，使它盡可能獨立存在於外界環境之中，尤爲重要的是，提供它在運動時所要消耗的能量。因此，有機體的複雜性之所以不斷增長，從理論上說，要歸因於其神經系統的複雜性不斷增長的必要性（儘管有數不清的例子將之歸因於進化中的偶然事件的發生）。無疑的，有機體某一部分組織趨於複雜化，會帶來其他許多部分的複雜化，因爲這一部分必須生存下去，而身上一點的變化就會產生全身的反應。因此，全身的各個部分，尤其是從所有的感官來說，都有可能無限複雜化；不過，我們說神經系統的複雜化是其他系統的複雜化的條件，如果這點不總是事實的話，也至少從原則上說是正確的。那麼，神經系統本身的進步又是基於什麼？基於自動化活動和意志性活動的同時發展，並且前者爲後者提供合適的工具。所以，像我們這樣的有機體，脊髓和延髓都儲備了相當大量的運動機制或潛能，一有徵兆立刻就會釋放出相應的行動：在某些情況下，意志產生提高運動機制的作用，在其他情況下，意志又產生選擇和組合有關機制、伺機釋放出行動的作用。動物的意志是否比較有效，同時又更具張力，端視其選擇的機制是否較多，且諸運動機制的交叉路線是否變得更加繁密，換句話說，要看它的大腦的發達程度如何。因此，神經系統的進步，將確保行動更精確、更有變化、更具效用和獨立性。有機體的行爲也因此愈來愈像爲了某種的反應而造的機器；有機體的自身建造，完全是爲了應對每一次的新行動，就像是由天然橡膠做出來似的，任何時刻都可以改變自己各部分的形狀。但是，在出現神經系統之前，甚至在尚未分化出眞正可稱爲有機組織的變形蟲身上，也可以找到動物的這種根本特性。變形蟲可以朝不同的方向改變自己；所不同的是，高等動物以經過分化的感覺—運動系統的各個部分運動，變形蟲則是以渾然的全體運動。變形蟲的活動方式極爲粗簡，不需要高級有機體的那些複雜的器官；變形蟲以其全身的活動，並且以由它所吸收同化的有機質，來供應運動部分所消耗的能量。未分化的動物仍要運動，而且仍要獲取能量。因此，不管是高等動物還是低等動物的生命，它們無不基於：(1)獲取能量的供應；(2)消耗能量，不過，所採取的方式都盡可能靈活，而且是在多變的和不可預測的方向上耗掉能量。

那麼，能量是從何而來的呢？由攝取食物而來，因爲，食物就是一種火藥，一個火花就能釋放出所積存的能量。是誰來製造這種火藥的呢？從動物的肉獲得食物，並由此類推，但是推到最後則是植物。植物獨自聚合太陽能，植物是如何貯存太陽的能量呢？主要是靠葉綠素的作用，這是植物所特有的化學作用，或許它與我們化學試驗室裡的任何化學作用都不一樣。葉綠素的作用過程是利用太陽能來固結碳酸中的碳元素，並且加以儲存，猶如我們將水儲於高塔上，一旦需要，我們就可以用高處的水來推動磨盤或滑輪，每一個儲存的碳原子都像是水的勢能，或者像是拉長的鬆緊帶，兩端繫著碳元素和氧氣素。鬆緊帶一旦放鬆，所儲存的碳元素就會散發出來，並與氧元素化合。

因此，所有的生命，包括動物和植物，從根本上來說，似乎都在努力儲存能量，目的在於最後散發能量來完成無限多的不同種類的工作。這就是「生命衝動」的作用，它穿越物質，試圖一舉成功。如果「生命衝動」的力量是無限的，或許它還能獲得外來的增援，它應當是會成功的。但是，衝動會結束，它只是像一陣風，一下便過去了，無法克服所有的障礙。它所啓動的進化活動，有時會偏離原道、有時會出現分化，而且總是有反其道而行者同時存在；有機世界的進化，原本就是這種鬥爭的展開。進化活動最早的一次大分裂就是出現了植物與動物，雖然它們兩者之間不能建立起一致的關係，卻因此而達到彼此互補的目的。植物並不是爲了動物才去儲蓄能量，它也是爲了自己的消費；但是，植物對能量的消耗不是持續的，也不集中和有效，因此均未達到原初的生命衝動主要趨於自由活動所要求的程度：同一有機體無法以同等的力量去同時發展「逐漸積蓄」與「立刻利用」兩種功能。因此，動植物本身不必靠外物的介入，僅僅藉原初衝動中所包含的這兩種趨向的作用，以及該衝動遭遇物質的對抗所生的阻力，就可以使得有些有機體走向第一種發展方向，有些走向第二種。其他許多有機體也都隨之出現這種分化。由此產生了不同的進化路線，至少這是有機體的主要趨向。但是，我們必須考慮到所有物種的退化、停滯以及偶然的變異等。尤其重要的是，我們必須記得，每一物種似乎都包含著生命的普遍活動的休止，而不是它的進行過程。物種只爲自己著想，爲自己而活。因此，自然界便有無數的鬥爭。但是，這種可怕的、驚心動魄的混爭局面，我們不應該將之歸咎於生命衝動這一原理。

如此，「偶然」在進化活動裡可以說占有很重要的地位。偶然事件通常表現在所採取的、或者更確切的說是所發明的形式上。從創造不同的進化路線的種種互補的趨向中分離出主要的趨向，會有種種障礙出現於特定的時間和特定的地方，所以這種分離終不免於偶然。停滯與退化是偶然事件，而適應於環境的變異更是主要的偶然事件。只有兩件事是必然的：⑴能量的逐漸積蓄、⑵能量在不確定的各個方向上有效的輸送，終於導致自由的行動。

在我們星球上的生物已經以某種特定的方式取得了這種雙重的結果。但是，它們也可以以完全不同的其他方式來達到這個目的。生物並不一定要限於主要選擇從碳酸中獲得碳元素的方法。地球上的生物，從根本上來說是透過聚合的辦法儲備太陽能，但是設若有某種生物不以太陽能來分離碳和氧原子，而是以其他的化學元素（暫且不論實際上無法克服的困難，至少在理論上是可能的），並且以完全不同於地球上的生物的器官去分解和化合這些元素。而且，如果構成主要的生命基質並向有機體供應能量的元素不是碳，那麼，構成主要的塑性基質的也可能不是氮元素。於是，這種生物體的化學作用就會完全不同於現有的生物。其結果是這種生物的生命形式完全不似我們所知的，不但是解剖學上的組織不同，就是生理學上的功能也不一樣。唯獨感覺—運動功能可能仍保留著，即使其作用的機制有所不同，至少那些作用還是存在著。因此，似乎有可能在其他的星球、其他的太陽系裡，存在著生命，它們的生存方式和形態是我們所無法想像的，從我們的生理學的觀點來看，那些生命的身體狀況一定是十分可憎的。如果它們的目標也是捕捉能源以供行動之需，那麼在每一太陽系的每一星球上，它們必然各自選擇最適合於環境的機能。我們至少在這裡能以類同的推理方法來談論上述的可能，憑藉這種推理方法還可以反駁那種以為不同於地球的環境就沒有生物存在的錯誤的推論。事實上，無論在何處，生命都有可能存在，只要如卡諾特定律所示，它們可利用的能量具有降低的傾向，同時反方向的原因又促使降低之勢減緩，也就是說，在懸置於所有的星球上的所有的世界，都有可能存在這種條件。我們還要進一步設想：生命並不盡然凝聚和限定在一般所說的有機體上，其他某種形體也能吸收能量並儲存之。其他某種形體的生命也可以設想（雖然幾乎難以想像）為具有儲備和以各種方式發散能量的功能。生命的本質仍然保存著，因為逐漸積存和突然發散的作用仍在。這種生命力是混沌和不具形式的，它與我們所知的確定的生命力之間的不同，猶如睡夢和清醒狀態之間的差別。或許這就是在物質還沒有凝聚之前，處於星雲的混沌狀態下的生命形式；而就在反向的運動凝聚出星雲的物質的剎那，生命便噴發出來。

於是，生命可以設想成具有完全不同於我們所知的外部形態。它們可能具有其他的化學基質，以及不同的生理條件，卻有相同的推動力，然而這同一種的推動力在進化的過程中會有很不同的分化；並且它們整體的進化路線不同於地球上的生物，又有誰知道它們所走過的進化路程是更長的，抑或較短的？無論如何，對於這整個系列的生命，我們還不能用任何現有的存在條件來表示。現在是否就有必要為之設置一系列存在條件呢？為什麼獨一無二的衝動就不能寄寓於獨一無二的形體中呢？難道就因為它們的進化之路是無限的嗎？

這個問題無疑產生於將生命比喻為一種衝動。實際上，以衝動來比況生命，是最切近的，因為生命的觀念無法借用物理世界中的影像來更眞確的把握。但是，衝動仍然只是一種影像。其實，生命是屬於心理範疇的事物，其精神本質在於孕含互相融貫的、雜多的存在條件。毫無疑問，唯有在空間裡，雜多之間的內含才有可能清晰，可以做到各點之間絕對獨立，互無關聯。但是，純粹和空洞的統一性，也只存在於空間；這種統一性猶如數學上的一個點。抽象的統一和抽象的雜多，如人們所設想的那樣，是空間的限定，或屬於理解力的範疇，而空間性和知性是彼此難分難解的一對搭檔。但是，心理的本質無法完全適用於空間，也無法完全進入理解力的範疇。就我的個人而言，在特定的時間裡，是「一」還是「多」？如果我宣稱是「一」，內在的聲音就會提出抗議，因為我的個性就充滿著感覺、感情和表象。但是，如果我清楚明白將我的個性區分為那些的「多」，我的意識也會強烈反對；它堅持影響我的感覺、感情和思想的都是我對自己加以抽象而來的理念，而我的各種心理狀態彼此都是互相牽涉和包容的。那麼，我便是（我不得不用知性的語言，因為只有知性有語言）多樣性的統一和統一的多樣性；[18]但是，統一性和多樣性都是知性以其語辭範疇來指引我，同時也是知性對我的個性的看法；我無法單是進入「一」中或者單是進入「多」中，也無法同時進入「一」與「多」中，即使兩者如果互相結合，可能十分接近的模擬出我從自己的內心深處所找到的那種各種心理狀態的相互融貫性和連續性。那就是我的內在

---

⑱ 柏格森，〈形而上學引論〉，《形而上學與道德學雜誌》，一九〇三年一月，第一—二十五頁。

生命，那也是普遍存在的生命。生命與物質接觸時，生命可比擬於一種推動力或者一種衝動，從這種衝動的本身來看，它是一種無限的潛能，是千千萬萬互相交叉的、紛至遝來的趨勢，不過，這裡所謂的「千千萬萬」，一旦外在化或者說空間化，便只能視爲彼此獨立於空間中的東西。生命與物質的接觸，決定了這種空間性的分化。物質可以有效的將潛在本質上是雜多的東西加以分化，從這個意義上來說，生物之所以紛紛自成一體，一部分原因是出自物質本身的作用，另一部分原因是由於生命施加於物質的影響。因此，當一種詩情化爲明確的詩文，亦即成行排列的詩句和詞語時，或許便可以說它已包含了這種個別要素的多樣性；實際上，詩是由語言的物質性所創造的。

確實，這些詞語、詩行和詩文一旦流動著靈感就形成完整的一首詩。因此，在分離的各獨立個體之間，仍有生命環繞著，無論在何處，個體化的趨勢都同時伴隨著對立和互補的結合趨勢，就像生命的雜多的統一性，既是來自多樣性，又是更加努力收斂自己。剛有一部分開始出現分離的苗頭之際，就是這一部分又趨向於聯合，如果不是與所有的其他部分聯合，至少也與它附過的部分聯合。因此，在整個的生命領域存在著個體化與集體化、或者說分與合之間的均衡運動。個體集合成社會；但是，社會剛一形成，就會將那些集合的個體融進新的有機組織，致使這些組織又自成個體，並且有可能再來一次新的結合。在最低等的有機體，我們也已發現眞正的結合，例如：細菌的成群的集聚；最新的研究成果顯示，在這些結合體中，個體化的形式趨向於建立一個核心。⑲較高等的生物也有這種趨向，如原生植物是由母體分裂成新細胞，分裂之後仍有膠狀物圍繞著新舊細胞，就像原生動物彼此以僞足相勾，並聯結成一體。對於比較高級一些的有機體的「群聚」生成理論，我們都已有所知曉。有學者認為單細胞的原生動物透過漸漸聚合在一起而形成集合體；因此，隨著這些有機體的組織透過聯合而變得愈來愈複雜，它們的分化程度也就愈來愈厲害，而且往往是剛一分化和個體化，便立即聯合。⑳由於這種群聚理論採取了比較極端的形式，所引起的反對之說也顯得來勢凶猛：似乎愈來愈多的論者認為群聚只是例外和反常的現象。㉑但是，所有比較高級的生物的確都像是由參與其作用的細胞所組合成的。不過，每一個體組織可能不是由細胞聚合而成的，而是由細胞分裂而成的。㉒我們所看到的個體的形成時常具有社會的形式，似乎發展為個體的條件僅僅在於生物的基質須分裂成各種要素，各要素具有其表面的個體性，並

---

⑲ 塞爾柯夫斯基（Serkovski），《生物學手記》（俄文），對其的評析文字見於法國《生物學年鑑》，一八九八年，第三一七頁。

⑳ 佩里耶（Perrier）編，《動物的群聚現象》（第二版），巴黎，一八九七年。

㉑ 德拉傑（Delage），《遺傳性》（第二版），巴黎，一九〇三年，第九十七頁；又見他的論文，《動物的多元聚合概念》，《科學雜誌》，一八九六年，第六四一—六五三頁。

㉒ 孔斯特勒（Kunstler），德拉傑等支持這一理論，見於布斯格（Busquet），《生物》及參考文獻（巴黎，一八九九年）。該著作對此說有所發展。

且透過彼此的互相結合而呈現出社會性。有無數的案例顯示，自然界的生物徘徊於兩種形式之間，並且詢問自己是走向社會化還是走向個體化；只要有極輕微的推動力就可以使得原有的均衡出現或此或彼的偏向。我們取滴蟲中個大身長者，如喇叭蟲（Stentor），將它切成兩半，各半都含有部分的細胞核，那麼，兩半的喇叭蟲都會長成獨立的個體；但是，如果我們不完全切斷，仍有原生質聯結這兩半，那麼，我們就會看到兩半存在協調一致的發育活動。因此，在這種情況下只要觀察兩半之間是否仍相連或者已經完全切斷，就足以知道此喇叭蟲將要發育出社會形式還是個體形式。故而，我們在單細胞的原生有機物中所看到的雖是個體，其實這整個的個體中還有**無數**潛在的個體，它們彼此有可能是結合在一起的。但是，不僅低等生物如此，就是高等生物也顯示與此相同的法則。為此，我們申說過統一性與多樣性是適用於無機物界的範疇，對於**生命衝動**而言，實無純粹的統一性或純粹的多樣性之說，但是，與生命衝動存在著交往關係的物質必定會促使生命衝動做一選擇，然而，它的選擇絕不會是特定的一種：它會不斷從這種跳到另一種，絕不會受到限定。因此，生命的進化在個體化和社會化的雙重方向上進行，絲毫不存在偶然的因素。這種進化完全基於生命的本質。

採取反思的步驟也是生命的本質。如果我們的分析正確的話，意識，更確切的說是超意識，涉及了生命的起源。意識或超意識好比焰火，好比焰火爆裂後從掉落在物質上的熄滅的廢渣中又竄出的焰火；意識還是下落中仍未熄滅的焰火，它穿越並照亮有機體上的廢渣（焰火的殘餘物）。但是，這種意識是一種**創造的要求**，它只有在有創造的可能時才向自我顯現或敞開。在自動作用下，意識就沉睡不醒；一旦對於該生命來說恢復了選擇的可能，意識就會立刻甦醒。因此，在沒有神經系統的有機體，意識的程度依據有機體本身的活動能力和變形能力的大小而定。而在有神經系統的動物，意識的強弱則視控制感覺和運動神經線路的交感中樞，即大腦的複雜程度而決定。我們對有機體與意識之間的這種同一性應如何理解呢？

我們將不再著重討論我前一本著作中已經深論過的一個論題。讓我們僅限於回顧一種理論，例如，有人根據這種理論提出如下的看法：意識附著於某些神經元之上，工作時便發出像磷光那樣的東西，有些科學家爲了做到分析入微，便接受了這種說法；實際上，這不過是一種方便的表達方式而已，捨此別無其他的新意。其實，一種生物就是一種活動的中心。它代表進入世界的偶然性的某種集合，也就是說，它代表了某些數量的可能的活動——隨著個體，尤其是物種的不同，上述的數量也會發生變化。一種動物的神經系統標誌著該種動物活動的機動性如何（儘管貯藏在肌肉中供活動消耗的潛能要比神經系統本身所要消耗的多）；神經中樞藉其本身的發展和建構，能在數量更龐大和結構更複雜的活動中做出張弛程度不等的選擇。由於生物的意識愈完全覺醒，則表現爲該生物所能選擇的範圍愈大，同時所能從事的活動也愈多，所以很顯然，意識的發展水準看來決定於神經中樞的複雜程度。另一方面，一切意識狀態從某個方面來說都是對自身行動能力的質疑，甚至也是答疑的開始，沒有一種心理的事實不牽涉到大腦皮層的作用機制。因此，意識似乎是迸發自大腦，而且，意識活動的每一細節似乎都是由大腦的思維活動所塑造的。其實，意識並非迸發自大腦；只是大腦與意識由於步調相同，因此它們之間存在著如下的互相呼應的關係：大腦的結構愈複雜，則意識的覺醒程度就愈完全，於是，生物所能做出的**選擇**數量也就愈多。

正因為大腦狀態所呈現的僅僅是相應的心理狀態中初期的生成活動情況，心理狀態所能告訴我們的東西要比大腦狀態多。我們在其他地方論證過，生物的意識不能與大腦分離，就像刀刃離不開刀；大腦就像刀刃，意識藉大腦切入事件緊湊的組織中，但是，大腦與意識的範疇不同，正如刀刃之於刀。因此，兩個大腦，比如說人腦與猴腦，雖然非常相似，我們卻不能以此下結論說人與猴的意識相類似。

不過，人腦與猴腦也未必就如同我們想像的那麼相似。我們不能不注意到這樣的事實：一方面，人可以學習任何種類的技巧活動，可以製造任何物體，簡而言之，可以取得任何的活動習慣，而另一方面，動物中就是聰明如猴者，也根本無法獲得從事複雜多樣的新活動的能力。人腦的特徵就在於此：人腦與任何大腦一樣都是用來提高活動的機能，用來在那些機能中作出自我的選擇，即在任何時刻，我們都可以在眾多的活動機能之間選擇我們可以一觸即發的活動。因此，人腦與其他大腦的不同，在於它所提供的活動機能無限多，因此所做的選擇也不受太多的限制。動物之腦與人腦相比，一為有限，一為無限；一為封閉，一為開放，之間的差距難以計數。而且，兩者並非程度上的不同，而是本質上的不同。

十八、人性

因此，即使是最聰慧的動物，意識與人類的意識相比，也有根本的差異。由於意識完全與生物所具有的選擇能力的強弱相呼應，而且與環繞在現實活動周圍的可能的活動同範疇，因此，**意識就意味著發明和自由**。然而，動物的所謂發明不過是習慣的改變。被封閉於物種的習慣中的動物，一旦個體的主動精神得到開發，無疑就能夠在擴展習慣上有所造就；但是，動物能夠不受機械式的自動性所控制的時間非常短暫，即刻便會創造出新的自動性。動物的意識猶如牢獄的大門，一開門則又閉上；它的脖子上所套的鎖鏈是無法打碎的；最多只能拉長些。對於人來說，意識就能打碎自己的鎖鏈。而且，也只有人才能夠使自己的意識獲得自由。**生命的整個歷史，直到人類的歷史，都記載著意識要提升物質的一種努力，並且記載著意識多多少少會受到被掉落在它上面的物質所毀壞的那種影響**。如果我們可以在這裡直截了當談論工作和努力，而不是用隱喻等修辭的手段來烘托，那麼，工作一詞存在著內在的衝突含義。工作涉及透過物質來進行的一切創造活動，物質作爲一種自由的工具，對於製造可以戰勝機械原理的機械是必需的，對於利用自然的決定論以掙脫決定論所張開的大網也是必須的。但是，除了人以外，其他生物的所有意識還是被自己想掙脫的大網所截住。它們的意識仍然囚禁於自己建立的機械原理之中。意識試圖將之納入自由的軌道的那一自動作用，卻緊緊纏繞著意識，並把意識拖入牢籠。動物沒有剩餘的力量，因爲所有活動的能量，都消耗在維持無限微妙和複雜的、基本上不穩定的平衡上，並由此帶來了物質的成果。但是，人不但維持自己的機械裝置，而且如果願意的話，也能利用它們。無疑的，人之所以能夠這樣做，應歸功於他優越於動物的大腦，大腦使他能夠建立無數的運動機械裝置，不斷以新習慣代替舊習慣，並且透過分化瓦解自動作用的辦法來控制自動作用。人類也要將上述的成就歸功於語言，語言提供了意識一種可以體現自身的非物質的形體，使意識因此免於被完全的物質化。另外還要將之歸功於社會生活，社會生活使人保持勤奮努力的素質，就像語言保存思想一樣，個體一開始就必須將自我提升到相當的水準，並且藉這起始的激勵，使作爲平民百姓的自己（中庸的代表）免於沉睡，也使卓越的人更上一層樓。但是，我們的大腦、我們的社會和我們的語言，都只是個人同一的、獨特的內在優越性形之於外的各種不同的象徵符號。這三大類象徵符號各以其特有的形式，表現出在既定的時間裡生命的進化所贏得的獨一無二的造就。此三者的造就顯示，人類是以其不同的性質和種類，而非單純的不同的程度，而有別於其他動物。這些本質的不同使我們萌生這樣的揣測：如果說生命就是從一塊非常寬廣遼闊的跳板獲得最初的衝動力量，其他所有的生物屆時都從上面往下墜落，因爲發現跳板上懸掛的繩索高不可攀，此時唯獨與眾不同的是人類，他們依然能夠克服這種障礙，攀緣而上。

從這種非常特別的意義上說，人即是進化的「極限」和「目的」。我們曾說過，生命像其他的範疇一樣，本質上是超越目的性的。生命基本上像潮流似的穿越過物質，能抓住什麼就算什麼。因此，確切的說，它沒有什麼預定的計畫或設想。另一方面，有充分的證據顯示，自然的其他部分並非爲了人類而存在，我們像其他物種一樣自強不息的奮鬥，並且也與其他物種互相競爭。最後，如果生命在進化過程中遭逢意外，生命之流出現不同的分化，那麼我們在肉體上和精神上都會與我們現在的樣子大不相同。基於以上的各種理由，我們不妨說，將現有的人類性視爲進化運動中的「預制件」是錯誤的看法。我們甚且不能說人類的一切是整個進化的結果，因爲進化所完成的物種系列尚有許多，人類不過是其中一個系列的進化的終點，還有其他生物可能是其他系列的進化的終點。這與認爲人性是進化的原因一說相比，具有十分不同的意義。

從我們的觀點來說，生命就像是由一個圍繞著中心的大寰球向四方推進的無邊無際的巨浪，四周皆遇阻力，浪潮洶湧澎湃，唯獨有一處障礙被壓服，推動力在那裡得以自由穿越。人類的標誌就是這種自由。除了人類的以外，其他所有的意識都進入了死巷；只有人類的意識仍繼續前進。因此，人類雖非集所有生命的作用於一身，卻足以繼續生命的活動。其他支系的進化包含著生命的其他趨向，由於原始的生命本就互相融貫，因此很可能人類也保留了一些其他生物所擁有的東西，只是非常些微罷了。**這一切就像是不具形式的模糊的存在，憑我們的意志，可以稱之爲人或超人，他努力在求得自我的實現，但只有在進化的途中放棄自我的一部分才能達到這個目的**。這些被人放棄的部分便留給了動物世界，甚至留給植物世界所繼續擁有；至少這些都還是生命進化過程中的積極結果，而且優越於進化過程中的偶然事件。

由此看來，大自然所呈現在我們面前的不調和的景象是異常微弱的。整個有機世界就像是沃土似的，在它上面一定會萌生出人類，或者在精神上類似人類的生物。動物雖然遠不如人類，甚至還對人類抱著敵意，但在進化的途中卻不失爲有用的伴侶；**在動物，意識已經卸掉了它給自己帶來的沉重負擔，而在人類，意識卻已將自己提升到可以展望無限前程的高度**。

確實，生命在進化的途中所拋棄掉的並非都是累贅的包袱；它也必須將某些寶貴的財富拋擲。在人類的意識中，最突出的是智能，但是，意識似乎也可以，而且也必須是直覺。直覺和智能代表了意識作用的兩個相反的方向：直覺是沿著與生命相同的方向行進，而智能則是取逆反的方向。因此智能很自然的順應著物質的運動法則。只有在意識活動的這兩種形式都得到充分的發展時，人性才到達一個圓滿而完美的境界。人性迄今尚未臻於圓滿而完美，我們可以設想其間相去仍有若干的間隔距離，它相當於智能和直覺在我們的想像中可以有多少不同的等級一樣。這是因爲在人類的心靈結構中存在著偶然性這一部分的因素。不同的進化可能會使某種人性更富於智能或者更具有直覺力。**事實上，在我們現在的人性中，直覺的部分幾乎都完全爲智能做了犧牲。意識爲了征服物質並且超越自我，似乎必須用盡它最好的一部分力量**。爲了確實成功的征服並控制物質，意識勢必要先順應物質的習性，把全部注意力集中在物質上，終於使自己要特別聽命於智能。這時候固然還存在著直覺，但是它顯得模糊而且不連續，就像一盞即將熄滅的燈，僅剩一線若明若暗的火光，轉眼的工夫就要歸於黑暗。但若總的意識也僅剩一線若明若暗的火光，則無生趣可言，生命的價值便有喪失的危險。我們的人格、我們的自由、我們在大自然整體中所占有的位置，我們的起源，可能還有我們的命運，**凡智能所留給我們的黑夜裡的蒙昧，都有賴於閃爍的、微弱的直覺之光來**

燭幽抉微。這些變幻無常的直覺，只能時常從莫名的遠處燭照並澄明其對象，所以哲學應當把握住這類時機，首先保持住那些飄忽的直覺，接著加以擴散並串連起它們。哲學在這方面的工作進展得愈好，就愈能察覺到直覺原本就是心靈（l' esprit，亦可譯為「精神」，不同於譯為「智能」或「心智」的 l' intelligence，這是本書兩個核心的範疇——譯者），甚且從某種意義上說，就是生命本身：智能以類似於物質的產生方法，從直覺中分離而出。精神生命的統一性就是這樣顯現出來。我們要透澈的認識自己的精神生命，首先必須處於直覺之中，以便從直覺進入智能，因為我們從智能將永遠無法進入直覺。

十九、肉體生命和精神生命

於是，哲學便引導我們進入精神生命。同時，它也顯示精神生命與肉體生命的關係。唯靈論者的種種理論的最大的錯誤在於，它們使精神生活與其他的一切分離，並使精神生命盡可能的離開地面，高高懸浮在天上，似乎這樣便可以使它不受任何的傷害：殊不知這樣表現精神生命的傑出，也只是產生一種幻影的作用！當然，當意識肯定人類的自由時，那些理論要我們聽從意識是對的；但是，智能也在那裡說：原因決定了它的結果，同氣相求、物以類聚，所有的一切都是重複的和既定的。那些理論有理由讓我們相信人是絕對的實在，而且，人具有不受物質左右的特權；然而，科學向我們昭示了有意識的生命與大腦的活動是密不可分的。它們有理由賦予人類在自然界中的特殊地位，並且認為人與動物之間的差距是無法計算的；但是，生命史顯示，各色各樣的物種是由逐漸的演變而產生的，人是從動物進化而來的。當某種有力的本能宣稱人存在著續存的可能性時，它們有理由不閉目塞聽，認眞考慮這種內在的呼聲；但是，如果這樣便顯示存在著能夠獨立生存的一些「靈魂」，那麼，這些「靈魂」又是來自何方呢？「靈魂」是在何時、如何、爲何而進入這個肉體的？我們不是也知道這個肉體分明是由其父母的精子和卵子結合後的受精卵長成的嗎？所有的這些問題都懸而未決，因此，可能成爲否定科學的「直覺的哲學」，如果不先解決肉體的生命實際上是從哪裡來的，並且如何藉此通往精神的生命之路等問題，它遲早會被科學掃地出門。然而，爲了解決這些問題，直覺的哲學要考察的就不是某幾個特定的生命。生命的全體，自從最初的推動力將之投放到這個世界之中，就像不斷升高的潮流，而降臨自物質的另一股運動潮流卻迎面與之相抗。由於遭到物質的抗阻，在不同高度的潮流的最大表面處便形成一大漩渦。**唯獨有一處的生命流克服了物質流的障礙，雖然稍減緩速度，但依然自由的通過，從而繼續向前進化。這一處就是人性之所在，我們人類的得天獨厚之處也就在這裡**。另一方面，我們必須注意到，這個不斷升高的潮流乃是意識，而且這種意識，如同一切意識，包含著無數互相融貫的潛在性，因此不能以適用於無機物的統一性或多樣性的範疇來探其規模。只有這樣，意識會順隨著物質前進，並滲入物質的空隙，將物質區分爲各自獨立的個體。因此，這種意識的潮流穿越代代相傳的人類，終於分化爲無數的個體。這種分化的本身是模糊不清的，由於加入物質，其分化的結果便清晰的凸顯出來。因此，儘管「靈魂」從某種意義上來說是先於存在的，但仍不停被這種意識的潮流所創生。生命之流不停的流經人體，靈魂無非是生命之流的支流。儘管水流必須順著河道蜿蜒前進，但是河道與水流截然不同。儘管意識不得不接受有機體的某種變遷，意識仍然不同於它所啓動的有機體。每一剎那意識狀態所指示的可能的行動，開始的時候都由神經中樞來實行，每一剎那大腦都突出意識狀態的運動銜接基礎；但是，意識與大腦彼此的相互依賴的關係僅限於此；所以，意識的命運並不受大腦中的物質的命運左右。最後，意識本質上是自由的；意識就是自由之所在；但是，它要做到穿越物質，就不得不先立足於物質，而且適應於物質，這種適應就是我們所謂的知性；而當智能使自己轉向活躍著的意識時，也就是說轉向自由的意識時，它（智能）便會很自然的使意識進入概念的框架之中，具體的說就是進入它所慣常見到的嵌有物質的框架之中。因此，**意識總是能夠知覺到在必然的形式下的自由**；但意識又總是忽略了自由的行動所帶來的新穎的或者創造性的部分；意識還經常以人爲和近似的模擬活動取代行動本身，實現這種模擬活動的辦法是用舊的東西構成舊的東西，用老樣子組合老樣子。因此，當我們努力讓智能重返於直覺這樣的哲學眼光來看待以上的問題時，則許多困難都會消失或者大爲減退。而且，這種哲學學說並非僅僅有利於思考；它也給予我們更多的力量來行動和生活。因爲，憑藉對這種學說的認同，我們在人類中便不再感到孤立，人類在其所統轄的自然界中也不再顯得孤立。由於最小的一粒塵埃都與我們整個的太陽系連成一體，而且都在形成物質的不可分割的下降運動中相伴而行，因此，所有的生物，從最低等的到最高等的，從生命最初的起源到我們現在的生命，並且無論在何時何地，都清楚透露出獨一無二的推動力；這種推動力與物質運動的方向相反，而且本身是不可分割的。所有的生物互相聯繫，全都簇擁和跟隨這個同一的、巨大的推動力的左右。動物以植物爲支撐點，人類則駕馭於動物性之上；整個的人類就像是一支數量龐大的軍隊，在我們每個人的前後左右的任何空間和時間裡馳騁，其強大的能量儲備，足以摧毀任何抵抗，並清除難以計算的障礙，甚至可能征服死亡。

第四章　思維的電影機制①和機械論的錯覺：各個思想體系的歷史概觀，實在的變成和僞進化論

① 本章的這一部分所論述的各思想體系的歷史，尤其希臘哲學歷史，是我在一九〇〇—一九〇四年間在法蘭西學院授課中，尤其是在「時間觀念史」課程（一九〇二—一九〇三），所提出的觀點的簡要說明。在該課程，我比較了概念思維的機制與電影機制。我認爲可以在這裡重新提出這個比較。

機制和概念論——兩種基本錯覺

一、簡評基於虛無觀念和不變性的各種分析體系

我們經常會碰到兩種理論上的錯覺，它們都需要我們加以深入的考察，因爲至今我們從中還只是發現它們的一些不良後果，而不是什麼原理。本章探討的對象就是在於原理的方面。

這將提供我們一個機會來清理某些反對意見和消除某些誤解，尤其是在與其他思想體系作對照的同時，進一步條分縷析的定義和確立在綿延中觀看實在之物的一種哲學體系。

物質或精神，這兩者都是以不斷變成的形式呈現在我們面前的實在之物的材料。實在之物可以自我創造，或者自我消除，但從來也不是某種已經完成的事物。當我們揭開遮蔽在我們的意識與自我之間的簾幕之後，我們所得自自己的心靈的就是這種直覺。如果我們的智能和感覺本身可以直接的和不帶功利之心的將事物原原本本呈現在我們的面前，這也可以說是實在之物。然而，智能如同我們的感覺一樣，首先考慮的是行動的必要性，因此它對於物質的時時刻刻的變成，滿足於隔很長時間後投以短暫的一瞥，而且這一瞬間的看法還是靜止不動的。意識反過來又受智能所制約，因此，這時它對於既成的事物的內在生命可以看得很清楚，而對正在創造中的事物的感覺則十分模糊。如此一來，我們便脫離了綿延來觀照引起我

們興趣的、並且原本是在綿延中注意到的瞬間。我們光是留住了那些瞬間。當行動是我們唯一要考慮的問題時，我們這麼做是對的。但是，當我們思考「實在」的本質時，如果我們仍一味根據自己的實際利益的要求去看待它，我們就會無法看到眞正的進化或者急劇的變成。因爲，我們所知覺的變成，僅是已經變化的狀態，我們所知覺的綿延，也僅是所留住的剎那，甚至當我們談到綿延和變成時，我們心目中所想的還是另外一回事。這就是我們想要考察的兩種錯覺中最要不得的一種，即，錯以爲我們能夠透過穩定的中介來思考不穩定的實在，能夠以不變來應萬變。

另外一種錯覺與第一種很接近。它也是基於同樣的根源，基於實用上的考慮而產生的錯覺。所有的行動無不旨在達到我們所要求的目標，或者旨在創造尙不存在的東西。從這種非常特殊的意義上來說，行動滿足了空虛的需要，使客觀上的一切事物從無到有，從缺席到在場，從非實在到實在。這裡所提到的非實在與我們注意力集中的方向有很大的關係，因爲我們都沉浸在實在裡，並且無法超脫於實在之外；只有在所出現的第一實在並非我們所要尋求的那一種時，我們才說那一種實在缺席，在場的是我們所證實的第一實在。因此，我們是根據自己想要得到的東西來表達我們所有的東西。就行動的領域而言，這是再合理不過的了。但是，不管我們願不願意，當我們思考與我們利益無關的自然界時，我們還是保留了這種言談和思想的方式。由此產生了第二種錯覺。我們打算先深入探討這種錯覺。這種錯覺與另外的那種錯覺一樣，都是由我們的積習所造成的，也是我們的智能隨時準備作用於事物時所沾染上的。就像我們均由靜止走向活動一樣，我們於是也憑借空虛去思考充實。

在探討認識論的根本問題時，我們也已遇到這種錯覺。我們說過，問題在於必須知道爲什麼萬物是有秩序的，而不是無序的。但是，除非我們先假設無序（可理解爲秩序的缺席）是可能的，或者是可以想像的，否則這個問題便沒有意義。如此則唯獨秩序是眞實的；但是，秩序可以採取兩種形式，一種形式的存在可以說是另一種形式的欠缺，只有當兩種形式中有一種並非我們所尋求的時候，我們才說這是無序的。因此，無序的觀念是非常實際的；無序的觀念相當於某個期望的落空，並且這個觀念並非指一切秩序都欠缺；而是指只存在一種不能符合我們實際利益的秩序。因爲，如果我們試圖完全徹底否定秩序時，我們就會發現自己也說不準什麼時候就從這一類的秩序跳到另一類的秩序；並且，當我們聲稱刪除掉這類和那類的秩序時，正意味有兩類秩序存在。因此，如果我們繼續無視心靈的這種活動，無視它所假設的一切，我們就無法了解任何觀念，以至於無序也不過是空泛的一個詞罷了。因此，堅守著諸如「秩序塡補空虛」以及「秩序的有效存在是立足於它可能的不存在之上」等觀念，則認識的問題會變得相當複雜，甚或無法解決。我們從不存在到存在，從空虛到充實，都是基於我們理解力上的根本的錯覺。我們在上一章已注意到這種錯誤的一個後果。正像我們說過的那樣，除非我們與之短兵相接，否則我們就沒有什麼把握可以糾正這種錯誤。我們必須面對它，因爲它在否定、空虛和虛無這中包含著完全虛假的概念。②

② 我們即將分析的虛無觀念已經發表於《哲學評論》，一九〇六年十一月號。

二、存在和虛無

哲學家們極少關心虛無的觀念。然而，這一觀念常常還是隱蔽的動力，是哲學思維看不見的驅動力量。首先從自省中我們警覺到這個問題，在意識的直接審視下，它將其他一些令人痛苦不堪的問題推出，面對這些問題我們不能不感到目眩神迷。僅僅當我思忖為什麼我存在著之時，我才開始進入哲學之境；而且，當我考慮到我與宇宙的其他東西的一體關係時，難題又出現在我的面前：我想知道為什麼存在宇宙；如果我由此推到內在於或超越於宇宙、並且支持或創造宇宙的原理，我的思想只會在這個原理上停留片刻；我又會產生新的問題，這一次的問題最廣博也最具普遍性：現存的某物從何而來，又應該對它做怎樣的理解？甚至就在這裡，在本書中，物質固然已被定義為一種下降之勢，這種下降之勢又被定義為上升的趨向的中斷，這種上升的趨向本身則被定義為增長，而最後是作為萬物基礎的創造的原理，即使這樣，仍然要出現這樣的問題：為什麼存在這個原理，而不是什麼也沒有呢？

現在，如果我拋開這些問題，直驅向隱藏在背後的東西，那麼，我發現的是：對我來說，存在就像是對虛無的征服。對我來說可能是這樣，實際上它甚至應該什麼也沒有，而我十分驚訝發現它竟然還有某些東西存在。或者說，我主張整個實在延展於虛無，就像延展於一張地毯上一樣：一開始是虛無，而後存在加於其上。或者說，某種東西永遠存在著，虛無則永遠充當它的基質或貯藏所，因此，虛無永遠先於存在。一只杯子本來就總是滿滿的，但是，倒進杯中的液體又充滿了其中被空氣占有的空虛。同樣的道理，存在可能永遠就在那裡，虛無被充滿了，就像是被存在所充塞一樣，所以虛無先於存在，如果這不是事實，至少這是法則。總之，我不可能擺脫這樣的觀念：充實不過是對空白的畫布的增飾，存在添加於虛無之上，表達「沒有東西」只是比說「有某物」少了些什麼而已。這裡充滿了奧祕。

我們必須澄清這種奧祕。如果我們將「綿延」和「自由選擇」作爲萬物的基礎，我們就更有必要澄清這種奧祕。因爲，形而上學之所以輕視處於綿延中的整個實在，正是由於它只有透過「虛無」才能存在，而且由於一種處於綿延中的存在，從形而上學方面來說，尚無能力征服「不存在」並因此確立自己。尤其是基於上述的理由，形而上學傾向於將邏輯的存在賦予眞實的此在，而不是將心理的或物理的存在加諸其上。因爲，純邏輯的存在，從本質上來說，似乎是圓融自足的，而且，似乎完全接受眞理的內在力量的左右。如果我自問，爲什麼身體或心靈存在著，而不是不存在，我找不到答案；但是，像A＝A這樣的一個邏輯原理就有創造自己的優點，在我看來，這是很自然的，因爲它征服了永恆中的虛無。對於用粉筆在黑板上畫一個圓這件事，有必要作如下的解釋：這種完全屬於物理的存在，其本身毫無可藉以征服任何不存在的東西。但是，圓的「邏輯的本質」就不是這麼一回事，也就是說，它顯示了根據一定的法則來畫圓的可能性，總之，圓的定義對我來說便是永恆之物，它沒有時空的局限，無時無地不具有成爲圓的可能性。因此，假如萬事萬物都棲息於原理，並且萬事萬物的存在都表現出與圓的定義的存在相同的性質，或者表現出如同A＝A這樣的常理，則存在的奧祕便完全消失，因爲這時萬物所基於的存在，就像邏輯所基於的一樣，成了永恆之物。這樣一來，我們可就要付出巨大的犧牲了，如果萬物存在的原理都像邏輯定義或數學公理那樣，那麼，應根據原理而產生的萬物本身就像是公理或定義的應用，於是在萬物或原理中便不再有連帶著自由選擇意味的充足因果律。比如，斯賓諾莎或萊布尼茲的學說便正是以此爲結論的，也是由此而產生的。

如果我們能夠認證出虛無的觀念，從我們將它與存在的觀念對立的意義上來說的，是一種僞觀念，那麼，由此僞觀念而引起的有關問題也將變成了僞問題。這時如果提出一種關於「絕對」的假說：這種「絕對」的觀念，能夠自由的反應與作用於一切，又具有顯在的持久性，或許不會再碰到任何障礙。由此清理出來的，可能是更加接近於直覺的哲學道路，從常識上來說，它應該不會讓我們再付出那麼巨大的犧牲。

那麼，我們就須注意，當人們談起虛無時，他想的是什麼？虛無的表象，或含有想像之心，或含有設想之意。讓我們考察其結果會產生什麼意象或什麼觀念。先從所產生的意象來說：

我開始閉上我的眼睛，漸漸聽而不聞，中斷對外部世界的感覺。終至於所有的知覺都消失了，物質世界歸於沉寂，我像沉浸在黑夜之中。然而，我仍然活著，我不能不使自己活下去。我還在那裡，伴隨著來自外邊和我身體內部的感覺；伴隨著過去的知覺所形成的回憶；甚至還伴隨著剛才我使自己領略到的空寂的印象，這印象依然那麼澄明、那麼完滿。我怎麼可能抹殺這些事實呢？又怎麼可能取消自己呢？必要時，我有可能拋開一切記憶，立刻就忘掉自己的全部過去；但是，即使我眼前的意識達到了最微弱的程度，我至少還要保持著它，也就是說要保持著對自己身體的現狀的意識。然而，為了體驗虛無，我還會試著把這最起碼的意識也去掉，把從身體傳遞來的感覺一一消除：這裡幾乎什麼也沒有了，感覺完全沒有了，所有的感覺都消失在黑暗裡，在那裡萬物已經消失。但是，事實絕非如此！在我的意識消失的剎那間，另外的一個意識繼之而起；或者說，早在前一剎那，那一意識就已出現，藉此促進前一個意識的消失。因為，唯有出現了另外的一個意識和面對另外的一個意識，前面的那個意識才會消失。

只有先以一個確定的、但既非自願又非自覺的動作使自己復甦，我才能看到自己的消失。因此，我步入虛無的努力總是徒勞的，我總是或者從外界，或者從內在，知覺到某些東西。當我再也察覺不到外界的任何東西時，那就是因為我在我自身的意識中找到了庇護所；如果我消滅這內在的自我，就想像的自我而言，這已消失的自我就被感知為外在之物，於是，被消滅的內在，這時也變成了外在之物。不論是外在還是內在，我的想像力總是在表現一個物件。毫無疑問，我的想像力可以從一處轉移到另一處，我可以輪流想像一個外在知覺的虛無或一個內在知覺的虛無，但是，我不能同時想像兩者，因為歸根結底，一者的缺席便意味著另一者非己莫屬的存在。然而，從對這相對的兩種虛無可以加以輪流想像一事來看，人們會錯誤的得出它們可以被一起想像的結論；這種結論的荒謬之處必定是非常引人注目的，因為我們不會不經知覺而想像出一個虛無，至少我們也要模糊不清的想像它，也就是說，這必然是因為我們在行動中、或在思考中，因此也就是在某些東西仍存在著的時候，我們才能想像出一個虛無。

因此，壓抑一切事物原本的意象從來就沒有在我們的思維中形成過。我們竭力想造成的這種意象，只不過使我們在一個外在的與一個內在的實在視野中來回搖擺而已。在我們的心靈中，這內在與外在的來去之間，有一個與兩者距離相等的中點，在此點上我們似乎不再知覺內在的實在視野，同時又對外在的實在視野無知，虛無的意象就在這裡形成。事實上，我們此時知覺到兩者，並使兩者集合於一點；虛無的意象因此要這樣定義：它是一個充滿事物的意象，一個同時包含著客體的與主體的兩種意象，此外，它也是一個不斷由此跳到彼，最後又不止於任何一端的意象。顯然，我們不能把虛無與存在相對起來，也不能將它放在存在之前或之下，因爲它已經包含了一般的存在。

但是，有人告訴我們，如果虛無的表象，不論是看得見的抑或隱而不見的，一旦進入了哲學家們的推理範圍，就不再是以一種意象的方式，而是以一種觀念的方式了。人們也許會同意，我們並不想像一切東西的消除，但又主張，我們可以作這樣的設想。笛卡兒說，我們能夠理解一個由一千個多邊形構成的千面體，雖然我們沒有在想像中看到它，但只要我們能夠清晰的表現出構成它的可能性，也就夠了。所以，這種情況也適合於消除一切東西的觀念。有人說，我們建構這個觀念的步驟應該說是最簡單不過的事。實際上，它不是在我們的經驗中能夠假設消除的唯一對象。我們可以將這種消除自第一對象延伸至第二對象，再至第三對象，依此類推，綿綿不斷，這個行動的過程就會趨向「虛無」那個極限。被如此下定義的「虛無」，是一切東西的消除。對於這裡的這個論題，我們只須在這種形式下來考慮它，就能看出它所牽涉的荒謬性。

事實上，心靈中所建構的觀念只有在其各部分都能夠共存一起時，才能成爲一種觀念；如果那些經過我們集合起來組成這種觀念的因素，一邊集合一邊即互相排斥，那麼這種觀念就會成爲一紙空文。當我掌握了圓的定義，我可以不費力的表現一個黑色的或白色的圓，一個硬紙板的、鐵的或銅的圓，一個透明的或不透明的圓，但不可能是又方又圓的圓，因爲圓的定義排除了以直線圈定這個圓的可能性。因此，我的心靈能表現現有的任何東西被廢除，但是，如果被心靈所廢除的任何東西從它的作用機制來說只牽涉到整體的一部分，而不是整體本身，那麼，將如此一種心靈運作引申爲對事物的整體性的概括，就會有悖於常理，其心靈運作的本身就已經自相矛盾了，而廢除一切事物的觀念所表現的，可能就具有與又方又圓這一觀念相同的特點，顯然，它不是一種觀念，而只是一個字眼。因此，我們必須更進一步考察這種心靈運作的機制。

實際上，被取消的對象不是外在的就是內在的，它是一種東西，或者是一種意識狀態。讓我們先考慮第一種情形。我在思想中消除一個外在的對象：在它原有的地方，「不再有任何東西」——不再有那個對象的任何殘餘，這是毫無疑問的，但是，另外一個對象已經取代了它的位置：在大自然中沒有絕對的空白。然而，我們不妨承認可能存在一種絕對的空白，只是，當我說對象一旦消除，就空出了它的位置時，我指的不是這種空白；因爲，從假設上來說，它是一個「位置」，也就是說，這是一個有明確的輪廓界限的空白，換句話說，這是一種東西。因此，我所指的空白，從根本上來說，只是原先在此、現往別處的某個特定的對象的缺席，而只有在它不在原先的位置時，才能在它之後留下所謂的「空白」本身。

一個沒有記憶或沒有預知能力的人不能使用「空白」或「虛無」這樣的字眼，他只能表達現有與現知的事物；不過，現有與現知的事物都是一件東西或另一件東西的呈現，而不是某種東西的缺席。只有能記憶及預期的人才有「缺席」的存在。他記得一個對象，也許期望再遇到它，但卻找到另外的，於是，當他爲了表達他對從記憶中產生的期望及失望，而說他再也找不到任何東西時，他便遇上了「虛無」。即使他未曾期待與這個對象相逢，這仍是對這個對象的一種可能的期待；他說對象已不在它的原位上，也還是他對所可能期望的東西失望的一種托詞。他實際上所知覺的以及他所能有效想到的，是原有對象在新的位置上或新對象在舊位置上的呈現；其餘的，所有被「虛無」或者「空白」之類否定性的語詞所表達的東西，既不能說是思想，也不能說是感情，或者更確切的說，都不是具有思想意味的感情色調。因此，「廢除」或部分的「虛無」的觀念，在這裡是在一物取代另一物的過程中形成的，因爲這個取代是由一個偏向於把舊物留於新位置的心靈所想像出來的，或者至少是他覺得這種偏向有可能實現。這個觀念在主觀方面意味著一種偏向，在客觀方面意味著一種取代；它除了是這種偏向的感情與這種取代的觀念的混合體，或者說是兩者之間的交叉產物之外，別無其他的意思。

這就是我們的心靈廢除外部世界中的一個對象，並且呈現出一種部分的「虛無」的運作機制。現在讓我們來看看它如何在它自身內部呈現這種部分的「虛無」。我們在自身上看到的仍然是已經出現的現象，顯然不是沒有出現的現象。我有了一種感覺或一種情感，我產生了一個念頭，我做了一個決定，在我的意識中會出現這些事實，並且感知它們，這類事實無時無刻不呈現在我的面前。當然，我也可以透過思維自行中斷我內在生命的過程，比如，假設自己在睡眠中不做夢，或者自己已經停止存在；但是，就在我做這些假設的那一瞬間，我已經在設想和想像自己如何清醒的注視著自己的睡眠，以及如何從自己的消滅中存活下來，而我如果不從自我的外部知覺中找到存身之地，是不會放棄從內部知覺自己的。這裡仍然是說，充實的地方永遠接著充實，而一種智能只能是智能，如果它既無遺憾也無願望，而且總能根據其對象的活動狀態調整自己的活動狀態，那麼它也就設想不出所謂的「不在」或「空白」是什麼意思了。空白的概念產生於新的狀態已經出現而意識仍與記憶中的舊狀態聯繫在一起時，這也就是意識本身的滯後現象。**「空白」只是存在的狀態與可能存在或應該存在的狀態之間的一種比較，也是充實與充實之間的一種比較。總之，不管指的是物質的「空白」還是意識的「空白」，「空白」的表象總是一種充實的表象，並且在分析時可將自己分解爲兩種確定的要素：一是作爲替代物的觀念，它可能是模糊的也可能是清晰的；二是一種願望或遺憾的情感，它可能是親身體驗的也可能是想像的。**

隨著這種雙重的分析可知，絕對虛無的觀念從消除所有的事物的意義來看，是一種自我毀滅的觀念，一種僞觀念，不過徒有其名而已。如果取消一物意味著以另一物取而代之，如果思考一物的不存在，僅當另一物的表象已經或多或少明朗起來時才有可能，而且，如果「消除」首先意味著取代，那麼，「消除所有的事物」的觀念便如同方形的圓一樣荒謬。前一觀念的荒謬性之所以不那麼顯眼，是因爲沒有什麼具體的物體不能假設被消除；於是，由此可知，沒有東西能阻止各物一一被取消這種想法，所以我們就得出可以假設把它們全部取消掉的結論。我們沒有看到一一取消各物，正是意味著逐步以他物取而代之，因此，絕對的取消一切事物，意味著一種道地的邏輯上的自相矛盾，因爲取消一切的行動也毀掉了使任何的取消行動得以實現的條件。

但是，錯覺總是很頑固的。雖然一物的取消，**事實上**就表明以他物取而代之，我們仍然不願下此結論：**在思想中消除一物**就意味著在思想中以一個新東西取代那舊東西。我們可以同意一物總是被另一物所取代，但是，我們的心靈如果不以不定的、模糊的形式呈現另一物取代了該物，便無法想像不管是外在的還是內在的一個物體的消失。同時，一個物體消失的表象總是在空間或者至少在時間裡出現的一種現象，因此它仍意味著必須召喚出一個意象；而正是這個原因促使我們從想像中解脫，以便訴諸純粹的理解力。「那麼，讓我們不再談論消失或消除」，有人會這麼說：「這些都是物理方面的操作。讓我們不再用『物體A』已被消除或現已不在這種說法，我們就簡單的說，我們認爲它已『不存在』了。」消除它，就是要在時間中，也許也在空間內作用於它；因此，這也就是接受空間與時間存在的條件，承認一個物體與其他物體的緊密的聯繫，並且阻止它未經取代就消失。但是，我們也可以使自己擺脫這些條件的束縛：這只要透過一種抽象的努力，我們就可以單獨呈現物體A，也只要我們首先認定它是存在的，然後，揮一揮智能之筆，就可以抹掉這句話。於是，這個物體便被我們宣判爲「不存在」。

也好，就讓我們把這句話徹底的抹掉。但是，我們不應該認爲我們的筆是自給自足的，而且不應該認爲它能與其他的事物相隔絕。不論我們願意與否，這筆都會帶著所有我們試圖要抽象的事物。讓我們確實的把假設是實在的物體A與假設「不存在」的同一物體這兩個觀念放在一起做一比較。

被認爲是存在的物體A的觀念，不過是物體A純粹而簡單的表象，因爲我們無法想像一個物體而不透過這一想像行爲的本身給予這個物體某種實在性。在思考一個物體與思考一個物體的存在之間，沒有任何的差別。康德在他對本體論爭議的批判中已很清晰的闡釋了這個觀點。那麼，又如何去思考物體A不存在呢？光從物體「A」的觀念中抽走標誌著「存在」的觀念，並不能就想像該物體的「不存在」，因爲，我再重複一遍，物體存在的表象與該物體的表象是不可分割的，兩者甚至就是一回事。因此，要想表達物體A的「不存在」，只能在這個物體的觀念上**添加**某些東西：實際上，我們就是把這個特殊的物體被整體的實在性所**排除**的觀念加之該物體的觀念上。要思考物體A不存在，首先要思考這個物體，因此必然會想到它的存在；然後才去考慮用另外一個與它不能相容的實在性來取代它。不過，我們沒有必要很清楚明白的想像後面這種實在性；我們並不關心它是何物；我們只要知道它趕走了我們所注意的物體A就可以了。這就是爲什麼我們只想到排斥的現象而不考慮排斥的原因。但是，這原因並不因此就不出現在我們的心靈上；它是以隱含的方式存在那裡，排斥的過程與排斥的現象是不可分割的，如同揮筆一抹與揮筆的手是相連的一樣。因此，當我們宣稱一個物體不是實在的時候，一般來說就是假設了它眞實的存在。換句話說，要說明一個物體的存在是不眞實的，並不能剝奪掉它的一切的存在方式，因爲要說明或表現一個物體必定要說明或表現這個物體的存在。與此相同的情況是，僅僅宣稱，藉我們的心靈便使存在與某物體結合在一起，並且這種存在與我們對這個物體的呈現，（即該物體的表象）是不可分開的；這是一種完全觀念化的存在，亦即僅僅可能的存在。但是，一個客體的「理想性」或一個客體的「單純可能性」，只有在它與進入理想或單純可能的領域內的一個實在之物相關時才有意義，而且它與那實在之物是無法相容的，前者會被後者所驅逐。假設較有力、較具實質的存在被消除，這就表示進一步被削弱的單純可能性的存在將要變成實在本身，而你因此再也不能將那客體想像為不存在的了。換句話說，不管我們的論斷看起來有多麼奇怪，**從整體來看，在一個被設想為「不存在」的物體的觀念中，比在同樣的這個被設想為「存在」的物體的觀念中，有較多，而不是較少的存在，因為「不存在」的物體的觀念必定是這物體的「存在」的觀念再加上這物體被整體的實在性所排斥的表象**。

但是，人們會認為，我們對不存在的觀念的呈現還沒有充分排除所有想像的因素，也就是說還沒有加以充分的否定。人們會這麼說：「沒關係，雖然一個東西的『非實在』是由於被他物所排斥，但我們並不想知道這點。難道我們不能自由的按自己的意願將我們的注意力轉向我們所願意的地方嗎？那麼，在形成一個物體的觀念後，如果你願意，你就可以同時假設它存在，而我們只要在我們所肯定的東西上面加上一個『不』，就能讓我們想像它不存在了。這完全是一種心智的活動，不受心靈之外發生的一切事件所支配。就讓我們這樣想像任何事物或事物的全體好了，然後在我們思想的邊緣上寫上『不』，指示排斥它的內涵，我們只是以規定事物的消除這一做法來從觀念上消除一切事物」。歸根結底，這裡出現的所有困擾與錯誤都來自於「否定」被賦予過分的能力。我們把「否定」視為與「肯定」完全對稱。在我們的想像中「否定」與「肯定」一樣，都是自足的。因此，「否定」也像「肯定」一樣，具有創造觀念的能力，唯一不同的是，所創造的將是否定的觀念。透過肯定一物，再肯定一物，如此這般，永無止境，於是，我就形成了「全體」的觀念；與此相同，透過否定一物，再否定一物，最後否定所有的事物，我就形成了「無」的觀念。但是，這個結論僅僅是憑藉這類看來有些專斷的推理方法取得的。我們想不通，既然肯定是心靈中的一個完整的動作，它可以導致一個觀念的形成，為什麼否定卻只是心智活動中的一知半解，更確切的說，它將不懂的另一半留給不確定的未來去解決。我們也想不通，既然肯定是一種純粹的心智活動，為什麼它卻在否定中注入了一種非心智的因素，也正是由於這種陌生因素的介入，否則才具有它特定的品格。

先從這第二疑點來說，我們可以注意到否定往往在於把一個可能的肯定拋置一旁。③否定只是心靈面對一個最終的肯定前景採取的一種態度。當我說：「這張桌子是黑色的」，我要談論的是桌子；我看到它是黑色的，而我的判斷傳達了我所看到的東西。但是，如果我說：「這張桌子不是白色的」，我當然不是在表達我所感知的事物，因為我看到的是黑色，而不是白色的闕如。因此，歸根結底，我並非把判斷加之於桌子本身，而是把判斷加之於桌

③ 康德《純粹理性批判》，法譯本第二版，第七三七頁：「從我們一般的知識內容的觀點來看，……否定的命題只具有遏制錯誤的特有功能」。參考西瓦特（Sigwart）：《邏輯學》（第二版），卷一，第一五〇頁及以下。

子是否是白色的判斷上。我在判斷一個判斷，而不是在判斷一張桌子。「這張桌子不是白色的」這句話隱含著本來可能相信它是白色的，或者你曾經相信它是這樣的，或者我也許會相信它是這樣的種種意思。現在，我通知你，或者我自己猛然醒悟：這個判斷要被另一個判斷所取代（不錯，我不肯定另一個判斷是什麼）。因此，肯定是直接包涵在事物之中的，而否定只能間接的以肯定爲中介來指稱那事物。一個肯定的句子表達對某一事物的判斷；一個否定的句子則表達對某一判斷的判斷。因此，**否定正確的說是來自肯定，因爲它是第二等級的肯定——它肯定了一個被肯定的某物，這一被肯定的某物又肯定了某一對象的某物**。

但是，由此又出現另一個論題，即：否定不是一種純粹的心靈的事實；我所要說的是一種脫離一切運動的心靈，它只面對物體，除此之外不願他顧。當我們否定時，我們就要提供給旁人或自己一些經驗教訓。我們要讓一個眞實的或者可能的對話者知道他自己所犯的錯誤，並且警惕。他以前肯定過某事，我們告訴他必須肯定另外一件事（然而卻並未指明將要肯定的這件事是何事）。這就不再單純是一人與一物在打交道了；而是面對某物，有一人在向另一人說話，與他相抗爭，但同時也在幫助他；這就是一個社會的開始。否定的對象是某個人，而不僅僅像純粹的心智活動那樣針對某一事物。它本質上具有教育與社會意義。其意在於匡正，或者在於警告，而且，透過一種重複的作用，被匡正或警告的人還可能是說話者本人。

關於第二疑點就說到此，再回過來看看第一疑點。我們說否定只是心智活動中的一知半解，將不懂的另一半留給不確定的未來去解決。如果我提出一個否定的命題：「這張桌子不是白色的」，我的意思是要你以另一個判斷去取代你那「桌子是白色的」的判斷。我給你一個警告，這警告代表取代的必要性，至於你應當以什麼判斷去取代你原先的肯定，我並沒有告訴你。這也許是因爲我並不知道那桌子的顏色，但也可能是，實際上更可能是因爲我們在這節骨眼所注意的只是白色，所以我只需告訴你必定會有別種顏色來取代白色，而不說是哪種顏色。一個否定的判斷因此是眞實的，它指出以一個肯定的判斷取代另一個肯定的判斷的必要性，然而前者的性質卻是未經確定的，有時因爲它還不得而知，更多的情況是因爲它不是我們實際的關切所在，因爲我們的注意力只集中在後者。

因此，每當我在一項肯定的判斷上加上一個「不」字，即：每當我否定時，我便行使了兩項確定的動作：⑴我對我的一個同事所肯定的事情發生興趣，或者說對他打算要說的話發生興趣，要不然就是對心目中的另一個自我可能說的話發生興趣；⑵我宣告我有了無法對其內容細加說明的另一個肯定，這個肯定將會取代眼前我所面對的肯定判斷。但是，人們從這兩項動作中都只能找到肯定的東西。否定的最大特點就在於把這兩項動作的第一項加諸於第二項之上。因此，我們是透過肯定的方式來創造觀念的，試圖讓它從反面的意義上取得創造觀念的能力，是徒勞無益的。否定並不能推出任何觀念，因爲它除了它所斷定的肯定判斷外，別無其他內容。

爲了說得更精確些，讓我們考慮一個存在的，而不是附屬性的判斷。如果我說：「物體A不存在」，我首先要表明：我們可能會認爲物體A存在著，否則，我們又怎能想像物體A而不想到它的存在；再者，在物體A存在的觀念與單純的物體A的觀念之間，又能會有什麼區別呢？因此，光說「物體A」一詞，我就已賦予它一種存在的含義了，雖然它只是一個可能，也就是說，這只是一個純粹的觀念。這樣一來，在「物體A不存在」的判斷中首先就有諸如「物體A曾經存在」，或者「物體A存在」，或是更普遍的「物體A至少有存在的可能」一些這樣的肯定。現在，當我加上「不」這個字時，我只能說：如果我們再向前走一步，如果我們以可能的物體取代一個眞實的物體，我們就會犯錯誤，而我所說的可能的物體因爲無法與現有的事實並存，從而被排斥於現實之外。斷定一個事物不存在的判斷，因此便是在可能的與實有的這兩種存在（也就是一種思維的存在與另一種被發現的存在）之間形成對照性的判斷。在這類判斷中，有一個眞實的或想像的人，錯誤的認爲某種可能的存在已經成爲現實。然而，又有一個與這個可能的存在相異的現實取代、並排斥了這個可能的存在：否定的判斷表現了這個對照，但它是以一種不自覺的和不完整形式表現這個對照，因爲這種判斷是針對一個虛擬的、專對前述的可能性感興趣的人而發的，至於何種現實將取代它，則並不關心。因此，取代的表述必定要被中止。而原先對於第一項事物的注意力就只會一直並且單獨的保持下去，而不會去肯定第二項東西取代了它。於是，毋須超出第一項事物的範圍，我們只要說第一項事物「不是」，就已暗示第二項東西會取代它。因此，我們只是去判斷一個判斷，而不是去判斷一件事；我們只是要提醒他人或自己防備某種可能的錯誤，而不具體的提供確鑿的資料。假如除掉所有的這類意圖，恢復認識方面獨有的科學性或哲學性，假如，換句話說，現實本身已經刻上只關涉到事物而不對人感趣的精神標記，那麼，我們將肯定「某件事物存在」，而永不會肯定「某件事物不存在」。

那麼，人們為什麼一定要把肯定與否定放在同一層次上，並且賦予它們各自相等的客觀性呢？為什麼我們如此辨認出否定固有的主觀性與人為的中斷性以及它與人類精神世界尤其是社會生活的密切聯繫呢？其原因顯然在於，否定與肯定都必須藉由句子來表達，而任何句子都是由標誌著概念的詞語所構成的，因此無不與社會生活以及人類的心智活動相關。不管我說「這塊土地是潮溼的」，還是說「這塊土地不潮溼」，在這兩種情況下，「土地」與「潮溼」這兩個詞語，總還是經過人們的思維活動加工製造出來的觀念，即透過人們的自由創造力而從承前啓後的經驗積累中提取出來的。在這兩種情況下，這些觀念均藉同樣的常規的詞語表達出來。在這兩種情況下，我們都可以從嚴格的意義上說這些句子有一定的社會教育目的。因為，第一個句子是要宣告一種眞實的情況，而第二個句子意在防止一個錯誤的判斷。假如我們從正式的邏輯觀點來看，肯定與否定，其實是兩個互相對稱的動作，第一個句子建立一種主謂契合的關係，而第二個句子則體現出一種在主語與謂語之間的分歧關係。但是，為什麼人們就看不出這種對稱都是外在的、只具有表面的相似性呢？就算語言被廢除了，社會也隨之而瓦解，而且人類所有的心智方面的創造力、所有的自我反省與自我判斷的功能都萎縮了，這地上的潮溼仍會存在，仍能自動的在人類的感覺上留下印記，並且向我們渙散的心智發送一個模糊的表象。因此，心智仍會以暗示性的詞語來肯定此事。於是，清晰的概念、語辭、在自己的周圍傳播眞理的欲望、提高自身能力的要求，都不是肯定的本質所在。但是，這種被動的心智，機械的跟從經驗的腳步，既不超前也不落後於實在的進程，因此沒有絲毫的否定意願。它不會接受一個否定的印記，因為，我再重複說一次：存在的事物能夠被記錄下來，而不存在的事物的「不存在」則不能。要使上述那種被動的心智有否定之可能，就必須從自身的麻木不仁中復甦，並且去陳述一個對眞實的或可能的期待的失望，或者去糾正一項實際的或可能的錯誤，也就是說，它須有向他人或自己提出告誡的準備。

要從我們所選擇的那一例子中看出這點，有不少的困難，但是，正因爲如此，那一例子的教益就愈大，我們的論證也愈能令人信服。假如潮溼程度能夠自動記錄下來，人們就會說，不潮溼的程度同樣能夠記錄下來；因爲，乾燥與潮溼都能傳送給感官某些印象，而感官會把這些表象或多或少地傳送給心智。從這種意義上來說，潮溼的否定與其肯定一樣，都是客觀的事實，都是純粹的知性產物，毫無任何指令或教訓的意圖。但是，我們若進一步檢視它，我們將看到：「這塊土地不潮溼」這一否定句與「這塊土地乾燥」這一肯定句有完全不同的內涵。第二句話意味著我們知道它是乾燥的，我們已體驗過這種特殊的感覺，無論是經過觸覺還是經過視覺，都可以作爲這一表象的依據。而第一句則不要求同樣的經歷，它可能是一條聰明的魚的見解，它除了接觸過潮溼之外，沒有任何的其他經驗。當然，這條魚應該進化到能夠辨識現實事物與可能事物之間的不同，而且它必須留心估量它的同伴的錯誤，它們無疑會認爲它們所生活的潮溼環境是唯一可能存在的條件。讓我們嚴格對待「這塊土地不潮溼」這句話吧！我們會發現它有兩個含義：⑴我們可能本認爲這塊地是潮溼的；⑵這塊土地的潮溼程度被其他的某種性質所取代，而這種性質尚未被確定，也許因爲我們對它沒有明確的認識，也許因爲我們認爲沒有必要說明白，因爲這一否定句的被告知者對它實際上不感興趣。因此，否定總是表現爲一個雙重肯定系統一分爲二的形式：其一是確定的，申述某種可能；其二是不確定的，原因在於對產生這種可能性的現實無知或漠然。第二個肯定有可能包含在我們對第一個肯定的判斷裡，這個判斷本身是否定的，其主觀性在於這個否定的判斷只在意那被取代的，而不關心什麼取代了原來所肯定的性質。那被取代的只是存在於我們心智中的概念。如果要繼續弄清被取代的東西，就必須背對著從過去延伸到現在、從後面往前面行進的實在。當我們否定時，就是這樣做的。我們會發現這時情況的變化，或者更一般的說，發現新舊的更替就像一個旅行者坐在車上，向後望就能看到他的車輪的軌跡一樣，他只看到即刻經過的那點；除了知道他與正離開的那點的相對關係之外，他無論如何也不能單憑正在通過的那一點測定自己實際的位置。

綜上所述，對於一個本應單純的遵循經驗之道的智者而言，應該沒有空白、沒有虛無，即使是相對的或部分的虛無，也不可能否定的。這樣的智者只會看到一樁樁事情環環相扣，各色各樣的狀態遞相演化，難以計數的物品不停更新。他在任何時刻所注意到的都只是存在的物品、正在出現的狀態和發生過程中的事情。他生活在現有的事物中，而且，如果他能夠作出判斷，那麼，除了現在的存在之外，他永遠也不會肯定其他的任何事物。

但是，如果將記憶賦予這位智者，特別是如果將懷舊的欲望賦予他，並且使他養成分解和區別事物的能力，他將不只注意剛過去的現實所留下的現有狀態；他甚至還將過去當作一種變化的過程，從而又當作「過去的狀態」與「現在的狀態」之間的一種對照。而且由於在我們記得的過去與我們想像的過去之間並沒有根本的差別，他很快就能提高到對「可能的事物」進行具有普遍意義的概括與重新呈現，即所謂「表象化」的操作。

他將因此被引到否定這邊來。尤其是他將關注於對「消失」這種現象的揣想上。但是，他還不能達到這個要求。要表現一樁消失的事物，僅僅認識過去與現在的對比是不夠的；我們還必須背對著現在、流連於過去，並且僅以過去的詞語來思考過去與現在的對比，絕不讓現在顯現於其中。

只有這樣，消除的觀念才不再是一個純粹的觀念；它才意味著我們懷念過去，或者我們認為過去是值得懷念的，因此我們有一定的理由在這上面逗留。當新舊更替的現象被一個智者分割成兩部分，而他又只對前半部感興趣、只考慮前半部時，這種消除的觀念就出現了。由於取消了所有的興趣，所有的依戀，他便駐留於流動的現實以及不時就要更新的認識上；消除的觀念只將這種認識的現狀印在我們的腦海中。

自消除到否定（後者屬於更一般的概括的運作），現在只有一步之遙。只要想像「現在存在的」不僅與「過去曾經存在的」、還與「所有可能存在的」之間的對比，並以「可能存在的」而不是「現在存在的」來表達這個對比，我們就能單憑可能存在的事物來肯定實際的存在。我們以此方式進行的陳述，不再僅僅表達個人的上當受騙的心理（亦即要糾正或警惕錯誤的心理），而更主要的是認定他人的錯誤。從這層意義上來說，否定具有作為教誨和社交的手段的特點。

還有，否定一旦形成，就會呈現出一個與肯定相對稱的面向。情況似乎是這樣的：如果後者肯定一種客觀的現實，前者就應肯定一種同樣客觀的非現實，而且要同樣眞實的。我們在哪些方面既是錯誤的又是有道理的呢？錯誤的地方在於否定無法在它的否定中達到客觀化的效果；然而，它又是有道理的，因爲對某一事物的否定意味著對那個一般被擱置在一邊的、現在可能取代它之物的潛在肯定。但是，否定的否定形式受益於作爲否定的基礎的肯定：盤踞於它所接觸的可靠的現實上，否定這個幽靈便使自己客觀化了。由此形成了「空白」或部分的「虛無」的觀念，於是一件事物不是被另一件事物所取代，而是被它自己留下來的空白所取代，也就是說被它自己的否定所取代。又因這一運作能在任何事物上進行，我們就假設它在每一件事物上一一實現，終於全面的在所有的事物上實現。於是，我們便獲得「絕對虛無」的觀念。如果我們現在分析這個「虛無」的觀念，我們會發現它其實是「全有」的觀念再附加上智者的精神不停的從一物跳躍到另一物的運動；它拒絕駐留於一處，僅僅依據剛剛離開的那點來測定自己實際所在的位置，此外，總是全神貫注於這種無休止的運動。因此，這就是一個極爲綜合完滿的表象，其綜合完滿的程度一如與它非常接近的「全有」的觀念。

那麼如何使「虛無」的觀念與「全有」的觀念對立呢？人們難道看不出這是把完滿與完滿互相對立嗎？而因此想要知道「某物爲何存在」的問題，就成了一個無意義的問題，成了圍繞一個僞觀念而提出的僞問題！然而，我們必須再次說明，爲何這個問題如此冥頑不靈的纏住智者之心？我們徒勞無益的指出，在一個「消除的實在」的表象中，除了互相追逐、不斷繞圈的全部實在之外，別無他物。我們徒勞無益的補充說明，「不存在」的觀念無非是一個被驅逐的不可思議的存在，或者是一個「僅僅是可能」的存在，它被一個將是眞實的實在，這種實質性的存在所驅逐。我們徒勞無益的在否定的原始形式中發現一些超智能化的東西；否定是對判斷的一種判斷，是對旁人或對自己的一種警告，因此若賦予它創造一種新類型的表象和無內涵的觀念的能力，將是荒謬不可信的。我們總是堅持在事物出現之前，或者至少在事物的基礎之下有著虛無的信念。假如我們要找出這個事實的存在理由，我們就能準確的在情感、社會以及實際活動的諸要素中找到它；實際活動的要素將本身特定的形式賦予了否定。我們不妨這樣說，哲學最大量的難題就產生於人類活動的種種形式離開了它們合適的領域。我們本該是行動等於或多於思維的，或者更準確的說，當我們循著我們的天性活動時，我們只爲行動而思考。毫不奇怪，行動的習性使表現的習性遜色，而且我們的心智總是習慣在作用於事物之時，看到它們仍像我們原先所想像的那樣有序。然而，如我們前面所注意到的，人類的所有行動的出發點肯定都在「不滿」上，而且由此可知，都在一種「不在場的情緒」中。假如我們不給自己提出一個目標，我們就不會展開行動；假如我們不是因爲感覺到缺乏某種東西，我們就不會去尋求那一東西。我們的行動就是從「虛無」進行到「某種東西」，而且它本質上就是要在虛無的畫布上渲染某種東西。說實在的，這裡所指的虛無，與其說是指一物的不在場，不如說是指一種功用的不在場。如果我帶領一位來客到一間尚未擺設家具的房間，我會先說：「這裡面一無所有」。我十分清楚那房間裡充滿著空氣，但是，因爲我們無法坐臥在空氣上，那房間裡不存在對於來客以及我自己來說算得上有用的東西。一般來說，人類的工作，就在於創造有用的東西；在這工作未做之前，眼前就是「虛無」——即，不存在人們原來想要的東西。因此，我們的生命就是消耗在塡滿這類空白上，我們的智能就在這種欲望和缺憾的超知性的影響下考慮這類空白：塡補空白的行動總是在生命受到生理需要的壓力下進行的；如果人們認爲空虛是有用的東西的缺乏，而不是事物的不在場，人們就可以說，在這種全然相對的意義中，我們不斷從空虛走向完滿。這就是我們行動的前進方向。我們無法阻止自己不如此思考，因此，很自然的，我們的思考也是從相對的意義進入絕對的意義，因爲它是作用在事物的本體上，而不是作用在事物對於我們的功用上。這樣一來，空虛會被實在性所充滿的觀念，便深植於我們的心中；而虛無被設想爲不存在任何事物，因此也就先於萬物而存在，這樣的想法如果還不是事實的話，至少從原則上說得過去。然而，我們所要消除的，也正是這個錯覺。我們在前面已經指出，**如果人們試圖在虛無的觀念中看到一切事物被廢除的含義，那麼，這個觀念將導致自我的毀滅，並且它將降格爲毫無意義的單詞；而如果相反的，虛無是一個眞實的觀念，人們就應該能夠在其中找到與「全有」的觀念一樣豐富的材料**。

三、變成與形式

我們不得不做以上冗長的分析，因爲我們要以此說明：**一種自足的實在並不一定就是與綿延不相干的實在**。如果我們有意或無意的從虛無的觀念通往存在的觀念，那麼我們所到達的存在，本質上是邏輯的或數學的，因此也是非時間性的。於是，在人們的腦海中就塞進了一個靜止的觀念；宇宙萬物是處於永恆的狀態之中，這種狀態似乎是一次性被賦予的。但是，我們必須習慣於不拐彎抹角的直接思考存在，也不首先與介於存在和我們之間的虛無這一幽靈打交道。在這裡，我們必須嘗試著爲了觀看而觀看，而不是依然爲了行動而觀看。那麼，絕對就會展現在我們的近處，甚至就在我們的身上顯露出來。它本質上是心理的，而不再是邏輯的或數學的。它與我們同生共存、它跟我們一樣專注，不過，在某些方面要更爲集中、凝練，其守一不二的精神是我們望塵莫及的，因此，它處於綿延之中。

但是，我們是否考慮過眞正的綿延呢？這裡還是有必要採取直接占有的辦法。我們不可能拐彎抹角的到達綿延，必須一下子就投入其中。智能由於習慣於通過靜止不動的中介之物來思考運動之物，所以往往不願意這樣做。

實際上，智能的作用是去支配行動。然而，在行動中，我們感興趣的是它的結果；只要目的達到了，採用什麼手段都無關緊要。因此，我們往往盡心竭力於要實現的目標，爲此無比自信的認爲終究自己的觀念都會變成行動。從這裡也可以看出，僅僅是我們的行動的歸宿才明顯的表現於我們的心智之中；而由我們的行爲本身所形成的運動過程，或則避開我們的意識的關注，或則只是含糊不清的進入我們的意識之中。讓我們試想諸如舉起手臂這樣簡單的動作。如果我們首先必須想像這個動作所包含的一切基本的收縮與張力，甚或在這些力量進行時還必須一一察覺它們，我們將會出現怎樣的情境呢？但是，我們心智總是立刻奔向目的所在，也就是說奔向設想中應當完成的動作的輪廓和概貌上。如果沒有任何對立的表象能夠中和與消除第一個表象的效果，那麼某些相應的運動就會自行的出現以便填補那些基本動作之間的空隙。因此，心智在活動中只呈現那些要達到的目的，也就是終止之點。從一個達到的目的到另一個達到的目的，從一個終點到另一個終點，我們的活動變成一連串的跳躍，在這些跳躍中，我們的意識盡可能從正在完成的動作移開，只專注於完成該動作時預期出現的意象。

然而，要使所完成的動作的結果靜止的表現出來，智能必須也以靜止的方式去覺察產生這種結果的環境。我們的活動都是在物質世界中進行的。如果物質在我們的面前永無休止的流動，我們就不能夠確定任何的一個動作的終點。我們就會覺得那些動作逐個在完成後即自行消失，因而無法預期任何一個總在逃逸之中的未來。要使我們的行動一個接著一個的跳躍，就必須讓物質也從一個狀態接著一個狀態的過渡與變化，因為只有在物質世界的某種狀態中，我們的行動才能定位於一個結果，從而完成這個行動。然而，物質是否眞能這樣呈現自身呢？

僅憑單純的推理而言，我們的知覺能夠自動調整來迎合物質的這一趨向。感覺器官與運動器官實際上是互相配合的。不過，前者象徵著我們的知覺的功能；而後者則象徵著我們的動作反應的功能。因此，有機作用就是以這樣一種看得見、摸得著的形式向我們顯示知覺與運動的完美協調關係。因此，假如說我們的行動總是以一個它瞬間所定位的**結果**為目標，那麼，我們的知覺在任何時候從物質世界中所能得到的都只有它所暫時寄寓的一個**狀態**。這就是我們的智能所呈現的一個最自然的假設，不難看出我們的經驗可以證實這一假設。

自從我們對這個世界看了第一眼之後，甚至在劃定各種物體範圍之前，我們就分清了它們的**性質**。一種顏色接著一種顏色、一個聲音接著一個聲音、一重阻力接著一重阻力等，這些性質的每一種，分開來看，都像是靜止的保持著這種不變的狀態，直至另一種來取而代之。然而，這些性質的每一種在分析中都可以分解成數目眾多的基本動作。不管我們在分析中看到的是它們的振動，還是把它們呈現爲完全不同的另一種樣子，有一件事是肯定的，那就是所有的性質都在變化。此外，要在變化的情況下來尋求變化中的東西是徒勞無功的；我們總是出於權宜之計，或者爲了滿足我們的想像，而把運動附加在一個運動的東西上。那個運動的東西就在科學的注視下不停逃遁；而科學的唯一任務就是探討那種運動性。在不到一秒鐘內可察覺的、最短的一刹那裡，在對於一個敏感的性質而言的瞬間知覺中，也許有數兆次振動在重複自己。這種敏感的性質的持久性，是由一連串的運動所組成，正如連續的搏動使生命得以延續一樣。知覺的首要功能正是透過一種凝聚的作用，來領會以性質或者簡單的狀態的形式出現的一連串基本的變化。在動物類中，活動的力量愈大，它的知覺功能在某一瞬間所濃縮的基本變化數目很可能也會愈多。而在大自然中，從幾乎與大氣的振動合拍的生物，直至在其最短的簡單知覺中停止這數兆次振動的生物，它們的進步必定是連續的。前者幾乎只能感覺到運動；而後者知覺到性質。前者完全可能被事物的煩難所挾制；而後者則能夠予以反應，它們的活動功能的張力可能與它們的知覺功能的凝聚力相稱。直至在人類身上還在持續出現這種進步的現象。人之所以是「行動者」，就因爲他能在一瞥中看穿許許多多事件的底細：與此同理，能夠知覺到一個接一個、連續事件的人，就會讓自己接受它們的引導，而能夠從整體上把握它們的人，則能夠支配它們。簡而言之，物質的性質不管有多大的不穩定性，我們都會以同樣量級的穩定觀點來看待它們。

現在，我們把物體限定在敏感的性質的連續性裡。其中的每一物體在每一刹那間都發生變化。首先，該物體可分解成一組不同的性質，而所有性質，如我們前面所說的，都由持續的基本運動所構成。即便我們認爲性質處於靜止的狀態，物體卻不會是靜止的，其性質仍在不停地變化。我們有充足的理由認爲生物體在物質的連續性中自成一個相對的封閉系統；而且，爲此我們又將整個物質世界的其他部分加以區分。然而，生命是一種進化的過程。我們集中注意力於進化中的某一階段，並且視這一階段爲靜止的景象，我們稱之爲形式，而當變化到達相當大的程度時，我們遲鈍的知覺便有了新的認知，於是我們就說該物體改變了它的形式。但是，事實上，該物體每時每刻都在改變其形式。或者說，該物體根本就沒有形式，因爲形式是一種靜止的概念，而那實在卻是運動的。凡是眞實的東西，都是形式在連續變化的東西：**形式只是轉變過程中的一個瞬間拍下的快照**。因此，這裡要再一次聲明，我們的知覺生來就以不連續的意象，攫住某實在之物的流動的連續性。當這些被錯覺爲連續的意象彼此之間沒有太大的差別時，我們就認爲這是對單個**平均的**意象的擴大或縮小，或者說是對這個意象作不同意義上的變形。當我們談到某物的**本質**或者某物本身時，我們運用的就是這種方法。

最後，事物一旦形成，便透過它們自身狀況的變化，從外表上呈現萬物內在的深刻變化。爲此，我們說它們互相**作用**。這種作用在我們看來很可能都以運動的形式出現。但是，我們盡可能避免對運動的運動性的注意：如我們上面所說的，使我們感興趣的是運動中的不變的景象，而不是運動本身。它是一種簡單的運動嗎？我們尋思著它向**何方**去？我們任何時候都是根據它的方向，這也就是說，根據它暫時的目標的位置來呈現它。它是一種複雜的運動嗎？首先，我們想要知道：發生了**什麼**，這運動是在做**什麼**？也就是說，這運動所得到的結果或它主要的意圖。仔細考察一下，當你談論一個正在完成中的動作時，你心裡隱藏著什麼。隱藏著的是變化的觀念，我極願認可這觀念，可是它隱藏在半明半暗之中，無人知曉。而在光天化日之下的是估計已完成的動作的不變的景象。僅憑這點就可以分辨和界定出複雜的動作究竟如何。如果我們必須將之想像爲吃、喝、打鬥等與生俱來的動作，我們將會感到十分尷尬。實際上，我們只需一般的、不確定的知道所有這些動作都是運動就夠了。這方面一旦確定，我們便只要想出呈現每一種複雜運動的**整體計畫**，也就是說在複雜運動下的靜止的圖式。在這裡，我們的認識仍然不是指向一種變化，而是指向一種狀態。因此，除了前面的兩種情況之外，又有了第三種情況。不論它是涉及性質的運動，還是進化的運動，抑或引申的運動，我們的心智都能使自己調整在對不穩定性投以穩定目光的水準上。因此，如我們剛才所示的，這種心智作用終能形成三種表象：⑴性質、⑵形式或本質、⑶動作。

這三種呈現方式相當於三種詞性：**形容詞**、**名詞和動詞**，這些構成語言的主要元素。形容詞與名詞因此便代表著**狀態**；至於動詞，如果我們抓住了它在呈現過程中所起的闡明作用，其餘就可以不計了。

現在，如果我們想要更精確描述我們對變成的自然態度，我們會發現：變成是無休止的變異。從黃到綠與從綠到藍並非相似的變化，這是不同性質的運動。從花朵到果實，與從幼蟲到蛹再到成蟲也不相似，它們是不同的進化運動。吃、喝的動作不同於打鬥的動作，它們是不同的廣延運動。而這三種運動的本身——性質的、進化的、廣延的——是迴然相異的。我們知覺的訣竅，就像我們的智能與我們的語言的訣竅，是從這些迴異的變成中抽取以下諸種過程的單一表象：一般的變成、不確定的變成、以及其本身不說明什麼、而我們甚至還很少考慮到的簡單的抽象過程。爲此，我們要在每種特殊的情況中，給「變成」這個總是一樣的、而且總是含混不清或無意識的觀念附加上一至多個意象，以此區分彼此相異的所有變成，並且呈現其各自的**狀態**。我們就是用這個一般且不確定的變化與一個特定又明確的狀態的組合，來取代變化的特定性。於是，一個無限繁多的、色彩各異的「變成」，在我們眼前通過：我們只看到在不同的顏色，也就是說不同的狀態之下，悄然而模糊的進行著一種總是到處都一樣的、具有不可更易的、無色的變成。

假設我們要在一個銀幕上再現一個活動的畫面，例如：一隊士兵的行進，我們可能想到的第一個方法將是把用來呈現士兵們的組合影像分開，賦予每個人一個不同的動作，儘管這些人在人類之中有許多共同性；然後把他們的整體投影在銀幕上。在這不起眼的小事上，我們將不得不耗費相當大的工作量，卻只能獲得一個很平庸的結果，這就向我們提出了這樣的問題：究竟如何再現生命的柔韌性與多樣性呢？現在另有一個較容易又更有效的方法。那就是拍下行進軍隊的一連串瞬間的快照，再把這些瞬間的景象投射於銀幕上，從而使它們迅速的串聯成像。這就是電影的做法。這些以靜止的態度拍攝的瞬間影像藉放映技術，重現了行進中軍隊的活躍性。如果我們只靠單幀照片，不管我們如何看它們，也無法感受到他們蓬勃的生氣；而且那些照片的不動性緊連著不動性，即使底片無限長，我們也不能讓上面的影像活動起來。爲了使影像活動起來，一定要找出運動曾存在過；實際上，運動就在放映機的裝置裡。電影技術把影片展開，輪流放映出影像的各張照相，使它們前後相接，從而使影像中每個人物都恢復了原先的活動性，這種技術銜接了行進中的所有連續狀態，表現在影片中不可察覺的運動裡面。因此，這整個過程來說就是從所有人物的個別運動中抽取出一種抽象而簡單的非個人化動作，也可以說是**普遍的動作**，再把它納入放映裝置中，透過這種無名的運動與個人狀態的組合，重建每一特殊動作的個人性。這就是電影的技巧。這也是我們知識的技巧。我們不把注意力完全貫注在事物的內在的變成上，而是置身事外，以便人為的重組它們的變成。我們拍下過往的實在的瞬間快照，而由於這些照片具有實在的特徵，我們只需把它們捲進作為知識的放映裝置的基礎的那抽象、劃一且不可察覺的變成上，就可以模仿這種變成本身所具的特徵。一般而言，知覺、智能、語言都是如此運作的。不論我們是思索、表達、甚或知覺這種變成，我們除了運用這種內在的電影放映法外，幾乎別無其他方式可用。我們因此可以這樣總結這一切作為：**我們日常的認識機制所帶有的機械性，就是屬於電影放映法此類事物的性質**。

在這類運作中絕對實用的特徵是毋庸置疑的。我們的每項動作都旨在促使我們的意願對實在做某種介入。在我們的身體與其他物體之間存在著一種類似於萬花筒內的碎玻璃塊那樣的排列方式。我們的活動就是從一種排列方式到另一種排列方式，每次都要搖動萬花筒才能實現，但是，我們對搖動本身不感興趣，而只是注意萬花筒內新組成的畫面。為此，我們認識的自然運作機制必須恰好與我們對自己的這種運作的關注相稱。從這個意義上可以說：如果我們不是在濫用這類實例來作比較的話，**我們對事物的認知過程的電影放映式的特點。就**

是由於我們對事物的適應活動帶有萬花筒的特點。

因此，電影放映的方法是唯一實用的方法，原因在於它可以促使我們認識方面的一般態勢與行動方面的狀況相適應，從而可以預期我們行動方面的每一細節都符合我們認識的要求。要使我們的行動總是明確無誤，我們的智能就必須總是在場；不過，我們的智能要如此伴隨我們的行動的每一進程，並且掌握其方向，就必須從適應活動的節奏開始。這種活動是不連續的，正如生命是處於時斷時續的搏動之中；因此，認識也是不連續的。認知功能的機械性便是建構於這種基礎之上的。它既然本質上是實用的，這樣還能用於推理和思考嗎？現在就讓我們試著以這種功能來跟蹤「實在」的彎彎曲曲的走向，並且看看會出現什麼結果。

我從一個特定的連續的變成中取下一連串的影像，並將它們重新聯結起來，命名爲「普遍的變成」。當然，我不能就停息在那裡。尚未確定的東西是無法表現出來的：對於「普遍的變成」，我只在語詞上有所認識。如字母X指涉的是某種未知的東西，不管它將是如何的，我的「普遍的變成」總是同樣代表我所拍下的一些瞬間的快照的某種銜接過程；對於這個過程的本身，我是一無所知的。因此，我全神貫注於這種變成，盡力了解發生在每兩個快照之間的事情。不過，由於我運用的是同樣的攝影方法，我所獲得的結果也是同樣的；第三種不同的影像僅僅很短暫的介入其他那兩種影像之間。我可以重複拍攝無數次，可以把影像無限拼接下去，仍得不到任何其他東西。因此，運用電影放映法在這裡只能出現一種不斷重複開始的局面，對此，我們的心智永遠也無法得到滿足，更不能找到自己的安身立命之所，因此估計也無法說服自己透過自身的不穩定性來模擬「實在」的本有的運動。即便如此，由於它勉強的、內向的努力到極點，我們的心智終究可能產生運動性的錯覺，只是這種運作並未使它自己前進一步，因爲它總是與目標保持著原先的距離。要想與運動中的實在並駕齊驅，我們的心智就必須投入其中。只有當你身處變化的過程之中，你才能同時攫住變化的本身以及變化在任何瞬間都**可能**止息於其上的接續狀態。但是，以這些從外部來觀察是緊接在一起的眾多的狀態，並認定它們是眞實的而不是虛擬的靜止狀態，你將永遠無法重建運動的本相。我們可視情況稱它們爲**性質**、**形式**、**位置或意向**，隨心所欲的增多它們，從而無限的縮小兩個相鄰狀態中的間隙。這時，對於其間的運動，你或多或少都會體驗到像兒童拍掌想要擊碎煙霧而不可得的那種失望的心情。運動將從間隙中溜走，因爲想從狀態中重建變化過程的任何嘗試，都意味著肯定運動是由不動性所構成的這個荒謬的命題。

哲學從它誕生的那天開始就察覺到這點了。伊利亞學派的掌門人芝諾的論辯，儘管是爲了一個迥然不同的意圖而提出的，其含義也不外乎如此。

就拿那射出去的箭來說吧！芝諾硬說它在每一瞬間都是不移動的，因爲它沒有時間移動，也就是說，它無法占有至少兩個相接的位置，除非我們能允許它至少具有兩個瞬間。於是，在某一特定的時刻中，它在某個特定點上歇止著。在它向既定的目標前進時，每一時刻它在所經過的那一點上都是不動的。

是的，如果我們假定飛箭確實**處於**其射程中的某一點。再者，如果飛箭確實與某一靜止的位置重合，則芝諾的上述說法是對的。但是，飛箭絕**不會處於**它射程中的任何一點上。我們最多只能說它可能在經過那一點時處於那一點，並可能停頓在那裡。誠然，飛箭如果停頓在那一點，它就不再移動了。事實上，如果此箭由A點發射並落於B點，則它在AB之間的運動，是出於發射它的弓的張力使然，因此都一樣單純、一樣不可分割。正如榴霰彈落地前的爆炸，會不分青紅皀白的給某有關的區域帶來危險，由A發射到B的箭矢也會將它不可分割的動能一下子都散發開來，儘管由A至B有一段綿延的時間。設若橡皮筋由A拉到B，你能把橡皮筋這段延伸的過程加以分割嗎？箭矢的射程有如橡皮筋的延伸；其過程同樣單純而不可分割。現在你在A與B之間另設一點C，並且認定箭矢在某個時刻經過該點。假如飛箭確實經過C點，那麼飛箭就要在這點停頓一下，那麼你就不能再說箭是由A飛到B，而是要分成兩段：即由A飛到C，再由C飛到B，中間休息了一下。然而，我們假設完全單一的運動是在兩個靜止的位置之間發生的，如果中間還有靜止的位置，它就不再是單一的運動。問題在於，飛箭一**旦完成**其運動，其射程便成爲一條靜止的軌道，我們誤認爲可以隨意將其軌跡當作許多靜止的點來看待。由此我們得出了這樣的結論：飛箭在移動**過程中**每一剎那都停歇在與其重合的位置上。我們無視箭矢所經過的軌跡是一氣呵成的，儘管這裡也耗費了一些時刻；雖然飛箭一旦形成其軌跡，我們可以任意加以分割，但是我們無法分割軌跡形成本身，因爲這種形成是一直處於活動過程中的動作，而不是物體。假設那一移動的動作，**處在**其過程中的某一點上，這就好比用剪子在這一點上把原先我們所考慮的箭矢的單一射程剪成兩段，也就是說以兩段軌跡代替原先單一的軌跡。這樣便把本來假設只有單獨一個的動作分爲兩個接續的動作。簡而言之，認爲飛箭的過程存在著間隔，這是很荒謬的看法，因爲它先驗的認爲運動與靜止可以重合在一起。

我們將不在這裡繼續討論芝諾提出的與此有關的其他三個論辯。我們已經在其他地方考察過此類命題。這裡我們只須指出，他的那些命題仍然都是基於這樣的設想：即，把運動看作沿著一條線的全線跑動，並假設適用於此線的一切道理，也都適用於運動，例如，我們可以把一條線任意劃分爲許多部分，部分之長短悉隨我願，而線總是原來的線。由此我們可以做出這樣的結論：我們有權假設，運動的段落可以任憑我們決定，依然不改變其原先的運動。我們由此產生了一系列從根本上來說都是荒謬的假設。因爲，觀察者只有從外部來觀察運動，並且認爲運動的每一剎那有一種靜止的可能，同時企圖以這些可能的靜止狀態來重建眞實的運動時，才可能以點和線來表示運動。要使這種荒謬性化爲烏有，我們所應該採取的方法便是思考運動的連續性；任何時候我們只要一舉臂、一投足，就都能意識到這種連續性。由此我們還可以體會到：運動物體在兩個靜止的端點之間所穿越的那條線可以被描繪爲單一的一條不可分割的運動痕跡，因此以線的人爲有限的分段來比擬運動過程，是徒勞無功的。當然，這條線本身缺乏內在的有機性，它可以隨意切分成可數的段落。但是，所有的運動都自有其內在的關聯。那是一種不可分割的結合體（它依然可以占據很長的綿延），或者是一系列不可分割的結合體。若不把運動本身的這些關聯加以深思，那麼我們就不要去探究運動的本質。

當阿契里斯追逐烏龜時，他的每一步都是不可分割的，烏龜的每一步也是這樣。追了幾步之後，阿契里斯必定會追上烏龜。再沒有比這個更容易理解的事了。如果你要進一步分析這兩種運動，那麼阿契里斯和烏龜的行程自然有各自步伐上的**約數**；然而，我們還是應該尊重兩者自然的內在關聯。只要你尊重這種關聯，就不會有什麼不可解決的難題出現，因爲你聽從經驗的指示。但芝諾卻任意以其他的法則來定義阿契里斯的運動。他假設阿契里斯一舉足必定就到達烏龜曾經經過的點，第二步則烏龜到達另一點，而阿契里斯隨即也到達這第二點，如此重複以至於無窮。這樣一來，阿契里斯實際上總是要邁出新的一步，因而無法追上烏龜。芝諾所設想的運動，就像上述阿契里斯的運動一樣，都是可以任意分解和再分解的。因此，一旦你開了這個荒謬的認識的頭，隨後其他的一切弊端和荒謬性便都接踵而來。④

於是，將芝諾的論辯方法推廣應用到性質的變成和進化的變成方面去，變得再容易也不過如此了。我們會發現在這些方面也一樣自相矛盾。例如：兒童變成青少年，然後成年，最

---

④這就是說，我們不認爲芝諾的詭辯法可以用以下的幾何級數式子來加以反駁：$a\left(1+1/n+1/n^2+1/n^3+\cdots\right)$，其中a代表阿契里斯最初與烏龜的距離，n代表他們之間的速比，如果n大於1，這種級數便有一個有限的總數。關於這點，我們可以參考埃弗蘭（F. Évellin）先生的那些具有決定性意義的論辯（見埃弗蘭：《無限與數量》，巴黎，一八八〇年，六十三—九十七頁；又參見《哲學評論》，卷十一，一八八一年，五六四—五六八頁）。我們已在上文力圖說明，數學實際上只能處理長度的問題。因此，首先要尋求法子來對待並非長度問題的運動以及它所經過的路線的可分性等問題，然後再把一種運動—長度的觀念（違反我們的經驗並充滿荒謬性）與我們的經驗事實調和，所謂的運動—長度的觀念即把運動與其軌跡重合，武斷的認爲前者也像後者那樣可以分解開來。

後衰老。當我們考慮到生命進化在這裡就是實在本身時，這些變化其實都是可以理解的。兒童、青春、壯年和老年都只是在整個連續的成長過程中我們的心智所採取的外在的看法，是我們所想像的一些**可能的停頓**。反之，如果視兒童、青年、壯年和老年爲進化中的各個完整的部分，即成爲眞正的停頓，則我們再也設想不出進化是如何可能的，因爲停頓與停頓相重疊，永遠也等同不了運動。我們又是如何由既成之物重建現在之物？例如，且把兒童階段視爲一物，我們又如何假設在我們的兒童階段完成之後就會進入青少年期呢？仔細研究便知，我們這種習慣的說話方式，原是本於我們習慣的思維方式，它將把我們引導進眞正邏輯的絕路；我們之所以毫無戒心的任其引入絕境，是因爲我們錯以爲只要自己願意，就隨時可以從中擺脫掉；實際上，這裡需要付出的代價是放棄我們智能中的電影放映法的習慣。當我們說「小孩變爲大人」時，我們不要深究這句話的文字含義。人們不難發現以小孩爲主語、以大人爲表語來說明小孩的做法並不合理。事實上，應當說，是在不知不覺間，小孩轉化爲大人。我們只不過想像著停頓在「小孩」和「大人」諸階段上，就像是芝諾的飛箭可以停留於其射程中的各點，那純是這個哲學家的個人之見。如果想要讓這句話與實際的情況吻合，我們就不應當說：「小孩變爲大人」，而應當說：「從小孩到大人之間存在著『變成』（的過程）」。在第一句裡，「變」這個動詞的意義是不定的，旨在掩飾把「大人」這個作爲狀態的補語歸屬於「小孩」這個主語時所出現的荒謬性。這種做法有些像電影膠捲的運動，它採用機械裝置使膠捲放映出活動的畫面，以此模仿實在之物的運動。在第二句中，句末出現的「變成」是主語，那才是實在本身；「小孩」和「大人」只是虛擬的停頓，那是我們心智所採取的看法而已。這時我們才與客觀的運動本身打交道，而不再是對這種運動作電影放映式的模仿。但是，第一句的表達方式，更爲合乎我們的語言習慣。然而，爲了採取第一種句法，我們就必須避免思維習慣上的電影放映機制。

四、形式的哲學及其變成的概念

爲了一舉消除運動問題所引起的理論上的種種荒謬性，我們就必須將思維中的電影放映機制全盤棄置。想要以靜止的狀態來建構轉化的過程，所得到的一切結果都是含混不清和自相矛盾的。一旦我們把自我置於轉化的過程中，則含混不清的場面就會完全消除，自相矛盾的地方也會跟著消失。因爲，爲了區分該過程中的種種狀態，我們在思維上必定同時對這個過程進行橫向的切分，這便說明它不存在自然的分界或停頓。其中的道理在於，轉化的過程多於一系列的靜止狀態，即被切分的東西；運動要多於一系列運動的所在位置，即可能的停頓的地方。然而，只有以上述的第一句所體現的觀察方式看待一切，才合乎我們心智的趨向；與此相反，第二句的方式要求我們克服智能的習慣傾向。因此，如果一開始就在這種阻力面前退卻，那是不足爲奇的。希臘人所信仰的只是自然，即順從我們心智的自然傾向，特別是由思想自然延伸而成的語言的習慣。他們不會認爲自己在對待事物的發展過程的態度以及思想與語言方面可能存在乖謬，而是更希望認爲事物的發展過程出錯了。

伊利亞學派的哲學家們就是這樣看待事物的「變成」的，他們認爲「變成」有礙思維習慣，使語言原來的框架發生傾斜，因此，「變成」是不眞實的。他們認爲在空間裡的運動和一般的變化，都純粹是錯覺。這個結論可以有些鬆動，但是前提沒有改變；人們可以說，實在發生變化了，然而它**不應該**變化。經驗促使我們面臨著「變成」——這種「變成」就是可感覺的實在。但是，知性上的實在必也存在著，而且更眞實，但是人們卻認爲這種實在不發生變化。在屢屢出現性質的「變成」，進化的「變成」和廣延的「變成」的背景之下，我們的心智必須尋找到能夠抗拒變化的東西：特定的性質、形式或本質，以及目的。這些就是西方整個古典時代的哲學所發展出來的基本原則，我們稱之爲「形式」的哲學，或者採用更爲接近希臘式的說法，稱之爲「理念」的哲學。

我們這裡所譯出的「理念」這個希臘詞 εἶδος，實際上有三重的意義。這個詞有如下的指涉：⑴性質、⑵形式或本質、⑶所完成的動作的目的或意向，歸根結底，也就是預期要完成的動作的構想。**這三種觀點，與語言上的形容詞、名詞、動詞的觀點一一對應，也就是說與語言的**三**個基本詞類互相對應**。經過上述的解說，我們或許要將希臘詞「理念」翻譯爲「看法」，或者更爲恰當的翻譯爲「瞬間」，因爲，希臘詞「理念」的原意是對事物的不穩定性所採取的靜止的看法。**性質**，那是在一瞬間裡變成的；**形式**，那是在一瞬間裡進化的；**本質**，那是中間的形式，在它的上下排列著它的變種；最後是**意向**，它激勵著正在完成的動作，我們說過，它是預期要完成的動作的**構想**。由於將萬物都歸結爲理念，這樣便把「變成」分解成它們的主要瞬間，並且假設其中的每一事物都與時間的法則隔絕，似乎游離於宇宙之外。也就是說，當我們將智能性的電影放映機制應用於分析實在時，勢必步入「理念」的哲學之途。

然而，當我們以不變的理念作爲變動的實在的基礎時，則物理學、宇宙學，甚至神學，都必定要繼之而起，各言其是。於是，我們不得不在此止步不前。我們並非想以短短幾頁的篇幅概括複雜而廣博的希臘哲學。不過，我們所在意的是某種實在的表象接受了我們剛剛指陳的電影放映機制的引導；也就是說，某種實在的表象具有這種機制的特徵。我們認爲，這種表象恰好就出現在古代哲學裡。從柏拉圖到普羅提諾，其間還有亞里士多德（甚至還有斯多葛學派參與），都以瞬間快照的方式截取實在的輪廓，以爲藉此可以構成整個宇宙的變成過程。直至今天，正因爲我們所滿懷自信的還是我們思維方面已經烙上的電影放映法的本能，因此我們的哲學教育依然傾向於希臘的方式，而且常常不加識別的搬用他們某些的一般性結論。

五、柏拉圖和亞里斯多德

我們說過，在運動的物體方面，它的運動的內涵多於它相繼的每個瞬間位置裡的東西；在物體的「變成」方面，「變成」的內涵多於它一次次變換的形式；在外形的進化方面，進化的內涵多於它一個接著一個出現的外形。因此，哲學可以從上述的第一種事物的各個項目中推導出第二種事物的各個項目，但不能倒過來從第二種推導第一種：因爲思辨的過程必須從頭開始。然而，智能卻顚倒了兩者的次序；在這個方面，古代哲學與智能走著同一條道路。因此，可以說古代哲學定位於不變的事物上，它關注的只是種種的理念。然而，宇宙間存在著「變成」，這是一個事實。既然完全孤立的立足於不變性，人們又怎樣從中推出變化的現象來呢？這不可能是透過加入什麼東西來實現的，因爲他們假設在理念之外別無實質性的東西存在。因此，那種變化可能是來自於某種的縮減。因此，古代哲學必定以這樣的假設爲基礎：不動者比動者包含更多的東西，從不動而至於動，乃是不動之減輕或縮小。

因此，要使理念發生變化，必須將某物添加在理念裡，此添加者或是消極的否定之物，或者僅僅是零。在這方面有柏拉圖的「非存在」，亞里斯多德的「質料」，都是形而上學的零，使之加於「理念」，猶如數學中的零加諸於一，如此則能在時間和空間中變得繁多。藉著零，不動的和簡單的理念被折射成一種運動，無限擴散開來。所以，從道理上說，除了一些不變的理念之外，別無他物，這些不變的理念相互折衝、相互蘊涵。質料實際上便以其空無加諸理念，同時藉此開放普遍的變成活動。質料是難以把握的虛無，它潛隱於理念之間，產生無休止的騷動和永久的不安定，就像兩顆相愛的心當中有了疑慮。若使不變的理念遞降或受到貶抑，你就能看到萬物晝夜不息的運轉。「理念」或「形式」很可能是我們的知性所能把握的實在性的全部；就它們兩者（理念和形式）結合在一起可以呈現「存在」的重新統一和在理論上的平衡而言，也可以說是眞理的全部。至於可感覺的實在則是在這平衡點的兩頭之間無休止的擺動。

因此，在整個的「理念」的哲學裡也存在綿延的概念，正如存在時間與永恆之間的關係一樣。把自己置於變成過程中的人，會把綿延看作是萬物眞正的生命，或者說是最基本的實在。形式是我們的心智所歸總和提煉的概念，因此也無非是從變動的實在攝取的看法而已。這些看法都是在綿延的各個瞬間攝取的，因此，正因爲人們將它們與時間的連線一刀切斷，因此它們無法繼續存在下去。於是，形式傾向於退回到自己本來的界定裡去，也就是說，形式與作爲它們的智能等價物的人爲的重建和象徵性的表現方法已經難以區分開來。如果你願意的話，形式也可以進入永恆；但是形式的永恆是不眞實的。與此相反，如果我們以電影放映法來對待「變成」，則形式便不再是對變化所取的看法，它們將成爲構成變化的要素，即代表變成過程中所有肯定性的東西。永恆也不再像一種抽象物那樣翱翔於時間之上，而是像一種實在那樣，構成了時間的基礎。這點正是理念哲學或形式哲學的態度。這樣的哲學視永恆與時間的關係如同一塊黃金與一些零錢的關係：以一些零錢來償還債款，每次只償還那麼一點點，那債款永遠也償付不完；但是，一塊黃金一次就能完全付清債款。柏拉圖談到這問題時說得好：上帝無法使世界永恆不變，所以賦予世界時間，「時間是永恆的運動意象」。⑤

某種「延伸」的概念也作爲理念哲學的基礎，雖然這個概念並非很清晰的表達出來。我們可以想像到我們的心智也沿著「變成」的方向發展，並且採取「變成」的方式運動。就我們的心智而言，每一種接續的狀態，每一種性質，以至於最後的每一個形式，都純是我們的

⑤ 柏拉圖，《蒂邁歐篇》，37D。

思維從整個普遍的變成過程中所切割下的東西。形式的延伸離不開「變成」的延伸，後者在流動過程中物化了前者。因此，所有的形式不僅具有時間，而且還具有空間。然而理念哲學與我們的設想相反。理念哲學從形式出發，甚至將形式視爲實在的本質。它不把形式當作對「變成」所採取的看法；而是把形式置諸永恆之中；在這種不動的永恆之中，綿延和變成只能是一種退化或降變。既然將形式如此置於時間之外，形式就不作用於知覺，它成了一種概念。而且，由於作爲概念的實在不具有更多的延伸作用，正如它不具有什麼綿延一樣，形式就成了超乎時空之外的東西。因此，在古代的哲學裡，時空必定是同出一源的，而且具有同等的價值。這些現象全是出自對存在的貶抑，它在空間中被說成在「延伸」而在時間中則總是被當作一種「遲延」（「滯留」之意，原文 distension 直譯爲「膨脹」或「鬆弛」，這裡據英譯本另譯——譯者）。

事實上，延伸和遲延都只是顯示在「情況如此」與「情況應當如此」之間存在的差距。就古代的哲學觀點而言，空間和時間無非是一種不完全的實在，或者更確切的說是實在自身的失落，並且要努力找回自己。只是這裡必須承認這個範疇是在它的發展過程中逐漸產生的，而且該過程可以說是將它置於自己之下。且讓一個理想的鐘擺離開它的平衡位置，到達一個簡單的數學點：這樣便開始了從放置的那一點到另一點的無休止的擺動，時間也就一個擺幅接著一個擺幅的過去。這樣形成的時間和空間便不再具有對自身運動的實證性。它們不過是表示擺錘正常的位置與人爲的擺動位置之間的距離有多大；也就是說，要想回到原有的自然位置，這擺錘還缺少些什麼。如果讓擺錘回到它正常的位置，則空間、時間和運動就會縮聚成一個數學的點。與此同理，人類的推理活動像是一條無限長的鏈條，但是，這一鏈條會一下子消融於直覺的眞理之中，因爲心智方面的推理活動，在時空裡的延伸和遲延可以說只是我們的思維與眞理之間的差距而已。⑥延伸和綿延與純粹的形式或理念之間的關係也是如此。我們眼前的可感覺的形式始終想恢復其理想的理念狀態，卻總是遭到它們所帶來的質料的阻礙，也就是說遭到那些形式中內在的空無的阻礙，或者說遭到那些形式在「本來如此」和「應該如此」之間所留下的間隔的阻礙。它們一直想恢復自己的本來位置，而這個目的卻一次又一次落空。有一條不變的法則註定它們要像西西弗斯一樣，已將巨石推近頂點了，然而緊接著又滾回原處。這條把它們投放於時空之中的法則不是別的，就是它們自己永遠不變的、原本的不足。生長和死亡的交替，不斷更新的進化，天體周而復始的永恆的運行，這些所呈現的都無非是某種根本上的缺陷，正是這種缺陷構成了物質性的問題。如果彌補了這個缺陷，則時空立即被消除，也就是說，我們老是追逐不捨的、圍繞著穩定的平衡中心所做的不斷更新的擺動，歸於靜止。萬物都是互相交融和滲透的。延伸於空間的一切將回歸於純粹的形式。而且，過去、現在和未來三者將凝聚於唯一的一剎那，這一剎那就是永恆。

---

⑥ 就空間而言，我們已在本書的第三章設法釐清上述的觀念的眞僞。現就綿延而言，那種觀念在我們看來更是完完全全的錯誤。

以上所述仍然意味著，整個「理念」的哲學可以概括為這樣的一個命題：物理學不過是邏輯學朽壞的產物。而且，在這種哲學裡所隱藏的原理，深深根植於我們的理解力中。既然不變性重於「變成」的過程，形式重於變化的狀態，那麼，「理念」的邏輯系統確確實實的頹敗，理所當然要四分五裂成一個接一個的物理界裡的事事物物。現在就說一首有生發力的詩歌的詩意理念，即可說明它可以激發出千萬種的想像，並物化為無數表現此類想像的詞句。我們愈能擺脫僵固不化的觀念，也就是說，透過語詞愈多的鬆開自身繞在一起的理念，則給偶然性和選擇性留下的餘地也就愈多，於是，文思如泉水般湧出，更多的隱喻藉其他豐富的詞藻加以表達；一個意象引起另一個意象，一個語詞帶進另一個語詞。所有這些一個接著一個奔湧而出的文字，枉然的企圖回到那有生發力的原初理念的單一性中。我們耳中所聽到的只是語詞，因此所知覺到的只是一些偶然的串接。但是，我們的心靈，跳躍過重重的障礙，從文字回溯到想像，再從想像回溯到原初的理念，這個回溯的過程透過一連串偶然的結合，致使由語詞的知覺，回到對自在的「理念」的概念的知覺。哲學家便是如此這般面對著宇宙。經驗使得在他眼前透過的現象，成為受時空環境決定的一個接著一個的偶然序列。這種物理的序列實即邏輯序列的坍塌，無非是邏輯掉落在空間和時間裡的碎片。但是，哲學家在又一次將知覺提升為概念的同時，明白物理界的全部可以實證的實在都應當歸結為邏輯。哲學家的智能一般用於剔除使存在的數量增加、品質下降的物質性，並且以靜止不變的「理念」系統去把握存在本身。一旦我們讓自己的智能回歸到它應有的位置，並且糾正了它與實在之間不可理喻的偏離，則渾然天成的科學便應運而生。因此，我們不妨說，

「科學」並非一種人類的建構系統。「科學」先於我們的智能而存在，因此它卓然獨立於我們的智力之外；「科學」千眞萬確是萬物的締造者。

實際上，如果我們認爲形式是我們的心靈從「變成」的連續過程中所攝取的單純的看法，那麼，形式可能就與呈現它們的心靈有所關聯，它們無法離開心靈而獨存。至多我們可以說一個理念都無非是一個理想。然而古代的哲學與我們的假設正好相反。他們認爲理念是獨立存在的。這是古代的哲學所無法避免的結論。柏拉圖提出過此說，亞里士多德想要避免陷入這種偏見也不可能。因爲運動產生於不變者的塌落，所以，如果沒有某種程度上不變者的存在，則隨之也就沒有運動，以及我們的感覺世界。亞里斯多德開始時反對理念的獨立存在，卻發現在自己的學說裡還是無法排除理念獨立存在的說法，他將所有的理念都擠壓在一起，成爲一個圓球，並且在物理世界之上設置一個形式，視之爲形式中的形式、理念中的理念，或者用他的說法，思維之思維。這就是亞里斯多德的上帝——祂必定是不變的，並且遠離世上的一切變故，因爲祂只是綜合所有的概念而形成的單一的概念。的確，在複雜的多元的概念中任何一個概念也無法獨立存在，因爲祂與神聖的統一體分不開，我們要在亞里斯多德的上帝中尋找柏拉圖所說的那些理念是徒然的。但是，只要我們可以把亞里斯多德的上帝想像爲祂本身的一種折射作用，或者僅僅認爲祂傾向於這個世界，那麼，柏拉圖的理念就會立即從亞里斯多德的上帝流溢而出，彷彿那些理念就包含在它的本質的統一體中：如同太陽發散出來的光線，儘管太陽並沒有包含這些光線。在亞里斯多德的哲學裡，有所謂「積極的智力」（νοῦςποιητικός，法文譯爲 l' intellect actif，私以爲譯爲與通常的「知性的智能」相對的「理性的智能」比較容易理解——譯者），其內涵看來就是從亞里斯多德的「上帝」象徵那裡**可能溢出**的柏拉圖的理念（Idées），那是人類智能中最根本的然而又是無意識的部分。「**積極的智力**」也就是整體性的大寫的「科學」，是在「第一推動力」的作用下突然形成的，而有意識的、憑藉推理方法而來的智能則註定要一點一滴、困難萬分的重建科學。因此，我們具有內在的可能的神性，如同亞歷山大學派所說的，這種永遠處於可能之中的神性，並非有意識的智能實際上所能實現的。只有在這種智能的直覺之中我們或可瞥見我們可能的神性所衍生出的理念。只有這種神性才是「全能的」，⑦它在時空中運動，藉與推理的智能之間的關係，產生不動的推動者上帝在天體的運行及萬物的造化過程中所起的那種作用。

因此，對「理念」的哲學中有關因果律的特定概念，我們有必要深論之，因爲當我們依照智能的自然運動方向去追索萬物的根源，勢必要完全弄清因果的概念。事實上，古代哲學家們從未明確的論述過因果律。他們僅限於從那些特定的因果概念中歸納其結果，並且所示的通常都是關於因果律的觀點，而不是呈現因果律本身。事實上，他們有時用**吸引力**，有時候用**推動力**來表示第一推動者上帝施加於整個世界的作用。亞里斯多德就用了這兩種方

⑦ 見亞里斯多德，《心靈篇》，430a14：「一方面，智能生成一切，另一方面，智能創造一切；作爲狀態，它像光線，在某種意義上，光線使潛在的顏色成爲現實的顏色！」

法，他告訴我們，在宇宙的活動中，萬物受到天主的吸引而趨於完美之境，而且，萬物之所以趨向於天主，乃因與天主在地球上接觸的結果，其結果便由神而降生爲萬物。我們認爲亞歷山大學派談到聖靈的「行進」（procession）與「轉化」（conversion）時，無非是追隨著亞里士多德的這種雙向學說：萬物源自第一推動力的原理，萬物又渴望返回其中。但是，這兩種神聖的因果律概念，若非合成另外的一個第三個概念，便不能彼此印證；這裡，我們認爲第三個概念是基本的概念，它單獨就能使我們不僅理解爲什麼萬物會在時空中運動，其中的含義何在，而且還使我們理解爲什麼有時間和空間，爲什麼有運動，以及爲什麼有萬物。

我們愈對從柏拉圖到普羅提諾的希臘哲學家進行推論，就愈能得到也許可示之如下的這個概念：**提出一個實在，便意味著同時提出介於實在與純粹虛無之間的所有不同層次的實在**。這個原理可以用數的概念很明顯的顯示出來：我們提出十這個數，就不得不肯定九、八、七等數的存在。簡而言之，就是存在著由十到零之間的所有數。但是，在這裡我們心智很自然的會由數量的範圍轉移到質量的範圍。在我們看來，只要這裡存在某種的完美組合，則其中一方面也就存在連續的降變，另一方面又包含著我們所想像的虛無。因此，我們提出了亞里士多德的上帝，思維之思維，也就是說，形式上循環的或「造圓」的思維，它可以在瞬間的，更確切的說，在永恆的迴圈過程中使自己從主體轉化爲客體，又從客體轉化爲主體。因爲，從另一方面來說，虛無是永恆的，也可以說，這一極原本就獨立自存，與上述的「思維之思維」一極構成的這兩個極端都是既定的，而且它們之間的間隔也是既定的，所以，一旦我們提出「上帝」，從神聖的完美直到「絕對的虛無」之間逐級下降的各個層次的實在，可以說也就自動的實現了。

現在讓我們看看其間由上而下的各個層次。首先，要使得實在深入到時空裡面去，第一原理的要求只要做最輕微的降低就足矣；但是，表現第一層次中這種降低的綿延和延伸，仍然會極接近於上帝的無延展性和永恆性。因此，我們必須將神聖的原理在第一層次中的這種降低看作圍繞自身旋轉的圓球，並以其不停的迴圈活動模仿神聖的思維的永恆迴圈；而且，第一層次中的這種降低，創造了自己的位置，從而也創造了各個層次一般的位置，[8]因爲沒有任何東西可以包容它，而且它的旋轉運動不改變自己的位置；同時，它還創造了自己的綿延，從而也創造成了普遍的綿延，因爲它的運動是其他所有的運動的尺度。[9]接下去的層次，我們將看到神聖的完美按順序遞減而下，直到落在我們的凡俗的世界，在這裡，生老病死的迴圈，最終醜化的模仿並毀壞了原始的迴圈。我們由此理解，上帝與世界的因果關

---

⑧ 亞里斯多德，《天論》，卷二，287a12：「在天的球體之外，沒有虛空，也沒有位置。」《物理學》，卷四，212a34：「全有在運動中，又在靜止中；因爲，作爲全有，它不是在變動它的位置，而是在做迴圈的運動，這個運動就它的各部分而言，都保持一種相對固定的位置。」

⑨ 亞里士多德，《天論》，卷一，279a12：「在天之外，沒有時間。」《物理學》，卷八，251b27：「時間是運動的一種屬性。」

係：由下往上看，那是一種吸引力，由上往下的作用，則是由上帝所推動的，因爲第一循環運動的天界是對上帝的模仿，而所有的模仿都是接受被模仿的對象的一種形式。因此，從各個方面的觀點來看，我們都不能不說上帝是動力因或者是目的因。然而，這兩種關係都不是非常確鑿的因果關係。眞正的因果關係，我們要在一個方程式的兩邊之間去尋求，其中的一邊是單一的數，另一邊則有無限量的數，這裡的關係可以用金塊與零錢來比擬，前提是假設金塊在場，零錢就要源源不絕的自動提供出來。唯有以這種方式我們才能理解，爲什麼亞里斯多德要證明不動的上帝存在的必要性，而且不是將它建立在萬物運動都有其起始的基礎上；相反的，他所提出的那種運動是無始無終的。運動這一事實之所以能夠實現，必須有不動的上帝的存在，正如零錢要算數，必須有金塊在一邊撐腰。而且，與總量不斷增加的那些數相等的，顯然是無限大的單一的數。也就是說，永恆的不變性有如無始無終纏繞在一起的鏈條，只有依靠它的支援或提供發動的推動力，萬物的運動才有可能永不停息的進行下去。

六、智能的自然傾向

希臘哲學的結論就是如此。我們不打算武斷的重建這一哲學。它具有多重的根源。有許多看不見的線索將它與古希臘的精魂聯繫在一起。因此，有人若想由單一的原理推導出這種哲學結果是徒然的。⑩但是，如果我們把來自詩學、宗教、社會生活和以及還很原始的物理學和生物學的部分除去，如果把這個龐大的建築物構造中比較輕薄的材料去除掉，只留下堅固的結構部分，那麼希臘哲學的骨幹就是形而上學了，我們相信，這是人類智能方面很自然形成的形而上學。事實上，只要我們順從知覺和思維中的電影放映機制的趨勢，最後就會得到這類的哲學。我們的知覺和思維一開始就無視進化過程中的連續變化，代之以關注一系列逐個通過的穩定的形式，有如孩子們在旋轉木馬上用木棍將懸掛在一邊的環狀物一一取下。因此，我們要問：這些形式是如何通過我們的知覺和思維的？展現這些形式的過程又是由什麼組成的？由於這些固定不變的形式是由變化的萬物中剝離出來的特定東西，因此不具有形式的宿主，所包含的任何不穩定的特性，所具有的只是不確定的、消極的否定屬性。正因爲此，我們的思維的第一步驟就是把每一種變化分成兩大部分：第一部分對每一特殊情況來說都是穩定的和可定義的，即所謂的形式；另一部分是不可定義的，卻總是同樣的東西，那可能就是一般的變化。實際上，語言的基本運作程序也是如此。所有的形式都可以用語言來表達。不過，語言只能以理解或暗示的方式來表達一種變動，因爲變動給人的印象是難以表達的，它在任何情況下都保持同樣的態勢。因此便出現一種哲學，它認爲思想和語

---

⑩ 尤其值得注意的是，我們幾乎已經把普羅提諾後來精心研究的那些可喜的、但有些飄忽的直覺原理完全擱置在一邊。

言去做這樣的分解是合理。這種哲學只能更努力的去表達動靜間的區分，甚且將這些結果推至極端來形成自己的系統。因此，這種哲學一方面把實在構想成種種特定的形式，均具有一些不變的成分，另一方面又視變動的原理爲形式的否定，並且假設它將無法被定義，是純粹的不確定之物。這種哲學愈是將注意力轉向由思維和語言所表現的這些形式，就愈是把它們視爲超越於感覺世界的存在，並且將它們神化爲一些純粹的概念，這些概念彼此還能互相融貫，最後聚合成唯一的概念，成爲所有實在的綜合體，臻於最完美之境。與此相反，愈是輕視普遍的變動性，將之視爲不可見的根源，這種哲學就愈是覺得變動性遠離自己而去，同時化爲烏有，消失爲它所謂的純粹的虛無。最後，這種哲學一方面有觀念系統的支撐，其中的那些觀念存在著邏輯的一致性，或者集中表現於單一理念上，另一方面存在著準虛無，亦即柏拉圖的「非存在」或者亞里斯多德的「質料」。但是，布裁好以後，接著就是要縫成衣服。現在涉及以超感覺的理念結合低於感覺的非存在來重建感覺世界的問題了。如果以「萬物全體」與「零」的對立作爲我們所面對的形而上學的必然性，那就**等於**同時肯定了介於這兩極之間的所有不同層次的實在，正如一旦承認了某個質數與零之間的不同，也就顯示這個數只是1的倍數，同時也顯示了所有比它還近於零的數。這是自然的公理，也是我們所了解的希臘哲學的基礎。那麼，要弄清這些介於兩極之中各個層次的實在各自所具有的特性，便無非是測出它與整個實在的距離，稍低層次與整體的距離乃是稍高層次與整體的距離的某種減少，從我們的感覺而言，這裡分解出了令人耳目一新的東西，從知性的觀點來看，則是由於這裡有一新的具有否定作用的數量加於其上之故。我們無論在感覺的實在的較高還是較低的形式中所發現的最微量的否定因素，都表現了這種實在中的最普遍的屬性，亦即延伸和綿延。其勢愈趨下降或減少，則實在中所具有的這些屬性也就愈加明顯而特殊。在這裡，哲學家亞里斯多德馳騁其自由的想像，武斷的認定感覺世界的這種現象相當於實在相應的下降或減少，這種看法起碼是有爭議的。當然，我們不必像亞里斯多德那樣得出世界是由一層層圍繞著自身旋轉的同心的球體所構成的結論。但是，我們還是會傾向於類似的宇宙論，我想要說的是，構成宇宙的各個部分儘管會完全不同，然而它們彼此之間的關係卻幾乎是一樣的。這樣的宇宙論總是受著同樣的原理支配。物理現象在這裡將透過邏輯學來定義。我們藉由透視將看到，在變動的現象世界後面，隱藏著概念上互相統屬、互相配合的一個封閉式系統。科學就是這樣一個比感覺的實在更眞實的概念系統。科學先於人類的知識，因爲知識只能一個字一個字拼寫出來；科學也先於萬物，因爲萬物不過是對科學的笨拙的模擬。科學只要不那麼執著於永恆，就能與所有的知識和萬物相一致。因此，科學的不變性正是宇宙間普遍的「變成」的原因。

這些就是古代哲學有關變化和綿延的觀點。毫無疑問，現代哲學在許多方面，尤其是在它開始之時，曾想改變這種局面。但是，有一種無法抗拒的吸引力把我們的智能帶到它的自然運動中，而且把現代的形而上學引到希臘的形而上學的一般結論中。我們將設法更清楚揭示上述的最後一點，以便說明我們的機械論的哲學以怎樣的看不見的繩子將自己捆綁在古代的理念哲學上，以及這種機械論的哲學如何首先回應我們智能上的要求，而不是首先考慮我們的一切實際問題。

七、現代科學對「變成」的認識

現代科學像古代科學一樣，按照電影放映方法進行自己的活動。現代科學除了沿用這種方法之外，沒有其他的路子可走；因為，凡是科學都從屬於這一法則。實際上，科學的本質就在於處理一些**符號**（signes），即用符號代替物件本身。這些符號當然要以其更精確和更有效的區別於一般的語言符號；不過，科學的符號仍擺脫不掉符號的一般局限性，仍然只能表示實在的靜態的固定形式。要思考和表現運動現象，必須從心智中激發出不斷更新的力量。符號的作用就是以人為的重組代替萬物的持續變動，從而使我們毋須再耗費那種更新的力量，因為符號更能適應實際的需要，而且本身也更容易處置。不過，還是讓我只管其效果而不論它的手段和過程。科學根本的目標是什麼？不外是擴大我們對事物的影響力。科學或許主要深思它自身的形式，而無視自己直接的目的：換句話說，我們可以給予科學所希望得到的長期的信任貸款。但是不管借貸的期限有多長，總要有償還的時候。總之，科學總是要考慮到實際的用途。即使進入理論階段，科學的運作仍要受實用上的普遍形式的限制。不管它飛得多高，終究還是要回到將它付諸行動的領域裡，並且一踏上實地就必須開步前進。如果科學與行動的步調完全不一致，這對於科學來說幾乎是不可能的事情。然而，前面已經說過，行動必須以跳躍的方式進行。行動，那就是對自我的重新適應。也就是說，為了行動，就必須預先知道如何從一種情境走入另一種情境、從一種新序列進入另一種新序列。科學考慮到新序列彼此之間愈來愈接近，因此增加了大量它所孤立出來的靜態的剎那。然而，這一剎那和那一剎那之間的間隔又是什麼呢？科學與我們普遍的智能、感官和語言一樣，都不明就裡：科學所注意到的只是各個極端，對極端之間的間隔則未予留神。因此，我們的科學與古代的科學一樣，都把電影放映法當作自己取勝的祕笈。

那麼，現代和古代科學之間有什麼不同嗎？我們指出過，古代哲學家們把物理秩序帶進生命秩序中，也就是說，把物理法則化爲生物種屬，而現代科學家們則是欲使生物種屬法則化。不過，另外還有一個方面值得注意，儘管那只是前者位置的一種轉換。那麼，這兩種科學對變化的態度有什麼不同呢？我們可以用這條公式來說明：**古代科學認爲它能夠充分的認識它在特定的時間裡所標明的對象，而現代科學則考慮到對象在任何時刻裡的狀態**。

柏拉圖或亞里斯多德的形式或理念，相當於事物在它們的發展史上的特定或靜止的時刻，這些通常都已經被語言所統攝。我們所感覺到的事物在這裡就好比一個活人的幼年期或老年期，它們具有表現這個期間的生命精華的特點，而在這個期間之外則塡滿對自己毫不在意的、從這個形式轉化到另一個形式的過程。就以物體落下爲例，當我們大體上描述了該落體以下這些特徵時，自己就認爲已經足夠接近事實了：這是一種**落下**的運動；這是一種**趨向地心**的表現；這是一個物體離開它所屬的土地、現在又回到原地的自然運動。於是，我們記下該落體最後所用的時間或與終點的距離，並視此爲最根本的時刻；在這一刻裡，我們讓語言來表達整個的事實，也讓科學可以充分描述它的特徵。在亞里斯多德的物理學裡，那是透過「高」和「低」的概念、自發的和被動的位移以及原位和異位等概念來定義拋向空間的一個物體的自由落體運動。但是，伽利略的物理學沒有所謂的根本的時刻，也沒有特定的瞬間，研究落體所要考慮的是物體本身的過程；可以在這過程的任何時刻進行。研究地心引力的眞正科學是要測定該物體在空間裡的瞬間位置。從這點來看，現代科學所需的符號確實要比語言的符號更爲精確。

因此，我們也許可以說，現代物理學區別於古代物理學的地方，尤其是在於現代物理學對時間進行了無限的分割。在古代物理學，時間被分割成相互接續的一段一段的期間，每一段期間都是不可分的，這就像我們的知覺和語言對事件的自然分法那樣，每一段都有其獨立的一種個性。因此，就他們而言，每一段期間都只有一個**整體**的定義和描述。然而，假如由我們來描述這件事，並且去區分其中的種種樣態，我們就會認爲這裡存在著好幾個事件而不是單一的一個事件，同時存在著好幾段不可分的期間而不是唯一的一個期間；但是，時間總是可被分割成一定數量的期間，而且這種分割模式總是透過實在所面臨的全面改變的一刻，而強加於我們的心靈，比如由幼年期進入青春期，顯然是向一種新形式的開放。與此相反，對於克卜勒或伽利略來說，時間無論如何也不能以其所充塡的物質來加以客觀的劃分成期間。時間並沒有自然可分的節段。我們只能隨心所欲的分割時間，所有的瞬間都算數。它們之中沒有哪一瞬間可以代替另一瞬間或者支配其他的瞬間。因此，我們要認識一種變化，就必須知道如何確定該變化在所有瞬間的狀態。

兩種哲學的差異確實非常大，幾乎是各趨極端。但是從我們的觀點來看，兩者的差異仍表現在程度上，而不是表現本質上。從古代進入現代，人類的心智對於知識的追求方法漸趨完善，簡而言之，即追求的精確性逐漸提高了。古代科學和現代科學兩者之間的關係，集中表現在對運動狀態的記錄方面，古代科學是以肉眼，而現代科學則是以攝影的手法。兩種情況用的都是電影攝影的機械手法，不過第二種要遠比第一種更爲精確。如果以肉眼觀看奔馳的馬，眼睛看到的主要是最具特徵、最根本、或者更準確的說，最概要的狀態，這種狀態在整個的賽馬期間光彩奪目，並占據了馬的奔馳時間。希臘的帕德嫩神廟的橫飾所雕刻的正是這種情景。但是，照片的每一瞬間都表現了各異的情狀；這些照片並列在同一行上，這樣，馬的奔馳就以許多照片上的狀態的接續表現出來，而不是像古代那樣：以單一的狀態來凸顯特定的瞬間，同時也以此輝映整個的賽馬期間。

所有其他的差異，都從這個原初的差異引發出來。古代科學所考慮的只是一個接一個、綿延不可分的期間，只看到某些狀態接續著另一些狀態，某些形式取代另一些形式；它滿足於描述對象的**性質**，並將此法移用於描述有機物。但是，我們無論在哪個時刻探討這些期間中的一個，並研究其中所發生的一切，必然會得到與古代科學完全不同的結果。現代科學的設想是，從這一刻到下一刻之間所出現的變化，不是在性質上的，而是在**數量**上的；這些數量上的變異，或者來自現象本身，或者來自它的基本部分。因此，我們有理由說，現代科學與古代科學相比，最值得注意的不同之處在於前者對於數量大小的重視，而且提出測量它的建議。古代科學想要透過實驗來證實以上的一切，而從另一方面來看，克卜勒沒有進行實驗，這是就實驗這個字的本意而言的；按照我們的理解，實驗是爲了發現作爲最典型的科學認識出現的法則。現代科學之所以不同於古代科學，並不在於實驗與否，而是在於現代的實驗一般來說都是爲了測量而進行的。

正因爲如此，我們仍有理由說，古代科學憑藉的是一些**概念**，而現代科學所探討的則是**法則**，法則來自物體數量大小的變化之間所保持的恆定的關係。對於亞里斯多德來說，圓的迴圈的概念便足以定義天體的運行。但是，適用於這種場合的更準確的概念應該是橢圓形，克卜勒不認爲自己提出這個概念便已經說明了行星的運行實況。對他來說，還有必要提出一個法則，也就是說，要測定行星運動中兩種或多種因素在數量的變化之間所保持的恆定關係。

然而，這些都只是古代科學與現代科學所存在的根本差異所產生的結果。古代偶爾也會有關於測量方面的實驗，從中也要發現數量大小之間恆定的關係所透露的法則。阿基米德原理就是一條從實驗得來的可靠法則。這條原理同時考慮到三個方面的數值的變化：一個物體的體積，該物體所浸入的液體的密度，以及該物體所承受的浮力。總之，這條原理說明了上述三項變數中的一項是其他兩項的函數。

因此，我們還要尋求原始的根本差異。這是我們一開始就提出的。古代科學是靜態的。不管是對變化的整體研究，還是把變化分成期間，並且以每一期間爲單元，逐個單元的說明變化，結論是：古代科學根本就不考慮時間。但是，現代科學則以克卜勒和伽利略的發現爲基礎，他們的那些發現立即確立了時間的模式。那麼，克卜勒的法則說了些什麼呢？克卜勒所描述的是，以太陽爲橢圓軌道焦點（中心）的行星，其公轉半徑的長軸與繞日一周所需的時間之間的關係。伽利略又發現了什麼原理？伽利略的定理則是關於自由落體在空間中所耗費的時間。再進一步說，現代幾何學的巨大轉變的先決條件也在於以運動和時間爲基礎來測繪圖形（儘管開始這樣做時還有些遮遮掩掩）。對於古代科學來說，幾何學是純然的一種靜態科學。其中的圖形都是一次性完成的，好比柏拉圖的那些理念。但是，笛卡兒學派的幾何學（儘管笛卡兒本人並沒有賦予幾何學這種形式）本質上是，凡平面上的曲線，皆由一直線上的任何一個活動點，透過橫坐標的軸心以後轉向而成，此橫坐標便可表示時間。如果我們能夠指出這條活動直線上的每一個活動點在所穿過的空間中與其所耗費的時間之間的關係，也就是說，我們若能指出，活動點在它的行程的任何一個時刻在一條直線上的位置，我們就能定義這條曲線。這種點與時間的關係我們稱為曲線方程式。總之，用方程式代替圖形就意味著，讓我們無論在什麼時候都能看到一條曲線的軌跡中每一個活動點的位置，以免被認為這曲線是在特定的時間裡一次完成的。

因此，這些就是自然科學和作為它的工具的數學進行改革時所參照的主導觀念。現代科學是天文學的女兒；透過伽利略，天文學的法則被應用到地面上，因為，透過伽利略、牛頓和他的後繼者與克卜勒的天文學說拉上了關係。那麼，克卜勒所發現的天文方面的問題是什麼呢？問題在於，知道個別行星某個時刻的位置之後，又如何計算出該行星在任何其他時刻的位置呢？還有，其他任何一個物質系統也都會產生這樣的問題。若將每一種物質的質點都當作一顆小行星，主要的問題似乎便迎刃而解了，因為所有的、可以套用這種理念的問題都能以這把萬能鑰匙來開啓，只要知道物質的質點在某個時刻的位置，就能知道如何計算出它在任何時刻的相關位置。當然，這個問題如果加以簡單化是比較容易解決的，情況一旦複雜就不可能十分準確；何況物質如果真有所謂真實的質點，我們也未必知道這個質點的特定位置；即使我們眞能知道質點在特定時刻裡的位置，要計算出它們在其他的時刻的位置，也需要超人的智能。但是，如果我們很清楚這些物質元素，那麼，若有超人的智能，就能憑這些資料加以運算，而且能夠測定出任何時刻裡的每一個物質元素的位置。這是對於解決我們所提出的自然界的問題以及所採取的解決方法的一個很基本的信念。正因爲如此，所有固定形式的法則在我們看來都是一種臨時性的期票，或者是對於某種能動法則的一種特殊的觀點，只有這種能動的法則才能提供給我們整體性的明確的知識。

我們的結論是，我們的科學與古代科學的不同之處，不僅在於所探討的法則上，甚至也不僅在於我們的法則所說明的數量之間的關係上。我們有必要再加上一點，也就是說，**數量的關係還要與時間連在一起，而且現代科學要卓然獨立，尤其是必須奮力把時間當作獨立的變數。但是，科學所涉及的是什麼樣的時間呢？**

八、關於時間的兩種觀點

我們以前說過，今後即使反覆說也不爲過：物質科學就像人們通常的認識活動那樣，平易且無所不在的進行著。科學完善了這種認識活動，因爲它可以增加這種活動的精確性和應用範圍，但是，科學的工作原理和機制與認識活動沒有什麼不同。由於通常的認識活動依從電影放映機制的推理方式，不從「變成」的運動性角度來考察「變成」的過程，因此，物質科學同樣也放棄運動性的研究角度。毋庸置疑，科學可以把時間分割成任意數量的瞬間，其間隔是如此的微小。現代科學之所以不同於古代科學，還在於前者不再認爲時間有所謂本質上的自然分期，而是不加區別地對待任何時刻。但是，現代科學所認爲的時間，時常是處於虛構的一種停頓的位置，簡而言之，是靜止不動的。也就是說，現代科學不考慮實在的時間，沒有把時間視爲一種流體，或者，換句話說，不認爲時間所體現的存在的運動性絕非科學的認識所能把握的。我已經在我以前的一本著作裡確立了這個觀點。在本書的第一章，我也提及這種看法。但是，爲了避免被誤解，我們有必要最後再重複一次。

實證科學所談到的時間，便涉及運動體T在其軌道上的運動。這種運動被實證科學選中作爲時間的代表，並在定義上明示時間的性質是均勻不變的。讓我們稱其爲T_1、T_2、T_3……等點，這些點把該運動體的軌道從T_0開始切割成同樣長短的各個部分。我們說，當運動體通過直線上的T_1、T_2、T_3……諸點時，則時間原點T_0就經過了1、2、3……等時間單位。據此，我們思考某時間t結束時世界的狀態，也就是要明白當運動體T在其軌道上的T_t點時，世界成了什麼樣子。然而，這裡沒有涉及時間流本身對意識方面的巨大的影響問題；因爲，科學所能計算的只是時間流上的T_1、T_2、T_3……各點，而不是時間流本身。相鄰的兩點，我們可以任意縮短它們之間的距離，例如：T_n點和T_{n+1}點之間，即使我們在它們的間隔之間再加以分割，總不外乎是提供新的點而已。我們所記住的運動體T的運動，不過是T在其軌道上的各個位置點。而我們所記住的世界所有的其他各點，不過是它們在各自的軌道上運動的位置點。我們將運動體T在其軌道上的T_1、T_2、T_3……各點中的每個**虛擬停頓**，拿來對應於所有其他運動體在其運動軌道上所經過的**虛擬停頓**。而且，當我們說運動或其他所有的變化所耗費的時間t時，我們也就是要表示運動與時間t之間存在著這一類相應的數字關係。因此，我們只是計算了時間的同時性；我們並沒有把握由此時到彼時的流動性。我不妨以此證之：藉意識的作用，我能隨意改變我所知覺的世界運行的流速；然而，我的意識又是獨立自足的，它對這種變化的知覺，可以完全根據它可能有的氣質性的**感覺**去覺察：既然運動體T的運動也可能加入到這種變化之中，因此不論如何變化，我都毫無可能改變我那些運動方程式，也不能改變它們上面所顯示的數字。

再進一步說，假如世界運行的速度變得無限快速，則我們可能想像出運動體T的軌道就像本書開篇所說的那樣，是一次性完成的，而且整個物質世界的過去、現在和未來的歷史都瞬間在空間中同時展開。數學上的對應數字將用來代替世界歷史像扇子一樣同時展開的各個時刻，也就是說，T_1、T_2、T_3……各點可以定義爲「時間的歷程」。以科學的眼光來看，實無所謂「變成」。但是，如果時間散布於空間中，並且緊連成連續的狀態，科學的解釋還是沒有變，也就是說，在科學的解釋中，我們可以得出這樣的一個結論：科學不認爲這種**連續的狀態**有什麼特別的含義，也不認爲時間是流動的。科學沒有用來表達能夠觸動我們意識的連續性和綿延的記號。因此，科學不再適用於「變成」，科學如同架橋於水的兩端，遠遠地撇開了橋下連綿不絕的水流。

然而，連續性是存在的，我們可以意識到它存在的事實。當某種物理過程在我的眼前完成時，我的知覺和好惡都無法使它加速或減速。而物理學家所重視的是完成那一過程所需的綿延的單位**數目**，他對於單位本身並不上心，所以他認爲世界的連續狀態是一次性的顯現於空間裡，毋須他的科學來改變什麼，更毋須他停止討論時間。但是，對於我們作爲有意識的存在來說，只有單位才是重要的，因爲我們並不考慮每個間隔的兩個端點，我們感覺並且生存在那些間隔之中。不過，我們意識到那些間隔，正如我們意識到那些間隔是**可以測定的**。讓我們再回到本書第一章裡說的現象：糖在杯裡融化的問題。爲什麼我們要等糖融化呢？對於物理學家來說，現象的綿延是相對的，因爲它被化約成某種單位數目的時間，而且我們可以任意決定採用什麼單位；但就我的意識而言，綿延是絕對的，因爲綿延在一定程度上與我耐心的等著糖融化的程度合而爲一，而耐心等待的程度被綿延嚴格決定著。決定來自何方？是什麼迫使我等待，並且迫使我等待相當長的、我沒有能力改變的一段心理的綿延長度呢？時間的連續性不同於時間簡單的並列，如果它沒有任何眞正的效能，如果它不是一種力量，那麼，世界爲什麼以一種與我的意識有關的、可以稱爲眞正的絕對速度展開其連續的狀態呢？爲什麼以這種確定的速度，而不以任何別的速度呢？爲什麼也不以無限快的速度呢？換句話說，爲什麼不像電影膠卷似的，使一切都一次性的完成呢？愈是從這方面去深入思考，我愈覺得，如果說未來並非與現在並列，而是註定要**繼現在而起**，這是由於未來並不完全由現在決定之故；如果說時間的連續性或繼起性不是單純的數字所能表現的，如果說對於建構在時間之上的意識來說，時間還具有某種絕對的價值和絕對的實在性，這是因爲在時間的連續過程裡，會不斷創造出存在物，而在某些人爲的孤立系統中，比如在一杯糖水裡，卻很可能無法有所創造；因爲，所謂的創造，都是在具體的物體所形成的自然系統中所進行的不可預測、不斷更新的過程。這裡的綿延可能不是物質本身的現象，而是不斷提高物質更新過程的生命經歷：物質和生命的兩種運動是互相依存的統一體。**因此，世界的綿延與世界中的創造有著同樣的活動範圍**。

當孩子們玩拼圖遊戲時，他們如果練習得愈熟練，就能拼得愈來愈快。他們從店裡買回這種玩具的時候，所有的圖形都是現成的，不費多大工夫就能完成。因此，從理論上來說，他們拼湊這些圖形，甚至不必花特定的時間。因爲，其結果都早已給定了。因爲，其圖案已經創造出來了，並且孩子們所要做的不過是重新組合而已，假設組合的工作愈來愈快，甚至達到無限快時，幾乎可以在頃刻間完成拼圖的工作。但是，畫家作畫卻是從他的靈魂的深處出來的，時間不再是一種附屬品。任意延長或縮短時間都會影響到整幅畫的內容。畫家作品中的綿延，乃是他整體作品裡的一部分。對時間的增減，一方面影響到在綿延中畫家心理上的進化程度，另一方面還影響到他的創造目標。創造作品所耗費的時間在這裡也就是創造本身。一種思維的進程是在它變化的過程中逐漸成形的。總之，這是一種生命的過程，有些類似於一個觀念的成熟。

現在，我們看到畫家站在畫布前，調色盤上裝著顏色，所臨摹的對象也已就位，我們也知道畫家的風格，然而，我們能預見畫布上會出現什麼嗎？我們可以把握這個問題的若干重點：我們知道從抽象認識的方面來解決這個問題，因爲這幅畫肯定肖似模特兒，並且肯定也肖似畫家的風格；但是，如果要具體的解答，我們只能說，一件藝術品的全部內涵和價值就在於我們所無法預見的「無」上，就是爲了要表現這種人間的「無」，耗費了藝術家無數的時間。這種物質的「虛無」會把自己創造成形式。這種形式在不可縮減的綿延裡萌芽，開花，並且散布開來，綿延就與它們一起成形，構成人間的各種物體。大自然的工作也是如此。自然界中的新物都是從一種內在的「推動力」化出的，這種推動力是向前進的、持續不斷的力量，這種內在的力量致使持續性具有這樣的獨特的優點，或者說該力量正是以持續性爲其全部的優點，不管情況如何，這種優點，都會使在時間中的持續性或內在**融貫一體的連續性**不能化約爲空間裡的暫態影像的拼接。因此，以爲根據現在物質世界的狀態就可以推斷未來的生命形式，甚至以爲現在就能最終展現未來的生命史，此類觀念的荒謬性自不待言。但是，這種荒謬性是不容易被揭穿的，因爲我們的記憶習慣於將它所感知的東西依次排列在一個理想的空間裡，也因爲我們的記憶總是以拼接的形式呈現與**過去**的接續。記憶之所以可以這樣做，這正是因爲過去屬於已經創生的、死寂的範疇，它本身不再創造和生存。於是，我們便相信，就像接續而來的將來，將會以被接續的過去的方式結束，即將到來的綿延也可以按照對待過去的綿延那樣的方式來處置，也就是說，可以像展開一幅長卷那樣，從現在開始就展開它，未來已經展現在畫布上了。這無疑是一種錯覺，但卻是很自然的錯覺，它根深蒂固，並且將長存於人類的心智之中。

時間若不就是一種發明，那麼就什麼也不是。但是，局限於電影放映法的物理學，不可能用來研究時間發明。物理學對時間的研究限制在計算構成這個時間的各種事件的同時性以及某運動體T在其行程中的軌跡。物理學把各種事件從整體的造化中分離出來，而造化的每個瞬間都在更新自己的形式，並且不斷將某種新東西遞傳到各種事件。物理學研究的是事物的抽象狀態，以至於將事物置於活生生的整體之外，也就是說，置於在空間裡展開的某種時間中。它僅僅使各種事件或事件的系統保持在被孤立出來加以研究時的那種瞬間狀態，以免發生太深刻的變形，因爲只有這樣才可以適用它的研究方法。人們早已知道，我們的物理學從它誕生的那一天開始就進行著各種類似系統的孤立工作。總之，**如果現代物理學有別於古代物理學，那就在於現代物理學思考任何時刻的時間，它完全建基於以時間的長短取代時間即發明這種設想上。**

因此，與這種物理學平行發展的，必然是第二類知識（指上述的「時間即發明」——譯者）的組建，這第二類知識有可能彌補物理學所遺漏的部分。但由於科學局限於其電影攝製法中，因此它既不願意也不可能把握綿延的流動本質。於是，人們便想法要將這種電影的手法棄而不顧。那就是要我們的心智放棄其所鍾愛的慣有的傾向，透過激發一種感應的力量，使自己進入「變成」的內部。我們將不再問某運動體跑到何處去了？某一系統將具有什麼形狀？某種變化在任何時刻將以什麼樣的狀態出現？時間的各種段落，只不過是我們的注意力予以劃定的，應該作廢；我們將追隨或探討時間的流動，那也就是實在世界的流動本質。第一類知識（基於物理時間的長短——譯者）有利於我們預知未來，並且使我們能在某種程度主宰各種事件的進程；不過，第一類知識只是透過我們的心靈來把握運動性的實在事物中可能存在的（即「虛擬的」）靜止性：它是實在象徵性的表述，再經人的心智的調理而呈現，而不是把實在表達出來。另一類知識如果是可能的，仍不會有實際效用，它不會擴展我們對自然的統治地盤，甚且還反對我們的智能中某些天然的追求；但是，如果這一類知識取得成功的話，則能篤定把握眞正的實在。藉此成功不僅可以使智能習慣的處身於

「動」，從而也使智能及其對物質的認識更加完整；而且還可以透過發展另一類認識能力，使我們有望打開對實在另一半的視野。因爲，一旦我們面對眞正的綿延，我們就會明白綿延即是創造，而且，如果有什麼東西去掉了綿延，那麼它充其量只能與既成的東西合爲一體。因此，我想說，實在事物的**生命**必然性看來就維繫於世界持續發展的必然性之上。由此而來，我們將從一個嶄新的方面來照顧地球上的生命，這生命與宇宙的生命具有相同的作用機制和導向因素，其進化方向恰與物質性相反。簡而言之，我們在智能之外還要加上直覺。

我們再進一步反思，便不難發現這種形而上學的概念是受了現代科學的啓發的結果。

九、現代科學的形而上學

對於古人來說，時間從理論方面來看實際上是可以忽略不計的，因爲一件事物的綿延只表現爲它的本質的降變（dégradation），而科學所研究的是那固定於某個時刻的靜止的本質。變化只是一種形式在努力實現自己，我們所想要認知的一切就是這些形式的實現。顯然，這種實現永遠難以完全，因此，古代哲學認爲我們無法知覺沒有物質的形式。但是，如果我們在某一特定的有實質意義的時刻裡考慮變化中的對象，觀察它達到其巔峰狀態的情境，我們便可以說該變化的事物正**邂逅**其可被人理解的形式。這種可被人理解的形式，亦稱理想的形式，也可以說是極限的形式，正是我們的科學所要把握的形式。擁有它，如同擁有那塊黃金，無疑，那塊黃金可以兌換出許多小額的零錢，我們就稱那些零錢爲變化。這種變化還構不成存在。即便以這種變化爲對象的知識可能成立，我們大概也不把它當作正經的科學。

但是，由於有一種科學把所有瞬間的時間都置於同一層次，不同意關於有實質意義的時間的說法，也不同意頂點和巔峰狀態之說，因此變化在這種科學裡面不再是實質本身的縮減，綿延也不是永恆與之的摻和。時間的流動在這裡變成實在的本身，而且它還認爲人們所研究的就是這種流動的萬物。當然，我們都局限於只能在某些瞬間拍下流動的實在的快照。然而，正因爲如此，科學知識需要其他的知識來補充。我們知道，有關科學知識的古代概念止步於將時間視爲一種降變的現象，並且將變化視爲永恆的宇宙所賦予的一種「形式」的縮減；與此相反，如果始終追隨新的科學概念，我們就會看到，絕對因素在時間之中不斷增長，各種新形式也在萬物的進化中持續創生。

當然，這種新概念不能不與古代的形而上學分庭抗禮。古時候他們只有特定的唯一一種認知方式。他們的科學包括一種零散的和片斷的形而上學，而他們的形而上學也包括一種集約化和系統化的科學：兩者至多只能說是源自同一類事物的兩個變種。與此相反，在我們所提出的假說裡，科學和形而上學也許本是相反的（儘管又有互相補充的一面）兩種認知方式，科學只擁有瞬間的現象，也就是說它沒有持續的時間，而形而上學則與綿延有關。人們很自然的會在新的形而上學概念與傳統的形而上學概念之間遲疑不決。新的科學肯定還是要重複接受古代科學所受到的那麼大的誘惑，比如說，前者也會去假設我們對自然的科學認識是在短時間裡一次性完成的，並且加以全面的統一，如同古希臘人所做的那樣，稱這種統一性爲形而上學。因此，哲學方面所可能開闢的新途徑，與古代的概念仍然相通。物理學便是在這種思想環境中發展起來。然而，由於物理學認爲時間是一下子在空間中散布開來的，因此，形而上學也必然選取了這樣的認識方向，時間似乎既不創造也不破壞任何東西，綿延似乎毫無效用。這種形而上學如同現代的物理學和古代的形而上學，由於也受到電影放映機制的局限，因此從中可以匯出這樣的結論：在它的方法論的內核裡，一開始便隱含著如下的一種觀念：「**一切都是給定的**。」

十、笛卡兒、斯賓諾莎和萊布尼茲

毫無疑問，形而上學首先徘徊於兩條路線之間。這種猶疑不決的特點可見於笛卡兒的哲學。一方面，笛卡兒肯定了一般的機械論：從這一觀點出發，運動被認爲是相對的；⑪由於時間具有與運動完全一樣的實在性，因此，過去、現在和將來便成爲全能的永恆性所給定的時間分段。但是，另一方面（由此可知哲學家爲什麼沒有把上述的結論推向極端），笛卡兒又相信人類的自由意志。他將人類活動的非決定論放在物理現象的決定論之上，因此也把綿延看得高於時間的長短，而在這種綿延之中包含著發明、創造和實在的連續性。他將綿延的

⑪ 笛卡兒，《哲學原理》，第二章第二十九節。

基礎安在某個神那裡，這個神不斷更新世界的創造活動，因此這個神就與時間和「變成」連在一起，支撐著時間和「變成」，並必然將其絕對的實在性中的某種東西傳遞給時間和「變成」。從他這第二種觀點來看，笛卡兒似乎認爲運動，甚至空間，都是一種「絕對」。⑫

因此，笛卡兒分別採取兩條路線來處理問題，同時決意不使這兩條路線中的任何一條趨於極端。第一種觀點會導致他否定人的意志自由以及神的眞正意志，繼而否定綿延，承認宇宙是一下子**給定的**，而超人的智力能在一瞬間或永恆中擁抱這樣的宇宙。與此相反，如果採取第二種觀點，我們就會達到對實在的綿延的直覺所蘊含的全部結果。也就是說，創造不只是過去的連續，而且是現在到未來的連續。宇宙從整體上來看，的確是進化的，未來並非依據現在就能加以決定；至多我們只能說，事情一旦實現，則可以追溯到該事情發生前的原因，如同一種新語言的語音可以由古代的那些字母拼成，因爲人們後來擴大了那些舊字母的價值，以仿古的方式賦予那些舊字母以前所沒有的語音與拼法。最後，機械論方式的解釋在這裡仍然普遍的存在，因此，當我們要將世界的連續性分割成許許多多的系統時，這種解釋方法便會延伸到有關的那些系統中；但是，機械論在這裡只是一種**方法**，而不是一種**學說**；這顯示，科學必定採用電影的放映法，科學的功能是觀測萬物流動的節奏，而不是追隨它們的節奏。以上就是哲學研究過程中的兩種對立的形而上學概念。

⑫ 笛卡兒，《哲學原理》，第二章第三十六節及其下的文字。

選擇第一種概念的原因，無非是由於心智自然趨向電影的放映法。這種方法是我們智能的天生傾向，而且也如此適合我們科學上的需要，以至於我們如果要在形而上學上放棄它，將會倍感在推理思辨方面眞正的無能爲力。但是，古代的哲學也有它的某種價値才影響了我們的選擇。藝術家永遠是令人羨慕的，希臘人創造了超感覺的眞理的典型，如同感官方面可知覺的美一樣，它們的吸引力都是難以抗拒的。然而，一旦我們傾向於把形而上學變成一種系統化的科學，我們就要滑入柏拉圖和亞里斯多德的方向。而且，一旦我們進入希臘哲學家們的引力場，我們就不得不循著他們的軌道去運作。

萊布尼茲和斯賓諾莎的學說就是這樣形成的。我們並沒有因此忽視這兩人的學說所包含的珍貴的獨創性因素。斯賓諾莎和萊布尼茲都把他們整個的靈魂傾注入各自的學說中，它們實爲天才的富於創意之作，其中也吸取了現代精神。而且，在他們兩人的，特別是斯賓諾莎的學說裡，還可以感受到直覺的推動力，以至於其中的結構系統受到了一定的衝擊。但是，如果我們除掉賦予這兩個人的學說以活力和生命的部分，只留下其骨架，則呈現在我們面前的便是透過笛卡兒的機械論所看到的柏拉圖主義和亞里斯多德主義。我們所看到的是新物理學的系統化，這種系統化是在舊形而上學的模式上進行的。

物理學的統一，實際上會是什麼呢？這一科學令人鼓舞的觀念就是在這世界中從各種系統分離出許多的質點，如果能夠知道在已知的時刻裡這些質點中的每一點的位置，我們就能計算出它在任何時刻的位置及相關情況。由於新科學所定義的這些系統都是獨一無二的，更由於我們無法預知某系統是否能夠滿足預期的條件，因此從實用角度出發，我們只好把這種系統在各處反覆應用，似乎它已經滿足了預期的條件。這是一條方法論上合適的法則，也是一條非常明顯的法則，明顯到毋須用公式加以表示。實際上，這一簡單的常識告訴我們，當我們擁有一種有效的探討工具，而我們對這一工具的效力限度又無所知時，我們就只能把它當作一種似乎有無限效力的工具來使用；然而其效用必有終止的時候。但是，對於哲學家來說，他們都有強烈的願望要實現這種新科學的希望，並且把方法上的一條一般的規則轉化爲萬物的基本法則。於是，人們便趨向於一個極端；他們假設了物理學已徹底完成，因此能夠詮釋感覺世界的全部現象。宇宙變成了各種點的系統，各質點的位置都根據它與瞬間前的位置的關係加以嚴格的測定，從理論上來說，我們可計算出它在任何時刻的位置。總而言之，這就是宇宙中一種普遍的機械論。然而，單列出這種機械論的公式還是不夠的；這裡首先必須建立這種理論，也就是說要證明其必要性，並提示其原因。機械論的根本斷言是，宇宙中的全部質點之間，以及全部的時刻之間，都有一種數學上的互相決定的關係，並以此說明存在一個統一的原理，它可以濃縮空間中並列的一切和時間中持續的全部時刻，我們正是從這種原理發現機械論所持的理由。人們由此產生宇宙的整體性是一下子形成的設想。空間中的並列現象的互相限定，是因爲它們都保持著眞正的存在物的不可分割的特性，而時間中的連續現象存在著嚴格的、彼此不可更易的決定論，這些無非表示整個的存在是在永恆之中給定的。

因此，新哲學是舊哲學的一種重建，或者說，更是一種轉換。舊哲學已經把每一**概念**有關的「變成」集中化或者已經標記出其極致；它假設所有的概念都是已知的，並且集合所有的概念成唯一的概念，成爲形式中的形式、理念中的理念，如同亞里斯多德的上帝。新哲學則研究決定某一「變成」的有關法則之間的關係，並且視這些法則爲各種現象的永久基礎；它假設所有的這些現象都是已知的，並且將它們集合成多少可以表達它們的一個統一體，不過這種統一體如同亞里斯多德的上帝，因爲同樣的理由，也是不變的封閉在自身中。

當然，要使現代哲學回歸到古代哲學，並非沒有巨大的困難。當柏拉圖、亞里斯多德或者普羅提諾把他們的科學的所有概念都融合成單一的概念時，他們這麼做已經是在全力追求「實在」的整體性，因爲他們的那些概念都代表了事物本身，至少包含著與事物等同的積極內容。但是，某一法則通常只表示某種關係，而且，物理法則更是只處置具體事物之間的數量上的關係。因此，現代哲學家在科學法則上所做的，如果類似於古代哲學家在舊科學的概念上的那些做法，如果現代哲學家也把物理學所有的結論聚合爲一全知的單一觀點，這樣必定要忽略了現象界的具體事物，所知覺到的各種物性，甚至知覺本身。其綜合似乎不過是「實在」的一部分。事實上，新科學的初步結果是把實在分成兩部分：數量和**性質**，前者關係到體質，後者關係到**靈魂**。古代人並沒有提出區分數量和性質以及體質和靈魂的界限。他們認爲，數學的概念如同、或類似，其他的概念，都絲毫不爽的嵌入於「理念界」的等級階梯中。物體既不以幾何的廣延性來界定，靈魂也不以意識來界定。亞里斯多德所用的 ψυχή（靈魂）這個詞，音譯爲「隱德來希」，含義是肉體的「完成」，要比我們所謂的靈魂少點精神性，這是因爲他所用的 σῶμα（肉體）這個詞已經滲透著「理念」之意，比我們說的體質更不具有肉體性。這兩個語辭之間語義的分裂現象並非不可補救。現在之所以會有如此的分裂，乃是逐漸變成的，因爲旨在提出某種抽象統一性的形而上學，在它的綜合之中或者只理解那一半的實在，或者反過來利用兩個一半之中的「絕對」的不可簡約性，以此認定其中一半是另一半的**轉換**。如果是相同的語言，那麼兩個不同的語詞所表達的就是不同的東西，即使這兩個語詞帶些相似的語音。與此相反，假如這兩個語詞分別屬於兩種不同的語言，正因爲它們在語音上根本的不同，這兩個語詞所表達的卻可能是同樣的東西。性質和數量也是這樣，靈魂和體質也不外如此。然而現代哲學家們爲了切斷這兩個語詞之間所有的關聯，便在它們兩者之間建立古人從未考慮過的嚴格的、平行的關係，只認定兩者之間可以**轉換**，卻不認爲兩者是相反相成的；總之，他們將一種基本的同一性當作他們的二元論的基礎。於是，人們所提出的綜合看法變成了無所不能的理論瑰寶！「神聖的機械論」就是其中之一，它使思維的各種現象與其所有的廣衍之物一一對應起來，性質對應於數量，靈魂對應於身體。

我們發現，萊布尼茲和斯賓諾莎都是（心物）平行論者。當然，他們在形式上有所不同，因爲他們對廣衍之物並不同樣看重。斯賓諾莎將思維與廣衍並列，至少從原則上來說是如此。因此，兩者是同一原稿的兩個譯本，或者用斯賓諾莎本人的說法，是同一實體的兩種屬性，這一實體應該稱爲「神」。而且，這兩個譯本在我們所不認識的那些語言中，都作爲他者的一種無限性，而被原本所召喚，甚至被挑剔，情況如同圓的本質可以自動演繹爲一個圖形，也可以說，簡化爲一個方程式。萊布尼茲則不同，他固然同意廣衍仍然是一個譯本，但是卻以思維爲原本，思維可以不加轉化，轉化只是爲我們而產生的一種作用。

我們提出神這個觀念，也就必然要提出關於神的所有可能的看法，亦即所謂的單子（Les monades）。但是我們總是可以想像自己已經根據某種的觀點對神產生了某種的看法，而且我們不完美的心智，很自然的會對各種不同的看法加以分類，根據各種觀點內在的不同的秩序和地位，決定有關看法在性質上的不同。還根據那些看法的來源，判斷其性質同一與否。實際上，各種觀點並不存在，存在的只是各種各樣的看法，每一種看法分別從某一不可分割的整體產生，並以自己的方式表現對全部實在（神）的一種看法。但是，我們又有必要藉這些彼此外在的各種觀點的多樣性來表現它們之中不同看法的多元性，也就是說，必須藉觀點之間的相近和疏遠，象徵性地表現出這些觀點之間相對的情景，弄清它們之間的親緣性的大小等。這就是萊布尼茲爲什麼要把空間說成是並存的序列，而且把廣衍的知覺說成是含混的知覺（也就是說，這種知覺與某種不完善的心理活動有關），還有，他認爲所有的一切都是單子，以此表明全部的實在不存在部分的組合，而是無限重複著這些單子，每次的重複都在這些單子的內部整體式（儘管各不相同）的進行，這些重複的單子彼此之間具有互補的作用。因此，物體可見的立體輪廓等於該物體從所有的角度拍下的立體影像的整合，因此，不要把物體的立體輪廓視爲某些實體部分的並列，而應將之視爲這些整體的影像的**互相補足**，其中的每一影像都融化在整體之中，每一面目都各不相同，而且彼此不可分割的代表了同一物體。對於萊布尼茲來說，這個總體凸顯的輪廓本身就是實在的全部，就是神，而單子便是其中互補的平面影像；因此，他把神定義爲「不具任何觀點的實體」，或者還定義爲「普遍的和諧」，也就是說，是彼此互補的單子，總之，萊布尼茲在這裡與斯賓諾莎不同的地方在於，前者把機械論的宇宙觀視爲我們主體對實在的一種看法，而後者則將之視爲實在的自我呈現。

顯然，在將實在的全體歸之於神之後，他們要再由神回到萬物，或者再由永恆轉向時間，就變得十分困難了。他們的困難與亞里士多德和普羅提諾的那些困難相比甚至有過之而無不及。亞里斯多德的神只是相互融貫和壓縮的各種理念，在它們達致完成或巔峰的狀態時，便代表著世界中變動的萬物。因此，神是超越世界的一切事物，事物的綿延便與神的永恆性串接，所以綿延是永恆性的一種減弱的表現。但是，就作爲人們思考的依據的機械論宇宙觀的原則而論，概念或事物並不重要，重要的是法則或**關係**。不過，一種關係必然不會是孤立存在的。任何法則也都離不開其中有關條款的變化，而且總是內在於它起作用的領域。因此，集合各種關係所成的、反映大自然的統一性的原則，不可能超脫感性的實在世界；原則內在於感性的實在世界，而且，我們還必須假設，由於原則是在其實體的統一性中採集的，然而又不得不在一條無始無終的鏈條中展現，因此它同時存在於時間之內和時間之外。哲學家們爲了避免這種令人尷尬的矛盾，不得不有所取捨，犧牲了兩項中最弱的一項，將事物的時間性方面的現象當作一種純粹的幻覺。萊布尼茲因而說時間和空間一樣，都是一種含混的知覺。如果說他那些單子的多樣性只是表示對總體各種不同的看法，那麼，一個孤立的單子的歷史對他來說，無非就是一個單子對自己的實體可能採取的各種不同的看法：因此，時間便是每個單子對自己所取的各種觀點的總和，正如空間是所有單子對神所取的各種觀點的總和一樣。不過，斯賓諾莎的思維和表達方式不見得會比這裡的概說更清晰，他似乎想把永恆和綿延的不同，建構成如亞里斯多德劃分本質和偶然之間的不同那樣：這些都是很困難的工作，因爲亞里斯多德的 ὕλη（質料）不再是用來測量差距和解釋本質到偶然的過程，笛卡兒已經完全捨棄了這種用法。不管怎樣，我們愈深究斯賓諾莎有關「不足」與「充足」的關係的概念，我們就愈發覺得他的概念很接近於亞里斯多德主義；正如我們愈清楚認識萊布尼茲的單子論，我們就愈覺得他的理論接近於普羅提諾⑬的不可知論。這兩位哲學家很自然的傾向於古代哲學的結論。

總之，新形而上學與舊形而上學之間的這種相似性，產生於彼此都假設自己的理論是全能的或自足的科學，儘管舊形而上學認爲原則超乎感性世界之上，新形而上學則認爲原則存在於感性世界中。根據該科學，所有感性事物所包含的實在都具有同一性。**對於新舊形而上學來說，實在如同眞理，都應該是永恆中不可分割的統一體**。新舊形而上學都反對這樣的概念，實在乃是漸進式的自我創造，也就是說，實在是基於一種絕對的綿延。

現在不難說明，這種來源於科學的形而上學所得出的結論，就像打水漂的石子一樣，跳了幾跳，終究還是要沉入科學的深處。這樣便使科學完全滲透著我們所謂的經驗主義。於是，物理和化學專門研究無機物；生物學，當它以物理學和化學方式處理生物時，只考慮

---

⑬ 作者在一八九七—一八九八學年在法蘭西學院授課時，在一節普羅提諾的專論中曾試圖撇開萊布尼茲與他的相似之處，因爲那些相似的地方實在不勝枚舉，甚至在所應用的式子中也到處可見其間的類似性。

到生物的無機性一面。因此，這類機械論的解釋儘管有所進展，它們都只解釋了實在中的一小部分。如果我們先驗的假設全部的實在可以如此的分解爲各種元素來加以說明，或者至少認爲機械論可以完整詮釋世界上所發生的一切事物，那就是宣告某種形而上學的在場，而斯賓諾莎和萊布尼茲早就提出這種形而上學的原則，並且從中取得理論的成果。當然，還有一派心理生理學家主張大腦狀態與心理狀態之間的完全一致性，他們假設，如果有超人的智能，則有可能透過檢視大腦而推知意識作用，他們深信自己遠遠超過十七世紀的那些形而上學家，因爲自己要更加貼近經驗。然而，純粹而單純的經驗實際上無法告訴我們這類知識。經驗只告訴我們心和物是相互依存的，以及大腦基質對於心理狀態的必要性，僅此而已。肯定心和物兩對立項固有其相互依賴的特性，那也不就說明這兩項是等值的。這種情況好比一臺機器少不了螺絲釘，否則就運轉不了，但是我們不能因此說螺絲釘與那機器是等值的。爲了使相應的部分等值，就必須讓那機器的任何部分相應於特定的一部分螺絲釘，正如譯作中的每一章、每一句、每一詞都必須與原作中的相當。然而，大腦與意識的關係似乎完全不是這麼回事。根據本人前一論著所嘗試證明的東西，[14]不僅心理狀態與大腦狀態之間等值的假設完全是荒謬的，而且，客觀的事實似乎還表明心理與物理（這裡指大腦基質）的關

---

⑭ 見《謬誤推理》（《形而上學與道德雜誌》，一九〇四年十一月，第八九五－九〇八頁。參考《物質與記憶》，巴黎，一八九六年，第一章。——英譯本注。

係猶如上述的機器與螺絲釘之間的關係。至於認爲兩者是等值的說法，無非是在歪曲斯賓諾莎或萊布尼茲的形而上學，甚至使之面目全非。如果這樣接受他們的哲學，那就像是取這兩位哲學家所涉的「廣衍」的一面而棄其中的「思維」的一面。透過斯賓諾莎和萊布尼茲，我們設想自己已完成對物質現象的統一綜合：即完全以機械論解釋那些物質現象。但是，對於意識方面的事實，我們卻不再將這種綜合進行到底。我們只及於半途。我們假設意識只與一部分的自然事物並存，而不是與所有的自然事物並存。這樣便使我們有時趨向於「附加現象論」（épiphénoménalisme），即把意識與某種腦質的特殊振動聯結在一起，從而將意識視爲世上的一種散在狀態的現象；有時我們則趨向於「一元論」，這種理論把意識分析爲諸如原子那樣的許多極小的粒子。但是，這兩種趨向都不過使我們回到不完整的斯賓諾莎主義或者不完整的萊布尼茲主義。而且，上述理論還使我們在這種自然的概念與笛卡兒主義之間找到了一些歷史的中介物。十八世紀不少的醫學哲學家們，以及他們狹隘的笛卡兒主義，就與我們目前出現的「附加現象論」和「一元論」有著深厚的淵源。

十一、康德的批判哲學

因此，這些學說都落後於康德的批判哲學。當然，康德的哲學也浸濡著對單一而整體的科學的信仰，認爲這種科學可以涵蓋全部的實在。無疑，從某種角度來看，康德哲學不過是現代形而上學的延伸和古代形而上學的轉化。斯賓諾莎和萊布尼茲繼亞里士多德之後，設想上帝代表著知識的統一性。康德的批判哲學至少在它的某一方面對這種設想的無所不包的內涵提出了疑問，他問道，這種假設是否就像對古代科學那樣，全部都對現代科學來說是必要的，或者，是否這種假設僅有其中的一部分付諸實施是不完備的。因爲，古代科學實際上只是與概念的應用聯繫在一起，也就是說，那時候只研究事物的種類。在將所有的概念歸結爲唯一的一個概念的過程中，他們必然因此找到某種「存在」，無疑我們可以稱之爲「思維」，不過，它更接近於「思維的客體」，而不是「思維的主體」，而亞里士多德則把上帝定義爲「不動的原動者」（νóήσεω ς νó ήσι ς），也許這裡他所強調的是不動的部分，而非原動的部分。「神」或「上帝」在這裡是所有概念的綜合，是理念中的理念。然而，現代科學所遵從的是法則、是關係。不過，所謂的關係乃是經過心智的作用在兩個或更多的專案之間建立的一種連接方式。一種關係不可能存在於智能之外，因爲正是智能牽扯著任何的關係。因此，各種現象若不經過智能的過濾，則這個世界就不可能被視爲一套法則的系統。當然，這種智能也就可能被看作爲一種遠高於人類之上的存在，「他」不但可能構成事物的材料性，同時還可能在它們之間都建立起聯繫——這就是萊布尼茲和斯賓諾莎的假設。然而，康德的解決辦法卻是：要取得這裡所涉及的聯繫和其他效果實在沒有必要捨近求遠，光是人類的智能就足以擔當此任。在斯賓諾莎或者萊布尼茲的教條獨斷論與康德的批判哲學之間所留下的間距之大，就如同「這事必須……」與「這事只要……便足矣」兩種句式之間的差距一樣。康德中止了斯賓諾莎和萊布尼茲的教條獨斷論過多傾向希臘的形而上學的趨勢；他把假設嚴格限定在對伽利略的物理學的無限延伸性的支持上。當然，當他談到人類的智能時，他所指的並非是你的或我的智能。自然的統一性完全來自人類的理解力，因爲是人類的理解力去加以統一的，但是，在這裡運作的那種統一的功能，卻是非個人性的。它可以傳輸給我們別的意識，卻又超越那些個別的意識。它難以與實體的神相媲美；然而卻又比人類孤立的或集合的作用還要多些。它並非全然在於人體內，更確切的說，人類存在於自己的理解力之中，正如人的意識是呼吸在知性的氛圍中一樣。如果我們願意，我們可以把它視爲**形式上的上帝**，在康德，它還達不到「上帝」的高度，但是它努力要變成上帝。在德國哲學家費希特（一七六二—一八一四），我們可以感覺到它已經變成上帝。即便是康德，不管它是否變成神，它的主要作用依然是要給我們的科學的整體一種相對性和人類性，雖然人性已經不那麼被神化了。從這個觀點來看，康德的批判哲學的主要意義便在於限制其先驅者們的教條獨斷論的部分，只接受他們的科學概念，並且把他們理論中所蘊涵的形而上學縮小到最低限度。

但是，康德對於認識的材料與其形式的區分方法，便與上述的形而上學主張判若兩途。由於看到智力尤以建立事物間的關係爲能事，於是康德便認定，賴以建立這種關係的有關事物，必有一種超知性的根源。他與他的直接先驅者們截然不同的地方便在於，他不再把所有的認識都消融於智能的範圍內。因爲，認識除了材料之外，還有所謂的形式。這是笛卡兒哲學的要點，後來卻被笛卡兒主義者所拋棄；康德將之重整、但有所改造和修正，並且把它帶進另一哲學境界。

藉此，康德開創了他的新哲學。這種新哲學是經過直覺的高超力量而建立於超智力的認識材料之上。如果意識達到了與這種材料完全切合的水準，並且採取與之相同的節奏和運動的方式，它難道就不能透過一面提升自己、一面貶降自己的兩種相反方向的力量的交替作用，從內在，而不再單憑外部的知覺去把握實在的兩種形式——身體和精神嗎？難道不是這種雙重的努力才使我們能夠盡最大的可能，去重現或復甦絕對存在的嗎？再者，由於在上述的運作過程中，我們可以看到智能是由心靈的整體中獨立自主的奔瀉而出的，因此知性的認識便呈現出一種有限的、然而已不再是相對的認識。

這就是康德主義可以給重獲活力的笛卡兒主義所指示的思想方向。但是，康德本人並沒有沿著這個方向走下去。

他之所以不願這樣做，是因爲他把超知性的材料完全歸於認識，他深信這些材料或者與智能同其外延，或者比智能的範圍還要小。因此，他根本沒有想到智能會從這些材料顯現，同樣也沒有想到由此去追溯理解力及其範疇的產生根源。他認爲理解力的範疇和理解力本身都是既成的事實，應該照單全收。而在呈現於我們的智能中的材料與這種智能本身之間沒有任何的親緣關係。它們兩者之所以會取得一致，是由於智能可以在材料上附加自己的形式。所以，他不但要把認識的知性形式置於一種絕對之境，不追究其起源，並且認爲這種認識的材料似乎已被智能壓得粉碎，沒有希望再恢復其原來的純正狀態。材料不是「物自體」，它只不過是「物自體」通過我們的大氣氛圍的折射物罷了。

若想探究康德爲什麼不相信我們的認識材料會超過它的形式，請看以下康德所主張的東西便知究竟。康德借助我們對自然界的知識而建立起來的批判法，是基於下列的設想：**如果**

我們科學上的那些論斷都得到證實，那麼，他的批判法就是要弄清究竟什麼才是我們的心靈，什麼才是大自然；但是對於科學上的那些論斷本身，康德並沒有加以批判。我的意思是康德不加追問的把一種科學的觀念視爲一個統一體，它能夠將已知的或現有的萬事萬物都以同樣的工夫聯結在一起，而且使之協調於一個各部分都一樣堅實的系統之中。在他的《純粹理性批判》一書中，他沒有考慮到，隨著由物理轉向生理，又由生理轉向心理，科學變得愈來愈缺乏客觀性，而且愈來愈帶象徵性。在他看來，經驗活動不在兩種不同的、甚至相反的意義——一種與智能的方向一致，另一種順著反智能的方向而行——上進行。他認爲經驗只有一個，智能涵蓋了整個的經驗領域。因此，康德說過，我們所有的直覺（康德的「直覺」其實應該譯爲「直觀」才比較確切，由於外文是同一個單詞，所以這裡也就混用了——譯者）都是可以感覺的。或者，換句話說，都是在智能的支配之下的、實即低於知性的直覺。如果我們的科學在各方面都表現出同樣的客觀性，那麼，康德的這一說法確實應該予以承認。但是，假設與此相反，**隨著科學的研究範圍由物理轉向生理，再由生理轉向心理，科學也就愈來愈缺少客觀性，同時愈來愈具有象徵性。那麼，爲了以某種方式使知覺到的事物象徵化，便不能不藉一種心理的直覺**（**更一般的說，是藉生命的直覺**）；當然，智能能夠將直覺轉化並詮釋出來，儘管這樣，直覺仍然有可能超越了智能。換句話說，有可能存在超越知性的直覺。如果存在這種直覺，則我們便有可能藉直覺把握精神，從而不再僅限於外在和現象的認識。再者，如果我們具有這類直覺（我的意思是在知性或智能之外的直覺），那麼，可感覺的直覺無疑就是透過某種的中介接續著這類直覺，就像紅外線接續著紫外線似的。這樣便使可感覺的直覺的品位得到提高。它不再僅僅觸及無法把握的「物自體」的幻象而已。假如我們給予它某些必不可少的糾正，它也會將我們引進絕對實在中。然而，只要我們把這種直覺視爲我們的科學的唯一材料，在整個的科學上面就必定會反射出某種相對性的東西，它會打擊我們心智的科學認識；這樣一來，我們對物體的知覺（這種知覺是物質科學的開端）本身似乎也成爲相對的了。因此，可感覺的直覺似乎都具有相對性。但是，情況並非都是如此。**如果我們把不同的科學之間的界限劃分清楚，如果我們在心智的科學認識（因而兼及生命的知識）中看到，在某種認知的方式上多多少少屬於人爲的引申而被應用於物體之上，我們就會發現，科學完全不是象徵性的知識了**。接下來，我們還要對兩類不同層次的直覺做些說明，根據上述，我們不妨設想直覺可分成兩大類，其中第二類直覺的旨趣與第一類大相徑庭（可以說是第一類直覺的含義的倒轉）；如果說第二類直覺是智能的一種自然傾向，則這種直覺本身與智能無甚差別。可感覺的認識的材料與其形式之間，如同感性的「純粹形式」與理解力的範疇之間一樣，都不存在不可逾越的界限。我們可以看到，知性認識（限於它自身的物件）的材料與其形式之間存在一種互相順應而生的關係，**智能植根並成形於實體性，實體性也植根並成形於智能**。

但是，康德不願亦不能承認直覺的這種二元性。要承認有這兩類直覺，就必須在綿延之中看到實在本身的材料，而且必須弄清具有事物實質的綿延與散布在空間中的時間之間的不同。或許我們還必須從空間本身以及內在於空間中的幾何學，看到在物質的發展方向上的一個理想的限度，但是，在那裡物質並沒有被發展。在《純粹理性批判》的文字，可能還包括它的精神裡面，所出現的對立之大，也莫過於此了。顯然，認識在這裡就像一幅任何時候都是打開的長卷一樣，呈現在我們的面前，經驗則有如永不休止向前奔瀉的、以事實爲介質的急流。但是，在康德看來，這些事實都逐漸分散開而展現於一個平面上；它們彼此之間不存在內在的聯繫，而且與我們的心靈也漠不相關。要把握事實內在的知識，就必須抓住事實在湧現過程中的狀況，而不是在它們一旦湧現之後的結果；就必須挖掘掩藏於空間和「空間化的時間」底下的東西，這些原則都是不成問題的。不過，我們的意識確實都把我們置於這個平面下；眞正的綿延也就存在於那裡。

在這方面，康德也十分接近於他的先驅者們。他不承認在非時間性的東西與散布成明顯的各個瞬間的時間之間存在任何的中介。而且他認爲，正如沒有任何直覺可以把我們帶進非時間中一樣，所有的直覺經過我們的界定之後便都變成可感覺的了。但是，除了散布在空間裡的物理存在，以及如那些獨斷主義的形而上學家們所說的，非時間的、概念的和邏輯的存在之外，難道就再也沒有意識和生命存在的餘地了嗎？無疑的，意識和生命是存在的。當我們爲了能由綿延進入各個瞬間而處身於綿延之中的時候，而不是當我們從各個瞬間走出，試圖在綿延再接續上各個瞬間的時候，我們就能知覺到生命和意識。

然而，康德的直接繼承者們，爲了避免採取康德的相對主義立場，便趨向於非時間的直覺這種主張。當然，在這些人的哲學裡，變成、發展、進化等觀念，好像都占有較大的分量。但是，綿延是否在那裡也眞正產生作用呢？我們知道，**眞正的綿延意味著其間每一種新形式都從以前的種種形式中派生出來，同時又都添加了某種東西；每一種新形式與它以前的**

種種形式都處於資訊共用、互相說明的關係之中。但是，康德的那些繼承者們卻把綿延設想成一種總體的「存在」的顯現，上述的新形式就直接從那裡匯出，於是這又落入斯賓諾莎的窠臼。他們像萊布尼茲和斯賓諾莎那樣，否定綿延的所有效用。後康德主義的哲學不管對各種機械論可能採取多麼嚴厲的態度，它還是從機械論接受了科學的整體觀念，並以此應用於「實在」的所有類型。他們比自己所想像的還要接近於機械論；因爲，機械論認爲物質、生命與思維只是複雜程度的漸次不同而已，而後康德主義的哲學則代之以某種觀念的實現的程度或者某種意志的客觀化的程度有所不同；這類哲學所說的，仍不外乎程度的差別，那些程度即代表存在沿著單一方向運動的尺度。總之，這類哲學對自然界所做的這種分類和解釋工作與機械論的做法實在沒什麼差別；它保留了機械論的全部格局，只不過給機械論塗上不同的顏色罷了！可是，這一格局本身，或者至少其中的一大半必須重建。

顯然，如果讓我們來重建一門新哲學，我們就必須放棄康德的後繼者們所採用的構造方法。我們必須訴諸經過提純的經驗，我要說的是，在必要的地方，放棄我們的智能所依據的我們對外界事物的作用進度而構築的各種理論框架。這類經驗不是非時間的經驗。我們相信在空間化的時間內可以知曉對實在的各部分所持續進行的再整合，但是，非時間的經驗必須越過空間化的時間，唯獨探尋具體的綿延，在這種綿延裡不停運作著一切根本性的重建程序。它絲毫不差的依隨著實在的一切曲折委婉的過程。而且，它不再像採取構造的方法那樣，把我們引向一座巍峨的建築物頂部的一些層面去，即：進入愈來愈高級的一般性的概括之中。我們的這門學問至少在它所建議的解釋方法與它所涉及的解釋對象之間不留下絲毫的曖昧不清的空檔。它試圖揭示實在的每一個細節，而不僅僅是整體性的東西。

十二、史賓賽的進化論

毋庸置疑，十九世紀的思想界要求它的哲學擺脫獨斷性，深入到具體事實的細節中去。與此同理，十九世紀的哲學無疑的也有必要建立在我們所謂的具體的綿延之上。道德科學的出現、心理學的進步、生物科學中的胚胎學的重要性不斷增益，諸如學界中的此類事實無不告示我們：一種實在的觀念，就是它內在的持續性，也就是綿延本身。因此，就有這樣一位思想家出來宣告他的一種進化理論：物質的進化可以視為與精神的進化同步進行的過程，前者趨向於感悟能力的發展，後者則趨向於理性的發展，這裡伴隨著內外一致的逐步趨於複雜化的過程，因此，變化終於在大家的心目中成為一切事物中最實質的東西。史賓賽的進化論對當代思潮的強大吸引力，就來自這些主張。儘管史賓賽的學說看起來與康德的理論距離甚遠，儘管他實際上對康德主義所知甚少，當他一開始接觸到生物科學時，他仍然就感覺到哲學能夠沿著這個方向繼續發展，同時能夠結合實際考慮康德的批判學說。

但是，他剛要循此路線前進，便立即走入歧途。他本來承諾要追溯事物產生的根源，卻就在這裡完全搞錯了。他的學說固然名為進化論，而且還打算全面的求索宇宙變成的過程，可是，事實上那裡既沒有變成也沒有進化可言。

我們毋須在這裡深究他的哲學。**我們只想說明，史賓賽方法的慣伎無非是把個別物種的**

進化的片斷拼合成整體進化。這就像是把一幅畫貼在卡片上，然後將卡片撕成碎片，我有可能集合這些碎紙片再拼湊成原畫。孩子們玩的拼圖遊戲與此無別，他們把拼圖用的碎紙片拼湊成彩色圖案，並且想像自己創作了一幅畫。然而，畫畫的活動與拼湊已有的圖案紙片是完全不同的兩碼事。與此同理，集合最簡單的一些進化結果，你可能很出色的，也可能很糟糕的，模擬出最複雜的結果；但是，不管是最簡單的還是最複雜的結果都不足以使你回溯到進化的根源，而且，疊加個別物種進化的片斷也完全不能近似進化運動的本身。

然而，史賓賽卻鍾情於上述的幻想。他所把握的只是在其現有的形式之下的實在；他把實在撕成碎片，再把這些碎片拋向空中隨風而散；之後他重新「統合」這些碎片，將之「編排成運動」。透過這種鑲嵌的手法模擬萬物造化，他自以為已經勾勒出萬物造化的圖案，並且追溯到實在的根源。

這裡是否涉及物質的問題呢？他以為凡能被我們看見和感覺到的物體，皆由他所設想的首先散布於空間中的元素集合而成，這些元素均為簡單的物體的最小單位——粒子。不論如何樣，它們總算是一些「物質點」，因此也是一些不變的點，也可以說是眞正的微小的固體，這就如同物質的固體性，由於它對於我們來說比較切近也比較好操縱，便有可能被當成物質性的本源！物理學愈進步，就愈能證明：或許是一切物體的基質的「乙太」（éther）或電的性質，不可能作為代表我們所知覺的物質的性質的典範。何況哲學所研究的對象處於比「以太」還要高的層次，「乙太」只不過是我們所感知的各種現象中的關係的縮影！誠然，我們對事物的視覺和觸覺能力，均表示我們有作用在事物上的可能。但是，不是透過對進化結果的分解，我們就能心領神會進化的原則；也不是透過對進化結果的重新組合，我們就能再現這裡所謂的進化。

這裡是否涉及精神的問題呢？史賓賽以爲藉著心理的反射動作的組合，就能逐步產生本能，繼而產生合乎理性的意志。他不明白，特殊的反射和堅毅的意志都是進化的終點，不應該視爲進化的起始。反射動作的進化或許有可能比意志的進化更迅速的抵達它特定的形式領域，然而兩者皆爲進化運動所積澱的產物，我們不能單獨根據兩者中的任何一種來表現進化運動的結果。我們一開始就必須將反射與意識融合爲一。接著我們還必須探求在這種反射與意識的雙重形式下沉澱出來的實在流；實在流無疑摻和著兩種形式，其中找不到兩者中的任何一種。低等動物的生命多爲尚未分化的原生質，它們對於刺激的反應尚未進化到像反射那樣具有確定的機械性；就意識而言，它們也尚未達到在數種確定的機械性中做出選擇的程度；因此，低等動物雖然有表現出這兩種功能的趨向，但它們的反應既非出自意願亦非出自心理反射。我們有些時候也能體驗到類似的這種原始活動的心態，那就是當我們爲了應對緊急的危難時刻，我們也會產生一種半意願、半自動的行動。儘管如此，這仍然是對於原始的行爲的一種不完善的模擬，因爲我們的避難行爲混合了已經形成的反射和意願的兩種活動形式，這兩種活動分別由大腦和脊髓來控制；然而，原始的活動則很簡單，其呈現的分化跡象是由既似大腦又似脊髓的同一機械式的結構來產生的。但是，史賓賽對此一概視而不見，因爲，他的方法本質上是已鞏固的功能來重建同類的功能，而不去追溯這類已鞏固的功能的逐漸生成的過程，而這種逐漸生成的過程就是進化的本身。

最後，這裡是否涉及精神與物質之間互相適應的問題呢？史賓賽有理由以心物的這種一致性來定義智能，同時，從這方面認識清楚進化的範疇也是對的。但是，當他由此追溯進化的過程與根源時，他依然採取整合諸多已經進化的結果的方式，因此徒勞無功的以實際上的進化結果的零碎的斷片來處置整個的進化過程，並且自以爲這樣就能探索到進化運動的產生根源。

實際上，對於史賓賽來說，自然界層出不窮的現象可以在人類的心靈中投射代表這些現象的意象。因此，從意象中歸納出來的諸多觀念之間的關係也會一一相稱的對應於諸多現象之間的關係。而且，由現象之間的各種關係所集中體現的自然界中最普遍的法則，因此也被他認爲是產生由觀念之間的各種關係所整合的思維的指導原則的源頭。因此，自然界就反映在心靈之中。於是，我們親密的思維結構便絲毫不差的對應於萬事萬物的實際輪廓。我很希望事情的眞相眞如他所估量的這樣；但是，爲了使人類的心智能夠反映現象之間的諸多關係，還必須先有過那些現象，也就是說，在心智的螢幕上閃現過從連續的變成過程中分解或裁剪下來的清晰的事實。既然已經認定了我們今日所看到的這種特殊的分解或裁剪模式，我們勢必也要認定我們今日所看到的這種智能，因爲實在是透過智能，也只有透過智能，才能被分解或裁剪成我們所知覺的這個樣子。我們會去推論，哺乳動物和昆蟲是否都從同樣的層面去看自然界、是否都以同樣的方法去分解或裁剪大自然？實則昆蟲的智能已有某些方面接近於人類的智能。各種生物對物質世界的分解或裁剪，都是根據它們本身的行動路線：就是這些**可能的行動**的路線，縱橫交錯的結成了經驗之網，其中的每一個網眼就是一項事實。

毫無疑問，市鎮無不由房屋所組成，市鎮中的街道就像是房屋之間的間隔。與此同理，我們可以說大自然是由事實所構成的，事實一旦確立，關係便像在事實之間穿行的路線。但是，就一座城鎮來說，土地是漸次分割成各個部分來建造房子的，同時還要形成某處建築的態勢，並決定其間道路的走向；如果我們要了解為什麼要以這種特殊的劃分模式來建造房子和形成街道，我們就必須回溯到土地原先是如何被分割成各部分的。然而，史賓賽的根本錯誤就在於把已有的切割經驗視為理所當然的，而眞正的問題在於去了解分割的運作程序是如何完成的。我同意思維的法則無非是對事實之間關係的整合。但是，既然我今天把各種事實及其整體態勢確認成這個樣子，我便不能不同時認定今天我的知覺和知性的功能就是這個樣子，因為正是它們將實在分割開來，在實在的整體之中剖析出各種事實來。因此，我們不說各種事實之間的關係產生了思維的法則，我寧可說是思維的形式決定了我們所知覺的各種事實的形態，以及它們之間的關係；這兩種說法所表達的是同樣的意義，從根本上說，它們是有同等價值的。顯然，第二種說法不談進化；但是，第一種說法僅限於談到進化，卻未對進化作深入一步的思考。因為，眞正的進化論是要去探討智能結構藍圖和物質的分化模式是以怎樣的「妥協辦法」逐漸獲得的。智能的這種結構作用和物質的這種分化過程是共生互補的；兩者之間的進步肯定是互相配合的。再者，不管我們是提出我們心智的現有結構，還是確認物質的實際分化，我們都仍然停留在既有的進化的事物之中，我們對正在進化的事物以及進化的本身仍然說不出所以然來。

然而，正是進化本身的奧祕我們必須加以探討。物理學領域裡的學者們，早已繼續深入研究自己的本學科，他們傾向於相信部分和全體都不可能透過推理的方式來認定；任何一種物種的進化的根源和終了的結果也都不可能以相同的一些原理來衡量，例如：就構成原子的那些微粒而言，它們不再被視爲既不可創造又不會被消滅了。因此，這些微粒便處身於具體的綿延中，因爲只有在綿延中才有創生，而不僅僅是部分的聚合而已。當然，物理學家們所說的創造和消滅，關係到運動或能量，而不是可能有助於運動和能量進行迴圈的不可思議的環境條件。但是，如果我們去掉決定物質的一切東西，確切的說就是運動和能量，那麼，物質還能剩下什麼呢？這個問題已超出科學的範疇而進入哲學之境了。哲學家掃除眼前的一切迷障，看穿想像性的符號色相，那樣，他就會發現物質世界實爲單純的流動，連續的運轉，不停的變成。於是，他就可能在那裡找到眞正的綿延，而且，還可以更有實用意義的在那裡找到生命和意識領域中所具有的綿延。因爲，如果只是涉及原始的無機物，我們可以無視它的運轉也不至於犯很嚴重的錯誤，我們說過，物質是以幾何學來測定的，物質的實在性具有「下降之勢」，如果不與具有「上升之勢」的生命和意識緊緊結合，就無法綿延下去。一旦我們把握住生命和意識的這種上升的本質，並且採取它們的運動方式，我們就能理解實在的其他部分是如何從它們那裡衍生而出的。顯然，**進化的核心即是：物質性和智能性經過逐步的互相凝聚作用而漸漸確定下來的東西**。因此，欲明瞭迄今的進化運動直至其結果，我們就必須把自己置諸進化運動之中，而不是把已有的進化結果與有關的進化片斷加以人爲的組合。顯然，只有這樣才能發揮哲學的眞正功能。有知於此，哲學不單是從精神到精神的反思工具，也不單是人類的意識與生命原理的契合之所；當然，哲學始發自那裡，並在那裡與創造力親密接觸。哲學畢竟還要深入研究普遍的變成過程，即可以稱爲眞正的進化論的研究對象的「變成」，這樣才稱得上是科學的眞正的延伸。假如，我們所理解的科學，乃是一系列經過確認或驗證的眞理的總和，而不是勃發於十九世紀後半葉的新的經院哲學；這種新的經院哲學是以伽利略的物理學爲核心，正像舊的經院哲學是以亞里斯多德哲學爲核心一樣。

附錄

授獎詞

瑞典文學院諾貝爾獎委員會主席
佩爾・哈爾斯特倫（PerHallström）

柏格森在涉論他所撰的《創造的進化論》（一九〇七）時已宣稱：在所有的哲學體系中，最能長存又最富有成效的，是那些源於直覺的體系。如果你承認這一論斷不乏眞理性，那麼，你便會很容易看到他自己的體系在哪些方面豐富了對直覺的發現；正是這種發現打開了進入他的思想世界的大門。在他的博士學位論文《論意識的直接材料》（一八八九）中，這一發現主要體現在他對時間的看法中，他認爲時間並非抽象的或形式的東西，而是與生命和自我緊密相連的實在，於是他稱這種時間爲「綿延」。與生命力一樣，這個概念又可用「活時間」來表述。這種時間是動態的流動，呈現出特定的和不斷增加的量變。它已不可能回溯以往，也不能與任何固定點重合，否則這種時間就要受到限制而不復存在。這種作爲綿延的時間，可被內省的集中意識所感知，而這種集中意識，總的來看，是趨向其本源，並由外向內的體驗。

我們通常按鐘錶和太陽的運轉來測定時間，這是一種與作爲綿延的時間完全不同的時間概念。前者只是人們精神與實踐行爲所創造的形式性的時間。柏格森在經過十分精到的分析之後，得出結論：這種時間僅與空間形式相適應，在這一範疇中，最重要的是數學的嚴密性、確實性和有限性。原因和結果的分析即屬於這一範疇。在這裡，透過知性思考，限制了精神對自由創造的內在渴望。但是，這種渴望卻可以在「活時間」中得到滿足，從而掙脫原因與結果互爲基礎的、對任何事物都不可能確實預見的通常境況。因爲，確實性存在於單純的本體行爲之中，它只能由這種行爲本身予以保證。這裡才是自由選擇和嶄新創造的領域。在這一領域中，一切都只能發生一次，絕無可能以同一方式重複出現。人格的歷史便在這一領域中誕生。也只有在這一領域，精神和靈魂（不管其採用什麼名稱）才能遠離知性活動的習慣模式，而在內在的視野中感知自我本質，以及與自我相關的普遍生命的眞理。

柏格森在其純粹的科學敘述中並沒有討論到直覺的本源，這種直覺或者源自可以被熟練的把握和深化的個人體驗、或者源自靈魂解放的危機。關於這種危機，我們只能推測，它是由上一世紀的末期占據統治地位的合理主義生物學的沉悶氣氛所引發的。柏格森是在這種科學氣氛的影響之下成長和接受教育的，但不久，他就下決心向這種科學挑戰。此時，他可以一邊發揮自己非凡的穎悟能力，一邊又立足於對物質世界的概念結構的全面掌握；那些概念結構是科學所具有的必要條件和宏大特性的保證。合理主義試圖將生命禁錮於概念之網中，而柏格森則要努力證明活躍的生命的流動性可以穿越這種阻礙。

即使有再大的本事，我也不可能在有限的幾分鐘內，對柏格森廣博精深的思想加以準確的陳述。對於一個只具有有限的哲學意識而從未鑽研過哲學的人來說，擔此重任實感力所不逮。

柏格森以「活時間」的直覺爲起點，在其分析、概念發展和系列證明中充分闡發了動態的流動和直覺的本質所具有的不可抗拒的意義。人們不得不遵循所有帶來新因素的運動和機遇，不得不吸足氣去順應時代的大潮流，盡可能地接受幾乎沒有瞬間的安寧去思考的時刻，因此，我們也就喪失了一切與推理相接觸的機會。

在一次對決定論的激烈的駁斥中，柏格森論說道：普遍的知性（他將之擬人化爲皮埃爾）不可能預知另一個人物保羅的生命，除非他能夠遵從保羅的所有經驗、感覺、意志行爲，以致到了與之完全同一的地步，就像兩個相同的三角形重合一樣。這對於柏格森的讀者來說，便意味著若想了解他，就必須與他融爲一體，並以自己柔韌和頑強的精神來完成這一異乎尋常的認識過程。

即使亦步亦趨的追蹤作者的理論流向，在我看來也是有益而無害的。想像與直覺有時是不理會知性運作的，從而可以撇開知性而具飛躍之功。想像是否是一種更具魅力的認識世界的方式呢？直覺是否是一種更具說服力的自我認識途徑呢？這些眼前仍難以確定。然而，無論如何，我們閱讀柏格森的著作總會有莫大的裨益。

在《創造的進化論》這部具有決定性意義的學說中，柏格森既沒有忽視科學用語的嚴密性，又同時向世人展示了一篇撼動人心的恢弘詩篇，這是一部蘊含著取之不竭的動力的、又伴隨著遨遊天際之靈感的宇宙論傑作。人們要想從他那淵博的學識、敏銳的眼光和深邃的精神中獲得實利，也許有點困難，可是，要說從中可以得到強烈的美感印象，則毫不虛假。

據說這一詩篇呈現的是一種戲劇性的場面：兩股相互抗爭的力量創造了這個世界；其中一股力量在我們的意識中表現爲趨向下方的物質，另一股力量則爲奮發向上的、飽蘸著自由天賦的熱情和綿延不絕的創造性的生命。這生命以求取明心見性的認識爲奮鬥目標，向著漫無邊際的視界不斷前進。這兩種力量既相互結合，又彼此制約。這樣結合與制約的結果，則是產生了種種在不同層面上分歧的生命系列。

最早的和最基本的差異顯見於植物界與動物界之間，以及靜態的有機活動與動態的有機活動之間。植物借助於陽光，貯存了從無生命的物質攝取的能量。動物則不必採取這種最原始的攝取能量的方式，因爲動物可以直接獲取植物已經貯存的能量，而後根據自身內在的需求，透過爆發力將其釋放出來。在更高的階段上，動物群體甚至可以以犧牲其他動物群體爲生，藉此更快速、更有效的集聚能量來強化自己的發展。爲此，進化的方式日趨複雜化和多樣化，但它們絕非盲目、輕率選擇的結果。一般來說，本能隨著它藉以發揮作用的器官一起誕生；知性的胚胎與之同時存在。但是，進化之初，本能的作用遠遠超過知性的作用。

作爲萬物之靈的人類，知性已居於優先的地位，本能則處於衰退的過程之中，但並未全然喪失。意識在「活時間」之流中發揮著統合一切生命現象的作用，而本能在這種意識中只處於潛伏的狀態。本能開始之時，活動於直觀的視覺活動中。知性最初是以謹小愼微的姿態出現的；而且，只展示爲：在本能的基礎上以無生命的物質製造的工具代替有機的器官，或則藉自由的行爲來輔助或調節帶有傾向性的本能作用。本能對於自身的目標具有一定的意識性，但其目標往往受到極大的客觀限制。與此相反，知性則指向極其廣泛的、由人類的物質與社會文化的進步所實現的目標，儘管這種知性面臨著比較重大的危機。知性不可避免的要存在危機。因爲，知性是爲在空間世界中的行動而創造的，所以它可能會扭曲根據上述的生命觀念而獲得的世界形象；它也有可能漠視自己內在的流動的本質和支配自己永恆的變化的自由。這些就是知性的危機所在。在這種危機中，人們逐漸產生了對外在世界的機械論與決定論的觀點，但這些觀點也是由於知性在自然科學中的無比成功而引發出來的。

至今，我們對人類精神的自由還毫無意識，爲此我們難免陷於無力挽回的困境之中。當我們想要回歸自我，並追溯自我的起源時，如果喪失了這個天賦的直覺能力，我們便將與自己體內的生命源流相隔絕。柏格森關於知性與本能的天才表述，可能恰好適合於他的學說中的中心議題——直覺。這一理論表述可能通向具有更廣泛的可能性之路，然而它也是一條荊棘遍布的道路。在認識的極限範圍之內，知性具有邏輯的確實性，而直覺卻像任何屬於「活時間」的事物一樣是動態的，因此，它同樣也具有強勁的確實性和自足性。

這裡含有將此別開生面的論著視爲史詩的戲劇化的效果。創造性進化的「隱祕」得到充分的展示，人類首次發現自己被普遍的「生命衝動」推上世界大舞臺，終於開始對自我深層的精神世界的認識。而人類一旦意識到自我精神的自由，一旦能夠憑直覺的能力展望通往無限領域的眾多的其他道路，並預見到我們以前的發展道路永無終點，那麼他又該委身於其中的哪一條呢？

直言之，我們都不過身處這場生命戲劇的序幕中。柏格森關於「未來只在生命的瞬間中產生」的觀點便能說明這一點。這一序幕仍有不足之處。柏格森幾乎沒有提到以下各點：自由人格中的內在意志，即決定我們行爲的意志，以及能使我們以徑直的方式穿越那由自由人格畫出的無法意料的曲線的行動意志，還有，意志的生命問題，絕對價值存在與否的問題。

不可抗拒的「生命衝動」的本質是什麼？依照柏格森大膽而文辭優美的表述，那種生命對無生命物質的猛烈侵襲，意味著什麼？當有一天，我們的「生命衝動」使自身能夠超越死亡而獲全勝或者能夠把世間的一切力量置於我們的腳下時，我們又會變成什麼樣子？

無論這些問題如何複雜，都是難以回避的。對此，柏格森或許會像他以往的著述那樣，以大膽而富有意義的嘗試來解決這些問題

除此以外，他還遺留下不少尚待闡明的論點：難道不能探索出一種適合於物質的「生命衝動」來結束自己所描繪的世界形象的二元論嗎？關於這點，我們目前尚且一無所知。柏格森本人認爲，他自己的體系只是一個素描的輪廓，這一畫稿還有許多細部需要靠其他思想家的通力合作，才能臻於完美。

儘管如此，我們仍要感謝柏格森爲我們完成了一件重要的工作。他強行突破了合理主義的防線，開闢了另一條認知的通道，循此通道，柏格森打開了一扇釋放出價值無比的一種創造推動力的大門，從這扇大門，可以走向「活時間」的海洋，進入一種新境界。在這種境界中，人類可以重新發現自己的自由精神，並有望迎來美好的新生命。

如果他的思想綱領被有力且有效的證明足以作爲人類精神的導引，那麼我們便可斷定，柏格森將來的影響必定遠遠超過他目前已經獲得的卓著聲譽。無論以文章大家，還是以詩人而論，他都不比同時代的任何人遜色。在嚴密而客觀的眞理探求中，他所有的熱情都被自由精神的氛圍所激勵；這種氛圍擋住了物質世界所強加予我們的隸屬性，爲我們敞開通往理想主義的無限廣闊的空間領域。

獲獎演說①

柏格森

我很想盡可能用我自己的聲音來表達我的感想。在接到我的電文後，法國公使阿爾曼．伯爾納德先生欣然應允了我的懇切請求，代我轉達我的心意。我衷心感謝瑞典文學院，瑞典文學院給予我一份我不敢奢望的榮譽。我告誡自己，這項授予法國作家的殊榮象徵了人們給予法國的榮耀，因此這榮耀價值倍增，也使我本人更加感動不已。

有許多原因促成了諾貝爾獎的威望，其中最重要的是它的理想主義與國際主義性質。換一種說法，諾貝爾獎頒給那些靈感豐富的作品，這一點帶有理想主義色彩；但就其評審過程而言，它又帶有國際主義精神，因為評審委員會首先要對全世界範圍內各個不同國家的作品進行周密的研究，然後才確定獲獎的人選。評審人員不受種種顧忌的干擾，只考慮其精神價值，在境界上他們實際已置身於哲學家所言之精神社會，他們就是這樣繼承了此獎創設者的

① 柏格森的這篇書面演說，由法國赴瑞典的部長級公使阿爾曼．伯爾納德（Armand Ber-nard）代為宣讀。因手邊短缺它的外文文本，中譯文直接採用了中國廣播電視出版社一九九三年版《諾貝爾文學獎頒獎獲獎演說全集》中的譯文，略有改動。——譯者

明顯意圖。阿佛烈・諾貝爾在遺囑中表明：「我希望此獎對理想主義和各國國民的友愛有所助益。」而且，除了獎勵在文學與科學領域內有崇高價値的貢獻外，還設立了和平獎，便是表示他這一願望的最好證明。

這是一種偉大的理想，能夠懷著這種理想的人，才可說是眞正天才的發明家。然而他又顯然不抱任何他那一時代流行的幻想。十九世紀在機器的發明方面展示了驚人的飛躍和進步，因之人們普遍相信這些發明所帶來的純粹物質積聚的結果會提高人類的道德水準。但是我們的經驗日益顯示：社會生活的道德改善並沒有從社會設施的發展中自動產生；物質手段的增加雖使人類獲得自由，卻未能帶來與之相應的精神上的進步，反而引起了各種危機。我們發明的機器是人工的器官。這種器官加在我們的自然器官上，擴大了它們伸展的範圍，因而也使人類的軀體更爲強大有力。要想不斷強化和擴展人體的功能，靈魂就必須也相應的加以充實，否則均衡就會受到威脅，不久便會出現極其嚴重的政治社會難題。這些問題不外是人類靈魂與人類軀體間不均衡的表現，因爲靈魂仍維持著原狀，體力卻已變得十分強大。現在讓我舉例說明：以前人們相信蒸汽和電氣的應用會縮短人與人之間的距離，因而它會使各國國民在道德上自動接近，但現在我們知道，事實並非如此。人類之間的對立不僅沒有消除，精神的進步和以博愛爲目標的更進一步的努力也沒有達成，反而有惡化之虞。因此，使靈魂與靈魂接近，才是一個以國際主義性格和理想主義靈魂所組成的基金會必然的目標。在這項計畫下，整個文明世界看來已根據純粹的理性觀念構成了一個唯一的精神共和國——這就是「諾貝爾基金會」。

瑞典是擁有高度理性的國家；瑞典國民也極關注道德問題。他們認識到其他所有的問題都依附於此，至少他們比別人更先一步懂得**政治問題就是教育問題**。諾貝爾基金會設在這樣的國家，並在這樣的國民中籌謀、完成，實在是順乎民意的。

我們愈是深究諾貝爾基金會的意義，它的影響也就變得愈深刻，因而獲獎時的感戴之情和光耀之感也就愈強烈。對於這一點，可能沒有人比我更能深知其中的三昧了。所以在各位聲名顯赫的先生面前，我們要特別強調這一點。最後，如我開篇所言，我要在此向他們重申我深深的謝意。

柏格森傳略

亨利・柏格森（Henri Bergson, 1859-1941），一八五九年十月十八日生於巴黎，父母均爲猶太人：父親是英籍波蘭音樂家，母親是英籍愛爾蘭人。他從中學時代起便在自然科學、數學和文學等課目中表現出特異的天賦，爲了兼顧自己多方面的興趣，一八七八年考進巴黎高等師範學校，選擇了哲學專業；畢業後獲得教師資格，輾轉在多個中學任教，並開始他的學術研究和講演工作，直至一八九七年被聘爲巴黎高等師範學校講師。一九〇〇年起至二〇年代中期，任法蘭西學院現代哲學教授、院長等職。一九一四年當選爲道德與政治科學學院年度主席和法蘭西學士院院士，並作爲文化使節赴美國、西班牙等國活動。二〇年代中期因風痺症臥床不起，他辭去各種職務。第二次世界大戰爆發後，柏格森站在本民族一邊，反抗納粹政權對猶太人的迫害，拒絕與侵法德軍及其法國傀儡政府合作。一九四一年一月四日，他病逝於巴黎，享年八十二歲。

柏格森的主要著作有：《直覺意識的研究》（一八八八）；《論意識的直接材料》（一八八九）是他第一部重要論著，作爲博士論文提交巴黎大學，英文名爲《時間與自由意志》，這奠定了他一生以與通常的「科學時間」不同的「綿延」（俗稱「活時間」）爲基礎研究的對象；《物質和記憶：身心關係論》（一八九六）是他第二部重要的論著，他認爲純粹記憶具有自發的「生命性」（「靈魂」即其別稱，在有生命的物質之內無不存在，但作者沒有說明這種「靈魂」是怎麼進入「肉體」的），可分爲「身體記憶」（即「習性」等，大腦爲其指揮協調中心）和「精神記憶」（即往事的「意象」、「知識」等的儲存庫，與大腦無關）兩大類；一九〇〇年，作者將以前論及的不斷增進的知解力、記憶和自我意識等生命哲學的一些概念用於解釋「人爲什麼要笑」這個日常的美學問題和喜劇的來源，所撰寫的《笑——論滑稽的意義》（含三篇文章）把在眞實的生活中加入的機械自動的東西（即「不和諧的因素」）作爲滑稽的基礎，認爲喜劇是介於藝術與生活之間的「中間物」；一九〇三年發表的《形而上學引論》將作者一生力倡的高級認知方式——直覺——與科學的分析方法進行比較，指出前者是深入到對象的內在中去「感應」或發生「共感」的現象，而後者則停留於對象的外部，用抽象的概念和符號來表徵之；一九〇七年發表的《創造的進化論》就是充分的應用這種直覺的觀念來闡明生物進化的原理，把「生命衝動」看作進化的推動力，強調了精神能動性的創造作用，對於機械的適應論和有意或無意而爲的目的論，均加以辯駁；此外，《生命與意識》（一九一一）、《精神的能量》（論文集，一九一九）、《綿延與同時性》（一九二二）、《道德和宗教的兩個來源》（一九三二）、《思維與動力》（論文集，一九三四）等，在柏格森的後期著作中都占有重要的地位。

柏格森是在比較全面批判繼承西方傳統的唯理主義（唯心主義的主要流派之一）的基礎上宣導他的生命哲學。他還受到同時代反對科學主義的文化思潮的影響，因此有力的批判了傳統哲學中的唯理主義的決定論和機械唯物論，對於解放人類思想，尤其是對於擴大文學藝術的想像空間來說，具有深遠的意義。而且他的著作採用的不是哲學界通行的概念推理或抽象思辨的表達方式，而是別開生面的推出一種簡潔而流暢的文體，還充滿了豐富的色彩和貼切的比喻。爲此，他被授予一九二七年度的諾貝爾文學獎。

名詞索引（中、法、英對照）

十一畫

十二畫

十三畫

十四畫

亨利・柏格森年表

Henri Bergson, 1859-1941

年代	記事
一八五九	十月十八日，柏格森（Henri Bergson）生於法國巴黎。父親為波蘭一著名的猶太家族後裔，母親出身於英籍愛爾蘭猶太家庭。出生不久，便舉家遷往倫敦數年。
一八六三	隨父母遷居日內瓦。
一八六五	隨父母旅居北歐，為當地「白夜」現象所吸引，對其後來的科學與哲學合而為一的興趣可能有啓發作用。
一八六六	隨父母回巴黎居住，並入法國籍，就讀於附有小學的孔多塞（Condorcet）中學，在此校學習達十二年。
一八六八	獲波拿巴中學（後更名為孔多塞中學）獎學金。多門功課成績優異，均曾獲獎。校長在他投考大學的推薦書上寫道：「本校最優秀的學生。」
一八七五—一八七八	中學期間多項競賽獲獎無數。中學畢業，決定報考巴黎高等師範學校，終以第三名而被錄取。
一八八一	大學畢業。獲哲學學士學位。經會考獲「哲學教師合格證書」。後至昂熱（Angers）一所高級中學當哲學教師。
一八八二	四月，轉任昂熱女子高級中學教師。
一八八三	轉往克萊蒙費朗（Clement Ferrand）的帕斯卡爾（Blaise Pascal）高級中學任教五年。同時兼任克萊蒙費朗大學文科的臨時講師。主講古羅馬詩人盧克萊修《物性論》，喚起法國當時對古典文學研究的注意。
一八八四	編寫出版《盧克萊修文選釋義》。 二月，在克萊蒙費朗大學發表關於笑的意義的演說。

年代	記事
一八八五	在克萊蒙——費朗中學頒獎典禮上發表〈禮儀論〉的演說。
一八八六	作〈催眠狀態中的無意識偽裝〉一文投稿於《哲學評論》雜誌。所作的多種演講包括：〈物質——機械論定理批判〉、〈精神——唯物論批判〉、〈康德的上帝存在之證據的說明及批判〉、〈至善與中道〉、〈亞里斯多德及其科學上的影響〉、〈馬勒伯朗士的哲學〉、〈斯賓諾莎《倫理學》的詳細批判〉等。
一八八八	二月，完成博士論文《論意識的直接材料》（*Essai sur les données immédiates de la conscience*），二十年後的英譯本改名《時間與自由意志》。
一八八九	向巴黎大學（索爾邦）提交博士論文〈論意識的直接材料〉，加撰拉丁語論文〈亞里士多德的場所感〉。通過論文答辯並獲哲學博士學位。
一八九一	三十二歲，與法國著名作家普魯斯特的表妹路易・紐伯惹小姐結婚。一八九二年女兒誕生。
一八九六	阿爾岡書店出版其第二部大著作《物質與記憶》（*Matière et mémoire. Essai sur la relation du corps à l'esprit*），英譯見於一九一一年。
一八九九	二月至三月在《巴黎評論》上分兩次發表〈笑——論滑稽的意義〉（Le Rire. Essai sur la signification du comique）的文章三篇，探究在日常生活程序中藝術元素的喜劇性。
一九〇〇	將一八九九年發表的三篇文章合為一集，由阿爾岡書店出版。 受委任為法蘭西學院哲學教授。
一九〇一	當選為法國國家學院（Institutde France）組成部分的道德與政治科學學院成員，並繼任主席，至一九一五年辭去主席職。

年代	記事
一九〇二	在《哲學評論》上發表論文《智能的努力》。
一九〇三	〈形而上學引論〉一文刊於《形而上學與道德評論》。該文被認為是包括《論意識的直接材料》、《物質與記憶》、《創造的進化論》在內的柏格森三大著作的序文。
一九〇四	九月至日內瓦出席第二屆國際哲學大會，宣讀論文〈心理——生理學的詭論〉，此文後收入《心力》論文集中。
一九〇七	發表《創造的進化論》（*L'Évolution créatrice*），奠定前此努力建設的西方「新哲學」的肇始地位，其著作自此由學術界而普及於一般讀者。
一九〇八	在倫敦與美國哲學家威廉·詹姆斯（一八四二—一九一〇）會面。詹姆斯是實用主義哲學宣導者之一，機能心理學創始人，其「意識流」之說和唯意志論與柏格森的「綿延」及「生命衝動」之說有共通之處，故後為介紹柏格森思想於美洲的第一人。
一九一一	為詹姆斯《實用主義》的法譯本作長篇序言，題為《真理與實在》。 《創造的進化論》英譯本在紐約出版，譯者是哈佛大學教授亞瑟·蜜雪兒（Arthur Michell），是詹姆斯的同道好友。
一九一二	為巴黎「信仰與生活」協會作〈靈魂與肉體〉的講演，此文後收入《心力》論文集中。《形而上學引論》英譯本在紐約和倫敦同時出版發行，譯者為英國意象派詩人、美學家休姆（T. E. Hulme）。
一九一三	五月再度赴英國，接受不列顛心靈研究（Psychical Research）學會會長一職，並向會員講演〈活的幽靈與心靈研究〉，此文後收入《心力》論文集中。

年代	記事
一九一四	成為法蘭西學術院院士。 原計畫在蘇格蘭的秋季講座開講，因第一次世界大戰在夏季爆發而停止。戰爭更突出其學說的入世精神，他開始以學者身分步入政界，成為法國最有影響力的戰時外交使節。因其關於「上帝」的異說，他的著作被列入禁書目錄。
一九一五	獲選為國家學院中的核心部分法國學士院終身院士，至一九一八年才正式就職。辭去道德與政治科學學院主席一職。
一九一六	受法國政府派遣，與其他幾個人一起前往西班牙，促成其援助法國。
一九一七	受法國政府派遣，赴美國。在華盛頓逗留數月，曾與威爾遜總統作兩夜長談，僅作一次公開的學術講演，某種程度上動搖了美國人對歐戰袖手旁觀的成見。
一九一八	一月，發表法國學士院就職演說。應法國總理克萊孟梭的要求，再度前往美國，以尋求重建西線戰場的途徑。
一九一九	返回法國，進入法蘭西語言科學院。此後從事國際事務和政治活動的研究。 由阿爾岡書店出版其論文集《精神的能量》（*L'Énergie spirituelle*），又譯作《心力》。
一九二〇	赴英國，接受劍橋大學所授的文學博士學位。在牛津哲學會議開幕式發表題為〈可能與實在〉的講演。此講演後經修飾補充後作為他一九二七年度諾貝爾文學獎的受獎演說詞，並編入《思維與動力》這一論文集中，於一九三四年出版。
一九二二	發表著作《綿延與同時性》（*Durée et Simultanéité*），此書後由阿爾岡書店出版。 任國際聯盟知識合作委員會第一任主席。

年代	記事
一九二四	美學著作《笑》出了第二十三版，二月，為此書作一短序。
一九二五	突患風痺症。辭去國際聯盟知識合作委員會主席等職務。
一九二八	獲一九二七年度諾貝爾文學獎，因病不能前往瑞典斯德哥爾摩受獎，委託法國駐斯德哥爾摩公使代讀獲獎演說詞。
一九三二	由阿爾岡書店出版其晚年巨著《道德和宗教的兩個來源》（*Les Deux sources de la morale et de la religion*），專論其哲學思想的倫理學意義。此書將人類社會分為「封閉」式與「開放」式兩類。
一九三四	由阿爾岡書店出版其論文集《思維與動力》（*La Pensée et le Mouvant. Essais et conférences*）。其英譯本題為《創造的心靈》（*The Creative Mind*）於一九四六年出版。
一九三七	立下遺囑，嚴禁後人出版其生前未予出版的作品及書信，並對天主教深表敬意。但是，為了反對反猶太主義思潮，其本人仍堅持留在猶太教內。
一九三九	九月，第二次世界大戰爆發。希特勒的德國法西斯軍隊迅速西進，次年六月攻陷巴黎。柏柏森因病於風痺，仍留於巴黎寓所。
一九四〇	入冬，拒絕接受傀儡政府的豁免，堅持出門作猶太人登記，因受風寒，肺部疾患加重。
一九四一	一月四日在睡眠中逝世，享年八十二歲。

經典名著文庫 125

創造的進化論

Creative Evolution

作　　者 —— （法）亨利・柏格森 H. Bergson
譯　　者 —— 陳聖生
發 行 人 —— 楊榮川
總 經 理 —— 楊士清
總 編 輯 —— 楊秀麗
文庫策劃 —— 楊榮川
本書主編 —— 蘇美嬌
特約編輯 —— 張碧娟
封面設計 —— 姚孝慈
著者繪像 —— 莊河源
出 版 者 —— **五南圖書出版股份有限公司**
地　　址 —— 臺北市大安區 106 和平東路二段 339 號 4 樓
電　　話 —— 02-27055066（代表號）
傳　　眞 —— 02-27066100
劃撥帳號 —— 01068953
戶　　名 —— 五南圖書出版股份有限公司
網　　址 —— https://www.wunan.com.tw
電子郵件 —— wunan@wunan.com.tw
法律顧問 —— 林勝安律師
出版日期 —— 2020 年 8 月初版一刷
—— 2023 年 8 月初版二刷
定　　價 —— 480 元

國家圖書館出版品預行編目資料

創造的進化論 / 亨利 ·柏格森(H. Bergson)著，陳聖生譯．
-- 初版．-- 臺北市：五南，2020.08
面；公分．--（經典名著文庫 ；125）
譯自：Creative Evolution
ISBN 978-986-522-097-6（平裝）

1. 柏格森(Bergson, Henri, 1859-1941)　2. 學術思想
3. 形上學

146.71　　　109009011